「天理教教理大要」

諸井慶一郎 編著

道友社

目次

第一章　おやさま

第二章　たすけ一条の道

第三章　元の理

第四章　天理王命

第五章　ひながた

第六章　てびき

第七章　かしものかりもの

第八章　道すがら

第九章　よふぼく

第十章　陽気ぐらし

付録

第一章　おやさま

第一節　立　教

最初の天啓

『我は元の神・実の神である。この屋敷にいんねんあり。このたび、世界一れつをたすけるために天降った。みきを神のやしろに貰い受けたい。』

このお言葉こそ、親神様の最初の天啓であります。その思召を最も簡潔に纏《まと》められたものでありま す。このお言葉に、立教の思召が要約されているのでありますから、信仰者お互いとしては、とにかく覚えておかねばならぬものであります。

我は元の神・実の神である。これは、親神様御自身の名のりであります。

このやしきに、このたび、みきを、これが立教の三大いんねん。所と時と人のいんねんを踏まえてのお言葉であります。

世界一れつをたすけるために天降った。天の月日様が地上に降られた。地上の月日となられたのであります。親神様が人間界に現われられたのは、本教が始まったのは、世界一れつたすけのためであり、世界救済こそが唯一無二の目的であることを、明言されているのであります。

世界一れつとは、世界中の人間ということでありますが、それに隔てなく対される親神様からご覧なさるから、一れつでありまして、したがって、世界中の人間漏《も》れなく、という意味が加わっているのであります。

世界一れつは、一方では、その中の第一人者が私でありますから、先ず私を、他方では、私でなくすべての人を、というこの二つを含むのであります。

即ち、親神様は私をたすけてくださるためにお現われになったのだ。また私がたすかればそれでよいのではなく、せかい一れつをたすけるためにお働きくだされているのだ。というこの二点を心に銘記することが大切であります。

御伝には、これが突然のことではなく、一年前の十月二十六日から前ぶれがあった、その経緯《けいい》を詳しく誌されています。

また、この天保九年十月二十四日の朝からの次第も、詳しく誌されているのであって、信仰者お互いは、信仰の元一日の次第であるから、我が事と思って、よく承知しておきたいのであります。

教祖を貰《もら》い受けたいとの仰せは、教祖の承諾《しょうだく》を迫られたのではなくて、善兵衛様の承諾を迫られたのは筋違いではないか、というようなものでありますが、教祖を貰い受けるのは、教祖の御身に留まるのでなく、中山家全体に関わることであった。即ち、このやしきにいんねんあり、とある通りで、より詳しくは、「このやしき親子諸共、みきを神のやしろに貰い受けたい」との仰せであり、教祖を神のやしろに貰いうけるということは、中山のやしきも御家族も、神のやしきに、また神の道具に、貰いうけることでもあったのであります。

お誓いの言葉

最初の天啓を受けて、仰せのまゝに順《したが》う旨《むね》を答えた。ここに天理教が始まる以上、この仰せに

対して、仰せの通りであります、と申すのが天理教の信仰であります。即ち、
我は元の神・実の神である……仰せの通りであります。親神様は元の神様・実の神様でありま
す。

このやしきにいんねんあり……仰せの通りであります。いんねんあるやしきであります。この世はじめの元のぢば、元の親里であります。

このたびせかい一れつをたすけるために天降った……仰せの通りであります。せかい一れつたすけるために天降られたのであります。世界たすけのためであります。

みきを神のやしろにもらいうけたい……教祖はたすけの親、地上の月日であらせられます。

最初の天啓は、親神様・教祖・ぢば、そして一れつたすけの思召、即ち陽気ぐらしの思召、の四点を述べておられるのであって、これがお道の信仰の四本柱であります。

この四つの信仰信条を唱えるのが、お誓いの言葉でありまして、それを別席を運ぶ前に唱えて、信条を披歴《ひれき》して、その上でお誓いを申すようになっているのであります。

したがってお道の信仰者お互いは、お誓いの言葉に本教の信条があることを承知して、これを覚え、常々折々に唱え、復唱して、自身に言い聞かせ、心に治めることが欠かせぬのであります。

【親神様の信条】

私達の親神様は、天理王命と申し上げます。紋型ない処から、人間、世界をお造りくだされた元の神様・実の神様であります。

【教祖の信条】

親神様は、教祖を「やしろ」として、その思召を人間世界にお伝えくださいました。私達は教祖によって、はじめて親神様の思召をきかせて頂きました。教祖は中山みき様と申し上げます。

【ぢばの信条】

私は奇《く》しきお手引を頂いて、……この度おぢばに帰らせて頂きました。このおぢばは、親神様のお鎮《しず》まりくださる所で、よろづたすけのつとめ場所であります。

【陽気ぐらしの信条】

親神様は、陽気ぐらしを見て共に楽しみたいと思召されて、人間をおつくりくださいました。陽気ぐらしこそ、人間生活の目標《めどう》であります。

元一日のご決断

『家人は、この思いがけぬ啓示《おつげ》にうち驚き、再三言葉を尽して辞退したが、親神は厳として退かれぬにより、遂に、あらゆる人間思案を断ち、一家の都合を捨てて、仰せのままに順《したが》う旨《むね》を対《こた》えた。』

善兵衞様のご決断とご返事、ここに天理教が始まったことは、それがお道の信仰のはじまりでもある。即ち、善兵衞様が信者第一号であるということであります。そして、この決断と返事応答が、信仰の元、祖型であるということであります。

なぜ善兵衞様は言葉を尽くして辞退されたのか。
それは、元初りのお話によれば、いざなぎ・いざなみのみこと様は、最初その労を厭《いと》うてお断りを申し上げた、とお聞かせ頂く通り、労を厭われたのであります。即ち、仰せ通り教祖を差し上げるといろいろ苦労することになる。それを案じ、その苦労を厭うて断られた、楽の道を捨てて苦労を背負い込むことを、厭われたのであります。

それを三日に亘《わた》る問答ののち、仰せのままに順いますと申されたのは、労を厭いません、喜んで苦労させて貰いますということであります。

その時の善兵衛様御自身に、そうした意識なり自覚が明確にあられたかどうかは定かではないが、仰せのままに順う旨をこたえた、とはそういうことであり、また雰囲気的には、このようにのっぴきならぬ事態であったことは明らかであります。

仰せのままに順う旨をこたえたのが信仰なら、あらゆる人間思案を断ち、一家の都合を捨てていうことは、その信仰成立の決定的作業手順であります。つまり信心の要諦であります。

この断つ、捨てるというのは、十柱の神様のお働きで申せば、たいしよく天のみことの切る理であります。我々としては、我が思いを切る、思い切りであります。それが掃除になり、心が澄み切ることになり、いんねん切り納消になる、運命の切り換えになってゆくのであります。そしてこの思い切りは、親神様の信心に於いては、そのまま、仰せに順うという信じ切り、凭《もた》れ切りということであり、これが実践の場面で具体化されると、落ち切れとの仰せになり、落ち切るということになり、つくし切るということになってゆくのであります。

親神様は厳として退かれぬにより……
不退転の決意と申しますが、厳として退かれぬので、遂に、相手が思い切るのであって、布教伝道者の要諦であります。親神様が退かれぬのに、自分が退いたのでは「月日の代理」になれぬのであります。

月次祭大祭の理

月次祭大祭は、天保九年十月二十六日という、この立教の元一日を記念してつとめられるのであり、元一日の思召を祈念する一日の日であります。教祖御在世当時の古くは、御命日と申しておられたのであって、そのことからすれば、祭典より一日の日ということに重点があるのであります。

立教の元一日の思召に立ち帰り祈念するということは、最初の天啓を、仰せの通りであります。仰せのままに順います、ということの復唱であり、それはまた、お誓いの言葉を唱えて、再度お誓い申すことが、月次祭の意味内容であるということになります。

したがって元一日の思召の祈念という上からも、二十六日という日が大事なのであって、生活暦が陰暦の時は陰暦の二十六日に、陽暦になってからは陽暦の二十六日につとめられているのであります。

月次祭は毎月二十六日でありますが、各教会ではおぢばへ帰らして頂く上から、別の日を定めて、月次祭日としてお許し頂いているのであって、その日を教会の、立教の元一日にゆかりの日として、月次祭をつとめるのであります。

大祭は春季大祭一月二十六日、秋季大祭十月二十六日で、秋季大祭は立教の元一日のゆかりの日、春季大祭は教祖が現身をお隠し遊ばされたゆかりの日で、しかも立教ゆかりの日であります。月次祭も大祭も理は同じでありますが、月々つとめる中に、大祭はまた年々の節目として、元一日の思召に仕切って立ち帰らせて頂くのであります。

三大祭という場合には、更に四月十八日の教祖御誕生祭を加えます。これは存命の教祖の御生誕を祝してつとめさせて頂くものであります。各教会で行わないのは、教祖がおぢばのおやしきにお住居くださるからであります。御誕生祭は、教祖をお慕い申す、道の子一同の思いからつとめさせて頂くものであって、月次祭大祭とは少々趣きを異にするものであります。

月次祭は、おつとめをつとめるのが祭典であります。

なぜ月次祭は、おつとめをつとめることなのか。

それは、せかい一れつのたすけの思召を祈念するのであり、そのたすけの道としておつけくだされたのが、おつとめなのでありますから、おつとめをして祈念するのであり、さらに申せば、おつとめをすることが、元一日の思召を祈念することにほかならぬからであります。そして、以て親神様のおたすけのご守護、お働きをお願い申し上げ、親神様にお勇み頂くのであります。これから一ト月のお働きをお願い申すのであります。


二十六日というは、始めた理と治まりた理と、理は一つである。……さあ〳〵二十六日は夜に出て昼に治まりた理。

(明治二九年二月二九日)


月日のやしろに貰い受けられた教祖のお身体に、月日の御心が入り込まれたのが夜で、やしろの扉を開いて出られたのが昼。共にせかい一れつたすけの切なる思召からであります。そこで理は一つであると仰せられるのであります。

第二節　月日のやしろ

立教の宣言

よろづよ八首は十二下りのだし（頭）であり、これはまた、おふでさき千七百十一首のだしでもあり、言い換えれば、原典のだしであり、親神様の教示くださるみ教えのだしであります。したがってこれは、教祖に月日の御心入り込まれての、親神様直々のだめのみ教えの緒言であり、天保九年より時代は下がるが、立教の宣言とも申すべきお言葉であります。そこで『教典』冒頭に掲げられているのであります。

おふでさきのおうたと、その叙述《じょじゅつ》という繰り返しで『教典』は綴《つづ》られている。したがって『教典』はおふでさきのおうた（原典のお言葉）で構成されているのであり、また『教典』は、叙述だけでも通読できる形になっているのであります。

この度の『教典』はおふでさきなり、おさしづなり、原典の中にお教え頂いておる処の親神様の思召を順序を立てて編纂《へんさん》させて頂いたというのが、その編纂の方針であります。

（第十三回教義講習会録）

と二代真柱様は仰しゃっておられます。

『世界中の人間は、我が身思案に頼って、心の闇路にさまようている。それは、元なる親を知らず、その心に触れぬからである。親神は、これをあわれに思召され、この度、教祖をやしろとして表に現れ、その胸のうちを、いさい説き聴かされる。』

この叙述が先のよろづよ三首の解釈であり、こうした形で『教典』の叙述が進められるのであります。

我が身思案

親神様は我が子思案であり、人の身思案であられる。そのお心に触れるところに、我が身思案を脱却して我が親思案、そして我が子思案、人の身思案に、言葉をかえれば、神一条の思案とたすけ一条の思案に心が入れ替わる。これが信仰による心の生まれかわり、人間心から神心への転化であります。

おてふりの「みればーすみきりーたすけ」の手ぶりは、自分を立てる我を立てる手を、向うを立てる、神様・人様を立てる手に切り替えるのであって、我が身思案が神様の思案に入れ替わる様を、手ぶりに鮮やかにおつけ頂いているのであって、回心というのはまさにこの手ぶりに示されるところであります。

むねのわかりたものはない

元なる親を知らずその心に触れぬ。

親神様のご存在とそのお働き、ご守護と親心に触れる、それが教えの点睛《てんせい》、だめの一点であり、それは神がおもていあらわれて、地上の月日とおなり頂いて、はじめてできることであった。

「教祖によってはじめて親神様の思召を聞かせて頂きました。」

とお誓いに申すが、まさに文字通りであります。

よろづよの最後のおうた「せかいのこゝろもいさめかけ」は、おふでさきの「せかいの心いさめかゝりて」とは、「も」とあるだけ、意味が違うのであって、これは、以下、「このたびハはやくてをどりはじめかけ」（一号15）までの仰せを含意して、神はそうするから、世界のこゝろも勇ませかけよ、との仰せであると思案されます。

月日のやしろ

教祖に於て月日親神様が現われておいでになるのだ。

教祖は月日様なのだ。教祖こそ神様だ、おやさまだ。

この信仰信念、この確信こそが、お道の第一基盤であります。

教祖を気の違う人だと言う者が、教祖は神様だと申す、その確信から道が始まる。その確信が、教祖の教示をまともに受けることになるのであって、教祖のお言葉は月日親神様のお言葉である。一言半句ゆるがせにできぬ。我が生命《いのち》にかかわる大切なお言葉である。と、深く身に受けてゆくことになるのであります。

疑うな、信じよ、この諭しが第一のお仕込みでありまして、おふでさきの随所に、全十七号を一貫して仰せくださる点であり、またおさしづに於ても、折々に、随所に、お諭しくださる点であります。ということは、今日も折々随所に仰せられ、諭されるに相違ない一点であります。

先ず、神を信じよ、神の言うことを疑うな。そう仰せくださるそのお方が教祖でありますから、教祖でなく神直々の話であり、人間心更に混ぜんのであって、このことを信じて疑うな、と仰せられるのであります。

教えを信じぬ者は、神を信じぬか、教祖が神様であることを信じぬか、のどちらかであり、教えを信じて守らぬ者は、教祖が神様であることを信じぬか、神様に甘え、または神様をみくびる者であります。

いまなるの月日のをもう事なるわ　くちわにんけん心月日や　十二 67
しかときけくちハ月日がみなかりて　心ハ月日みなかしている　十二 68

教祖のお立場を月日のやしろと申しますが、月日のやしろというのは、要するに、教祖の仰せは月日親神様の仰せであり、教祖のお心は月日親神様の御心である。常にいつ如何なる時でもそうであるということを、月日のやしろということで、仰せになっているのであります。

貸借に例えてのこの有名なおうたも、かしものかりものの理があるだけ、余計わかりにくいような感じもするが、前後をみれば、とんとんと飛び出る神の働きを予言された次に出てきて、続いて、

こればかりうらみあるならとのよふな　事も月日かみなかやすてな　十二 69
どのよふな事をゆうのもみな月日　にんけん心さらにまぜんで　十二 70

と、かく予言するのは、人間が人間心で言うのではなくて、月日親神の言葉である。そのことを必ず信じよ、と、絶対信仰を、諭し促されている上からのおうたであります。

月日のやしろに貰い受けられたのであって、貰い受けられてからは、即ち、月日の御心入り込まれてからは、教祖は本当は、月日のやしろではないのであって、月日様である。天の月日様でないから、地上の月日様であられる。即ち、教祖は神のやしろではなくて、神様であられるのであります。

月日のやしろとは、月日の住居家ということであり、一方身上は心の住居家とすると、教祖中山みきの御心と、月日の御心との兼ね合い如何ということは、教祖の御心を、月日の御心の住居

家とされたのだ、というように考えるのが、一番妥当である。それを支持する有力なお言葉に、

席一つの事情、口を借《か》って心は借《か》らん。（明治二五年八月三一日）

席一条、諭する理は存命一つの理という。（明治二五年一〇月二六日）

とあります。このことは、教祖の場合は、口も心も借りておられるのだということになります。その借りておられる心に、「心は月日みな貸している」と仰せの如く、月日の御心が入り込まれているのだ、ということであります。

原典と教典

教祖は口に筆に、またひながたによって、教え導いてくだされたのでありまして、その一切が、月日親神様の直々のみ教えでありますが、口にお説きくだされたものや、身にお示しくだされた一つ一つは、口伝として、その断片が語りつがれているのであって、確たるものは、筆にお誌し頂いたものであるから、これを原典とされるのでありまして、この原典を教義・教理の根源の典《てん》據《きょ》とせねばなりません。

原典は教祖の真筆になる、おふでさきとみかぐらうた、それに筆録者を定められて後の、お言

葉の筆録であるおさしづ、この三つに限られているのであります。

原典のお言葉は、月日親神様の直々のお言葉であるから、一言半句ゆるがせにしてはならぬものであります。また、月日親神様のお言葉である以上、年代の開きはあっても、終始一貫する仰せであるのであって、もしわかりにくい、誤解を生じやすいお言葉は、他のお言葉との関連に於て、思案させて頂かねばなりません。

先輩に語りつがれた口伝のお話や、教祖の御逸事も、貴重な教えであるが、場合によっては、いろいろな混り物や、伝え間違いもありうるのでありますから、あくまで原典に依拠して、原典の教えに逸脱せぬことを確かめた上で、聞き受けさせて貰わねばなりません。

原典のお言葉も、聞きよう読みようで、悟りも一様でないことも当然考えられます。その場合、教義の根本に関わることは、教えの体系の中に於て、整合する悟りをとらねばならぬのであって、その最終的裁定を下さるのは真柱様であります。その真柱様のもとに、原典、特におふでさきに基いて、その教えの思召を、体系的に叙述されたのが『教典』であります。そこで、この『教典』

は、基本教義書であると共に、原典拝読の基本てびき書、基準書であります。

おさしづは、大半が本席様のお口を通してのものであるが、これは存命の教祖の理によってお説きくだされたもので、教祖のお言葉であります。

これを教祖と比較すれば、天保九年の十月二十四日から二十六日の朝迄の教祖の御立場に近いものであると思われます。入り込んだ時は神、入り込まん時は人間であって、入り込んだ時は我が心なく、でありまして、本席様ご自身は夢中であられたのであります。

今席と言うたら教祖とは違うなれど、万事入り込んでの話すれば、教祖一つの理も同じ事

(明治三七年七月二七日)

と仰しゃっておられます。

三　原　典

おふでさきは、教祖の真筆になる和歌体のおうた、千七百十一首よりなります。これを十七号に分けられており、御執筆の年代は、第一号・第二号が明治二年、第三号から第六号までが明治

六年末から七年、第七号から第十一号までが明治八年、第十二号明治九年、第十三号明治十年、第十四号明治十二年、第十五号明治十三年、第十六号明治十四年、第十七号明治十五年というのが大まかな執筆年代であります。

尚、十七号に収録されていない「号外」のおうたの中に、明治七年十二月におつけになった有名な三首のおうた、

にち〳〵に心つくしたものだねを　神がたしかにうけとりている
しんぢつに神のうけとるものだねわ　いつになりてもくさるめわなし
たん〳〵とこのものだねがはへたなら　これまつだいのこふきなるそや

のおうたがあります。

教祖はおふでさきについて、梅谷先生に次のように仰せになったことが、『稿本天理教教祖伝逸話篇』に記されています。

「ふでさきというものありましょうがな。あんた、どないに見ている。あのふでさきも、一号から十七号まで直きに出来たのやない。神様は、『書いたものは、豆腐屋の通い見てもいかんで。』と、仰っしゃって、耳へ聞かして下されましたのや。何んでやなあ、と思いましたら、

神様は、『筆、筆、筆を執れ。』と、仰っしゃりました。七十二才の正月に、初めて筆執りました。そして、筆持つと手がひとり動きました。天から、神様がしましたのや。書くだけ書いたら手がしびれて、動かんようになりました。『心鎮めて、これを読んでみて、分からんこと尋ねよ。』と、仰っしゃった。自分でに分からんとこは、入れ筆しましたのや。それがふでさきである。」

おふでさき本は、教祖の真筆に忠実に記載されているので、読み方に注意を要する箇所がある。仮名づかい、濁点の欠落、加筆、欠字等であります。

みかぐらうたはおつとめの地歌でありますが、おつとめは理を口で唱え、心に念じ、身に行う、身口意一体の行、即ち、教理の実践実行の、神前でのまなびであります。したがってその地歌であるみかぐらうたは、実践教理の角目をおうたいくだされたものであり、本教教理の根幹をなすものであると思案されます。

しかも、みかぐらうたは信仰生活上最も身近なものであり、信者ならほとんど覚えているのでありまして、折りにふれ時に応じて、心に咀嚼《そしゃく》させてもらい、信心の糧とさせて頂くものであります。

教祖真筆のみかぐらうた本は所在不明（警察に没収されたのではないか）で、初代真柱様の筆になるものが用いられています。

おさしづは、教祖並びに本席様の御口を通して仰せになった御神言で、大別して刻限御話と伺いのさしづとあり、それを書き取られたもの、乃至はそれの写し（書き下げ）で、現存するものを収録されたのが、「おさしづ」であります。

第三節　御　教　示

教示の親心

教祖は口で説き聞かすばかりでなく、筆にしるし、自由自在の働きを目のあたりに知らせ、身を以て行いに示された。また、貧のどん底に落ち切り、しかも勇んで通り、陽気ぐらしのひながたを示されたのであります。

をびや許しをはじめとし、親神の守護を数々目のあたりに示して、疑い深い人々の心を啓かれたのであります。後々繰り返し思案させるようおふでさきをしるされたのであります。

教典ではおふでさきの譬《たと》えの諭しと、神・月日・をや、で教理の大略を素描されている。道にたとえてのお話で、本教信仰のありよう、信心の道程と歩む者の心得を。

水にたとえてのお話で、人間救済のありよう、根本の心たすけの内容を。
ふしんにたとえてのお話で、せかいたすけとその任務のことをお述べ頂く。
譬えのお諭しが多いが、そこに教示の親心を拝さして頂くのであります。

信仰は、目に見えぬ神のご存在とお働き、人の心の存在と働き、その交わる理の世界のことであり、それを具体的に説くには、どうしても形ある世界のことに託してのお話し、即ち譬えのお話しと、実証の理の働きを、お見せ頂く以外にない。そこで教えに於いては譬えが多いのであります。

親神様御自身を、神・月日・をや、と呼びかえて説き分けられたが、当時の人々の頭には、八《や》百萬《およろづ》の神があった、その中に、親神様の理を説き示されたのであります。

元の神・実の神　本元真実の存在であられる神様。

月　日　月日として人間世界に超越的にあい対しつつ、ぬくみと光でお照らしくださり、夜昼二つ一つで、守護くださる神様。

を　や　我が子かわいい、一れつ我が子たすけたい一条の思いで心かけ、つくし
てくださる神様。

即ち、身口意で人を見る如く、御存在とお働きとお心の場面で説き分けられたのだとも思案されます。

成人に応じてということは、赤ん坊は親の存在を、子供は親の働きを、大人は親の心とご苦労をわかるようになる如く、存在から働きへ、働きから思いへと、順次認識を深めてゆくのは成人の道程であります。

おふでさきでは、第十四号・第十五号で専らをやと仰しゃるが、その後の第十六号・第十七号では神十五回、月日二十八回、をや三回と戻る如く、その主流は月日、月日の神であります。

せかい一れつのたすけが実現されるのは、教えによってではなく、教えに根ざす信仰によってであります。たすかるのは信仰によってであり、たすかる信仰を導く教えであって、その教えが信仰となる時であります。

したがって、教祖は教えが信仰として芽生え根づくよう、苗代としてお育てくだされたのであり、それの出来るお方は、元母親の魂のいんねんある教祖以外にはないのであります。

教えの花が信仰という真実の種を結び、それが蒔かれ、芽生え、根づくまでの年限の道中が、教祖の五十年の道すがらであった。そのための御苦心であった。

したがって我々の成人は、その苗が、苗代から田地に植えかえられても育つようになることであるとも申せます。

おふでさきの譬えの諭し

やまさかのおうた

山　坂　胸突き八丁というような山坂、重荷を背負うての山坂。
茨叢畔《ぐろう》　茨道は畔《くろ》の茨に袂《たもと》や袖《そで》をとられる。止《や》めておけと引き戻されるのが茨畔。茨叢。
崖《がけ》　路《みち》　崖が崩れたり、足を踏みはずす、すべらすと谷へ落ちる崖路。
剣《つるぎ》の中　ドスで脅《おど》されたり、剣を突きつけられる精神定めの正念場。
火の中　妬《ねた》み、そねみの火で焙《あぶ》られる道中。

淵　中　　深い川の淵の水中に息をつめて身を沈める、冷たい孤独なたんのうの道中。それを越してはじめて、細いながらも平坦な道、向うのみえる確かな道に出る。その細道をだんだん越す、年限かけて通って大道に出る、そうして出た大道が危なげのない本道であって、またこの道中こそが確かな本道、まことの道であります。

神一条でこれ我が事、やしきの者の我が事、即ち、教祖の我が事であり、お前達めいめいの我が事であると仰しゃる。

教祖で申せば先ず山坂、これは黒着を召して内蔵にこもられた三年でしょうか。茨畔は親戚縁者に迫られた時、崖道は我が身さえなければとの仰せの時。剣の中は善兵衛様が白衣を着せ白刃抜いておられた時。火の中は山伏、僧侶、医者、悪者共に迫られた時。淵中は獄中に留置された時を想定されます。

おふでさきでは水にたとえて、

これからハ水にたとゑてはなしする　すむとにごりでさとりとるなり　三　7

しんぢつに神の心のせきこみわ　しんのはしらをはやくいれたい　三　8

このはしらはやくいれよとをもへども　にごりの水でところわからん　三　9

この水をはやくすまするもよふだて　すいのとすなにかけてすませよ　三 10
このすいのどこにあるやとをもうなよ　むねとくちとがすなとすいのや　三 11

せかいぢうむねのうちよりしんばしら　神のせきこみはやくみせたい　三 51
せかいぢうむねのうちよりこのそふぢ　神がほふけやしかとみでいよ　三 52
このたびハうちをふさめるしんばしら　はやくいれたい水をすまして　三 56
しやんせよなんぼすんだる水やとて　とろをいれたらにごる事なり　三 65
にごり水はやくすまさん事にてわ　しんのはしらのいれよふがない　三 66

真柱は、芯柱、かんろだいの意味と共に、道の子の真柱であり、よふぼく、国の柱（七号16・17）の中心がやしきの真柱であります。

このやしきのしんばしらと成るというのは、生れ出ん先からのいんねんの事情、一つの理。
（明治二三年四月二〇日）

「今なるしんばしらはほそいものやで、なれど肉の巻きよで、どんなゑらい者になるやわからんで。」

「しんは細いものである。真実の肉まけバふとくなるで。」

（『稿本天理教教祖伝』）

と教祖は仰せられたのであります。

譬えのお諭し（その一）

道にたとえ、水にたとえ、掃除にたとえ、またふしんにたとえ、そのほか生活に密着したいろいろなたとえの場面で、特に多いのが、農作にたとえてのお話であります。

みかぐらうたにも、ひのきしんを神の田地に種をまくことに譬えておうたいくだされているが、教祖の教えは譬えの諭しを基調にしているのだと思えば、十一下りの土持ちも、これは現場の土持ちよりも、その土持ちに譬えて、もっと広い意味でひのきしんのことを教えてくださっているのだと思案できます。また、一下りの肥のさづけも、実際の肥のさづけよりも、さづけと肥とに譬えての、天の与え万般についての教えであるとも思案されます。

また、牛馬の道という有名なお話がありますが、これも実際に牛馬に堕《お》ちるというよりも、通り返しの道をこうした譬えを以てお説きくだされたのだと素直に悟らせて頂けます。

口伝にいろいろのおはなしがあるが、譬えのお話に、教祖の香りの濃淡が伺われるくらいであります。

その譬えが秀抜で香気があり、しかも穏やかで和やかな譬えのお話は、教祖のおはなしか、それに近いお話であると断定してもよいのではないかと思われます。

とにかく、譬えは味よく悟らせて頂くことが肝腎であります。何年経っても色あせず、こちら次第で、益々深い味わい、鮮やかな色合いを呈するのが、教祖の譬えのお諭しであります。


『逸話篇』の中での主な譬えのお話をあげれば、
二六　麻と絹と木綿の話　（本書 473頁）
四五　心の皺を　（本書 322頁）
一七一　宝の山　（本書 388頁）
一七八　身上がもとや　（本書 355頁）
その他には、
七七　栗の節句

九月九日は、栗の節句と言うているが、栗の節句とは、苦がなくなるということである。栗はイガの剛《こわ》いものである。そのイガをとれば、中に皮があり、又、渋がある。その皮なり渋をとれば、まことに味のよい実が出て来るで。人間も、理を聞いて、イガや渋をとったら、心にうまい味わいを持つようになるのやで。

一八三　悪風というものは

さあ〳〵悪風に譬えて話しよう。悪風というものは、いつまでもいつまでも吹きやせんで。吹き荒れている時は、ジッとすくんでいて、止んでから行くがよい。悪風に向こうたら、つまずくやらこけるやら知れんから、ジッとしていよ。又、止んでからボチボチ行けば、行けん事はないで。

譬えのお諭し　（その二）

【衣服の仕立てに譬えて】

ほこりの中に正味がある。正味ばかりと思うても、又、仕上げをすればほこりが出る。そこで人間の心も神様のお手入れあれば、ほこりのいんねんの理が現れる。お手入れがだん〳〵深くなると何遍にてもほこりが現れる。そこで何遍ということなくほこりを出して磨き上げたら国の柱や。

着物に譬えて話しよう。元は綿やで。いろ〳〵のほこりを取り、きれいな綿とする。その綿を紡《つむ》いだらまたほこりが出る。機《はた》にのぼせばまたほこりが出る。それでこれ伸ばしたながらで見ればなんにもほこりあるやないで。なれどこれを織るという、それ毛ぼこりも出れば、糸屑《いとくず》も出るやろ。これをちゃんと織り上げて、反物《たんもの》としたらきれいなものや。なんにもほこりはない。捨てるところはさら〳〵ない。なれどまた着物に仕立てるというたら、又、綿ぼこりがたつやろ。どこから出たとも知れん小ぼこりやで。また捨てるような布はしも出るやろ。そしてそれちゃんと着物になりたという。

それ綿から着物になるまでには、何遍ほこりがでるやらわかろうまい。これと同様人間の心のほこりは、いくらなきように見えても、ほこりの出ぬということはないはずやで。ここをよう思やんせよ。手入れを頂くと思うたらなにも案じることはないで。

【棉の木にたとえて】

棉種《わた》まいたら二日や三日で生えやせん。なれど旬来て芽を吹く。それ一節々々と成人をする。

三節目位から四方へ枝が出る。それ実がのって棉を吹くやろ。なれど同じように種をまいても生えるのも生えんのもある。生えても性が悪いというて間引かれるのもある。また間引かれずに成人しても、八月の雨風に、実にまでなったものを落ちて了うて棉を吹かずにしまうやにこい木もあるで。これと同じことでお道につくすにも、途中で間引かれんよう、八月の雨風にも落ちて了わぬよう、丈夫な台を据《す》えてつくすのが第一。

【粒毛にたとえて】

信心するは粒毛《りゅうけ》つくるも同じこと、今粒毛つくるには、種子をまいても修理をせねばほかの草がしこってわけもわからぬようになり、又、肥をせねば成人せんければ花も咲かん、実ものりそうなことはない。今話を聞いて成程と心をとめるのは、これが信心の始まり、粒毛なら種子をまくようなものや。だん〳〵と話という、聞いた上にも聞いて、追々と理を治めるは修理のようなもの。理を聞き分けて道をつくすは、これ肥という、肥を置くようなもの。そこでつくすだけのこうのうは天より与えて下さる。粒毛なら実がのったようなもの。そこであるからして、たとえ二十年三十年前に信心をしかけたというても、その間聞かん上にも話は聞かず、また、道をつくさんばかりではない。話聞かんから行いがでけやせぬ。それ天理にかなわぬ横道ばかり通るようでは、二十年三十年が五十年百年たとうとも花の咲きそうなこともない。実ののりそうなこともない。年限たつほど腐《くさ》るばかりや。

【棚方に譬えて】

呉服屋の棚方に譬えてお話し下されました。棚方といえば田舎《いなか》の町の大店《おおだな》位のものをいうのやございません。都会の地で響いてる店のことをいうのです。

そこで棚方にてはどんな立派なものでも、上等の品でも、いかな模様ものがらも、思惑通りの品がある。もしなければ注文すればじきにでける。そこでどんな注文も受けとることができます。けれども田舎の一寸大店という位の事ではそういうわけにいきません。

そこでおたすけをさして頂く者は、いかな理も心に納めて、どういう話も取り次げるよう、話の理をしっかり心に治めて、又、自身の心をしっかり磨いて、日々自身の真実を神様に供えておいて、サアというたらどんなお働きもして頂くよう、常平生から心の仕入れをしておかにゃならん。それ十分心の仕入れができていたらどんな注文もうけとる。即ちどんなおたすけもさして貰えます。

然るに日々油断して、真実を供える事をしてなかったら、サアといっても神様のお働きを頂く事が出来ません。それではたすけ一条の看板出していても、ちょうど呉服屋なら小店《こだな》のようなものや。木綿《もめん》ものか、安い品しかなくておまけにがらが悪い。気に入る縞《しま》がない。少々金高の品は買いに来てもお断りを申さにゃならん。そんな事ではどうもなりません。で、どんな注文も受取れるような棚方のような信心してくれよと仰しゃります。

又、おたすけを願うに付ては、棚方へ注文するに譬えてお話下されました。棚方へ行けばどんな注文も受取ってくれる。品がよくてわりが安い、というようなもので、大望の物は皆棚方へ注文する。注文しても値をこぎるようでは十分の品にはでけん。又早速というわけにもいかん。手すき〳〵を見てするから遅れる。

然るを「金にかまわず価《あたい》は何程でもよろしいで、随分念に念を入れて上等に仕上げて貰いたい。日限もいつの幾日迄にどうでもこうでもなくてはならん品であるから是非仕上げて貰いたい。」という。「それはどうもとてもむづかしうございます。その位の日限がない事には出来ません。価にかかわらず入念する品の事でございますれば、尚更無理でございます。」という。「それではどうも困る。実は外ではむつかしいと思うからおたくを見込んで頼みに来たのや。どうなっとして仕上げて貰わにゃならん。そのかわり価は一割が二割よけいになってもだいじないから。」と、たって頼む。「そんな無理な事仰しゃってもどもなりません。」と番頭は当惑していると、奥より主人が出て、「ごもっともでございます。承知致しました。実は番頭の申上げる通り、通常ではなんぼ急いたって、これ〳〵の日限なけにゃ出来ませんなれど、夜を日に継いで仕事をさします。こちらを見込んで来た、価は何程でも出すと仰せられて見ますと、どうもでけんとは申せません。どうなとしてあげます。いかにも承知致しました。」と云って引受けるようなものやろ。さあその日限きたらちゃんと品物はできてあるで。それ丁度取次は番頭みたようなもので、取次はむつかしいように思うても又、神様は自由用ですから一度番頭の断ったのも、主人が出て引受けるようなもので、その人の心受取ったら、どんな自由用も神様はして下されます。

以上の譬えの話は、『正文遺韻』に伝えられているものであります。

第四節　存命の理

ぢばに神名を

『更に、深い思わくから、親神天理王命の神名を、末代かわらぬ親里ぢばに名附け』られたのであります。

天理王命の神名をぢばに名付けられたということは、天理王命を唱える際には、ぢばに向かって唱えよということであります。

天理王命を唱えるのは、おつとめをする時であり、親神様を祈念する時、ご守護を願い、ご守護にお礼申し、お誓いする時、なむ天理王命を唱えるのであって、その時はぢばに向かってせよ、との仰せに外なりません。

そして親神様に祈願する時、我々のあい対するのは、外ならぬ親神様に対するのでありますから、ぢばに向かえとの仰せは、ぢばに親神様がお鎮りくださるということであり、ぢばに鎮まる親神様にあい対するということになるのでありまして、そこでぢばに神名を授けられたということは、ぢばに親神様がお鎮りくださることに外ならないことになるのであります。

なぜぢばに向かって祈念するのか。

それは、ぢばは、月日親神様が無い人間をはじめられた、元なる場所であり、親神様の人間世界創造の思召と、ご苦心ご苦労が伏せ込まれた地点であり、此の世人間の始源地であると共に、ご守護の本源地、源泉であります。したがってご守護に祈願するのも、報謝するのも、場所としては最もふさわしい、唯一無二のところであります。

なぜなむ天理王命を唱えて祈念するのか。

それは、なむとはアウンのこと、天地のこと、月日のこと、そこでなむと唱えるのだ、との仰せであります。天理王命とは、天理の主宰者、乃至は天理たるお方の意味であり、その天理とは天の理、この世の筋道、創造の理でありまして、親神様のご守護の理にほかなりません。したがって天理王命とは、十柱の神様のご守護の理を以て此の世人間を守護くださる親神様、という意味であり、この天理を立て、天理に添うことを祈念しつつ唱えるのが、なむ天理王命であります。

教祖に授けられるべき神名であるというのは、教祖こそ地上の月日であられるからであります。また、天理王命の神名の由来を、「教祖の心天理に叶うたゆえ」とお説きくだされていたからであります。この神名の由来の教説は、教祖をひながたとして、天理に叶う誠の道を立て通すことを、お促しくださる上からのものであると思案されます。

お隠れの理由

教祖は、子供の成人を急き込まれる上から、定命を二十五年お縮めになり、明治二十年正月二十六日に、現身をお隠し遊ばされたのであります。

具体的に申せば、おつとめのできるようにしてくだされたのであります。

それまでは教祖が警察に引っぱられるので、おやしきの方々はおつとめができなかった。おつとめをしても、こっそり人目を忍んでしかできなかった。自分達は苦労は厭わぬにしても、教祖に御苦労をおかけすることが忍びず、踏み切れなかった。それを生身の教祖がなくなり、霊としての教祖とおなりくだされば、教祖のご苦労を思いわずらうことなく、自分達の精神次第におつとめができるようになった、ということであります。白昼堂々と、ぢばを囲んでつとめられたのは、明治二十年正月二十六日が初めてであったのではないかと思われます。

十年この方、つとめせにゃならん。つとめで開かにゃ開けん〳〵。ならん〳〵で暮《く》れて了うた。……年限十年少し前《ぜん》どうでもならん、こうでもならん〳〵から暮れて了うた。世上あちらこちら、一寸々々にをい掛け、年限相応のもの、可哀そうなから、この学び道を付けた。

（明治三一年九月三〇日）

と仰せられています。

おやしきでかぐら本づとめが勤修されるようになったことは、それにより一れつたすけが伸展する。親神様の不思議な御守護、自由のお働きを、めざましくお見せくださることになったのであって、以来お道は、目ざましい発展を遂げることになったのであります。

具体的には、てをどりのさづけを、広く一般にお授けくださるようになったことと、教会名称の理を、土地所にお許しくださるようになったこととの、この二つに代表されます。

これらは共におつとめの理に裏打ちされているのであって、かぐらづとめのてをどりの理を、身上たすけの上に授けてくだされたのがおさづけであり、これはおぢばで、かぐら本づとめがされるようにならなければ、広くお渡し頂けぬものであります。教会の名称の理は、ぢば一つに心を寄せてつとめをする、人々の精神の理に許されるもので、おぢばのかぐら本づとめが元であります。光なら光源で、その元が立たなければ国々先々に許されぬものであります。電気で云えば、おぢばは発電所で、教会名称は変電所、かぐら本づとめが発電機であり、教会のおつとめが変電機であって、その発電機が稼働しなければ、変電所はその役目の働きができないのであります。

更に申せば、心の成人の道は、胸の掃除と徳積みによってはかられるのでありますが、この徳積みは、親に抱きかゝえて頂いて通るうちは、前途遼遠《りょうえん》であるから、銘々を一人立ちさせて、自らの足で歩いてゆかせねばならない。そのために教祖は、蔭のお働きに廻られることになった。また、併せて、親の名代つとめることによって、教祖の親の徳を自らに頂いてゆく道を、親の徳をつけてくださる道をはかられたのだと、このようにも申すことができるのであります。

子供の成人楽しみに、日々に功《こう》を積んで居る。皆その通り、いつもいつまでも親の厄介になる者はどんならん。子供の成人三才までは手離しは出けん。神一条の道も、いつ〳〵までも尋ねてばかり居てはどんならん。辺所《へんじょ》の所一人前の人間、三才までの理と同じ事。どんな者もたすけ一条、さづけ一条、だん〳〵渡してある。

（明治二二年一月二四日）

扉開いて

お隠れ直後のお言葉に、

さあ〳〵ろっくの地《ぢ》にする。皆々揃うたか〳〵。よう聞き分け。これまでに言うた事、実の箱へ入れて置いたが、神が扉開いて出たから、子供可愛い故、をやの命を二十五年先の命を縮めて、今からたすけするのやで。しっかり見て居よ。今までとこれから先としっかり見て居よ。扉開いてろっくの地にしようか、扉閉めてろっくの地に。扉開いて、ろっくの地にしてくれ、と、言うたやないか。思うようにしてやった。さあ、これまで子供にやりたいものもあった。なれども、ようやらなんだ。又々これから先だん〳〵に理が渡そう。よう聞いて置け。

（明治二〇年二月一八日）

実の箱へ入れておいたが、と仰しゃるのは、これまでに言うた事は、皆うそでなく、必ずそうなる実の事ばかりだが、まだ旬が来ぬので現われずにおった、そのことを実の箱へ入れておいたと仰しゃるのであります。箱へ入れておいたとは、箱へ入れてとっておいた、しまっておいた、まだ現われぬということ。しかも実の箱で、必ず現われる実のものの納めてある箱であります。

思うようにしてやったと仰しゃるのは、お前達が扉開いてと云ったからそうしたので、お前達の責任だという意味ではなくて、お前達は道を思う上から扉開いてと願った如く、これから道が開けてゆくのだから、決して心配いらんということを、思うようにしてやったから、先を案じず楽しんで通れ、と仰しゃっておられるのであります。

このことは、

さあ〳〵すっきりろくぢに踏み均《な》らすで。さあ〳〵扉を開いて〳〵、一列ろくぢ。さあろくぢに踏み出す。さあ〳〵扉を開いて地を均らそうか、扉を閉まりて地を均らそうか〳〵。

（明治二〇年二月一七日）

とあるように、扉を開くことを宣言されたその上で、皆の同意を促されているのでありますから、選択の責任を問われているのでないことは明らかであります。

やりたいものもあったなれどもようやらなんだ。なぜようやらなんだと仰しゃるのかと申せば、かぐら本づとめ（かんろだいのつとめ）ができなかったからであります。

理が渡そうというのは、存命の教祖の理によって、こうのうの理を渡そうということであります。お言葉に次のようにも仰しゃっておられます。

百十五才まで寿命定めた。なれど、どうもならん〳〵から、年限を縮めて治まった。

（明治二六年一二月一六日）

百十五才と楽しみとしたる処、縮めた処、嘘やと言って居る。百十五才縮めたる処、既に一つの道のため、既に一つの国のため、たすけ一条のため。日本国中やない、三千世界一つの理、始め出したる一つの理。

（明治二二年一月二四日）

神がやしろの扉を開いて出ると、あとは神のやしろでなくなったのであり、このことよりして、神のやしろとは、教祖の身体のことを申されていることがわかるのであります。

神が扉を開いて出られたのは、教祖の霊魂が出られたのであって、神は教祖の霊魂を座所として、おぢばに留まっておられる。したがって、教祖はお姿は無きながら、今も地上の月日であらせられるのであります。

存命のお働き

教祖は、

『存命のまま、恒《つね》に、元のやしきに留り、扉を開いて、日夜をわかたず守護され、一れつ子供の上に、尽きぬ親心をそそがれている。』

存命のまゝ、とは身体の姿がないだけで、あとは存命のまゝ、つまり存命同様ということであります。

おさしづのお言葉に、

さあ〳〵これまで住んで居る。何処へも行《い》てはせんで、何処へも行てはせんで。日々の道を見て思やんしてくれねばならん。（明治二三年三月一七日）

存命々々と言うであろう。存命でありゃこそ日々働きという。働き一つありゃこそ又一つ道という。（明治二九年二月四日）

影は見えぬけど、働きの理が見えてある。これは誰の言葉と思うやない。二十年以前にかくれた者やで。なれど、日々働いて居る。案じる事要らんで。勇んで掛かれば十分働く。

（明治四〇年五月一七日）

また、存命でおわすということは、他の人々のように、生まれかわられることはないということでもあります。

存命の教祖のご守護とは、これは親神様の身の内ご守護、火水風のご守護とは違うのであって、親神様の不思議なおたすけのご守護の方でありります。ご守護というより、おさしづのお言葉の如く、お働きと申した方がよいかもしれません。

端的には、お心をかけてくださり、教祖の親の徳で守ってくださる。お連れ通りくださることであります。

存命のお働きは、お道のおたすけ上のものは皆、存命の教祖によって下さるものばかりであって、ご供は教祖からお下げくださるものであり、お守りは、教祖の赤衣のお召しおろしを守りにして、一名一人に下さるのであり、おさづけは、教祖から教祖の徳を添えて下さるものであります。

教祖は御在世当時同様、元のやしきにお留まりくださるのであって、存命の教祖は、ご在世当時のことから思案させて頂けばよい、と仰せられているのであります。

さあ〳〵ちゃんと仕立てお召し更えが出来ましたと言うて、夏なれば単衣《ひとえ》、寒くなれば袷《あわせ》、それ〳〵旬々の物を拵《こしら》え、それを着て働くのやで。姿は見えんだけやで、同んなし事やで、姿が無いばかりやで。

（明治二三年三月一七日）

と仰しゃっておられます。

ご在世の時は、平素は東を向いて、座布団の上に端座《たんざ》なされていたのでありまして、今も御教祖殿に、かくの如くお留まりくだされているのだということであります。

教祖がおたすけにお出張りくださる。教祖のお伴をするとよく申しますが、教祖はおやしきにお留まりくだされているのであって、御在世当時同様、教祖のお心を頂いて出させて頂く、また、千里距《へだ》てゝも、教祖がお心をかけてくだされ、まさかの時にはお働きくだされるということであります。

第二章　たすけ一条の道

第一節　一れつすましてかんろだい

世界たすけの御構想

親神様はせかい一れつをたすけるために、この世の表に現われられて、たすけ一条の道をおつけくだされたのでありますが、その上から、第一に教えられたのがつとめであります。即ち『これによって、この世は、思召そのままの陽気な世界に立て替ってくる。』のであります。
なぜおつとめなのか。つとめの理、つとめにこもる神意を知るためには、親神様のせかいたすけの御構想を知らねばならないのでありまして、そこでこの点をおふでさきに繰り返し、教示くだされているのであります。

一れつたすけの御理想は、「一れつすましてかんろだい」を唱える如く、せかい一れつの心澄み切る世界中の胸の掃除と、かんろだいを積み立てて天の与えを戴くことと、この二つの契機よりなるが、そのどちらに於ても、つとめが鍵になっているのであります。

世界中の胸の掃除は、善悪共に皆返す、心それ〳〵皆現わす親神様のお働き、「かやし」によってなされる。その「かやし」に働き出られるのも、それを鎮《しず》めてたすけられるのも、つとめによってであると仰せられるのであります。またそれはどうしてかと申せば、心澄み切るには、これまでのほこりを払うことと、これからほこりを積まぬよう心入れ替えて通ること。その心定めと実行によってなされるのでありますが、その際、ほこりを払うには、これまで積んで来たほこりの自覚が第一で、そのためには、自分でわからぬ我が心のほこりを、身上事情として表に現わして頂く、ていれ意見が要るのであります。

そして自覚したほこりを払うのは、さんげおわびと、理の祈念とによってであり、その第一がおつとめであります。また、これから悪しき心を遣わぬよう、誠の心でゆくには、我身思案を神一条の思案に切りかえ、その実行を志すのでありまして、その実行の第一がつとめであり、そのあとに、ひのきしん、人だすけとつづくのであります。

そして、悪しきの返しとしての身上事情が、ほこりを払い、いんねんを納消しなければたすからぬというのでは、通るに通れぬということにもなるので、心定め、心の入れ替えを以て、その第一の実行であるつとめをして願えば、心次第に皆たすかる、との仰せであります。それを以て、神一条のつとめの道を推し進めようとの思召であります。かくしてつとめは、胸の掃除の鍵をにぎる要件であります。そこで親神様はつとめの完成を急き込まれ、人々がつとめをするところに、勇んで働き出られるのであります。かやしにかゝられるのもつとめによってであり、かやしをたすけられるのもつとめによってであると、重ね〴〵仰しゃっているのであります。

また、天の与えは、おつとめによってお下げくださるのであります。

一れつの心澄ましたその上は、ぢばにかんろだいが積み上がり、その上へ、五升入の平鉢にぢきもつを入れて供えて、かぐらづとめをすれば、天よりかんろが降る。それを存命の教祖より戴けば、人はよく百十五才の定命を保ち、またその後は心次第においてやるとの仰せであります。

耳かき一杯ほど戴く。心澄まぬ者は、戴いても出した手をもどせぬので結局戴けぬのだと聞かせて頂きます。もとより身上壮健の百十五才で、その後の心次第とは、おりたければおいてやるという意味であります。かんろとは甘き露のこと、立毛《りゅうけ》には夜露と昼のお照らしで、甘露のような味わいがある。それをこのたびは寿命薬として、お下げくださるのであります。

かんろだいの理

かんろだいについて『教典』に、

『かんろだいとは、人間宿し込みの元なるぢばに、その証拠としてすえる台で、人間の創造と、その成人の理とを現して形造り、人間世界の本元と、その窮《きわま》りない発展とを意味する。』とあります。

かんろだいの形状について、教祖より詳しく教えて頂いているのでありまして、その形状の理合いは、

『人間の創造と、その成人の理とを現して形造』られているのであります。具体的に申せば、十三段八尺二寸の石造りの台で、各台、径三寸深さ五分のホゾが上から下へはまる。各台共正六角型で、この六角は六台初まりの理、即ち元初りの六柱のお働きの理。及び、身の内六台、即ち身の内の六柱のご守護の理。言い替えれば、元の神・実の神という理であると思案されます。

基　段　径《さしわたし》三尺は三日三夜の宿し込みの理、即ち、元初まりに親神様がご苦労をくだされた、その伏せ込みの理を型取ったものであります。厚さ八寸は八方の神様のお働きの理。

第二段　径二尺四寸は、四寸に成人した時、ニッコリ笑うて身を隠されたいざなみのみこと、即ち、教祖の理。厚さ八寸は、八方の神様のお働きの理。

最上段　径二尺四寸は教祖の理。厚さ六寸、これは身の内六台のお働きが揃って禄という、そこで七ッなんにもいうことないと切ってくださる。かように徳の理合いであり、したがってまた、皆徳のついた豊かな平らさを「ろっく」という。そこでせかいろくぢに踏み均らすという。即ち、存命の教祖のお徳の理であります。

三〜十二段　径一尺二寸は教祖の理の半分、即ち道の子の理で、しかも、をもたりのみこと様の頭十二の理、即ち、日々月々年々のつくしはこびの伏せ込みの理。厚さ六寸は身の内六台揃うて禄という、徳のすがた。十段六尺は、五体満足な五尺の人間に徳がついて、心の内造りのできた、ろっくの人間に成人した徳の姿であります。

即ち、道の子が親神様・教祖の御苦労の伏せ込みをうけて、道につくしはこぶこうのうの理、つまり徳の姿で、十分その徳を積み重ねるという理であります。

ホゾが下についてるのは、下の台が上の台を受けるのではなく、逆に、上の台が下の台を継承する、下の台を受けて上の台が積み上がる理であります。

石造りというのは堅く変わらない、末代永久の台という理であります。

かんろだいは、せかい一れつのたすけ、したがってまた、人間完成の理想を、形に象徴して示されたものでありますから、お道の信仰者は、かんろだいの形状と、その理合いをよく覚えておかねばなりません。尚、台の径は皆辺から対辺への差渡しであります。台は南北に角が位置するように据えられます。そして、「かんろだいは雨打たしのもの」であります。明治二十一年に、つとめ場所の増築により、建物の内へ取り込まれた時には、「一間四方天窓にして」と仰せられ、現在は一間四方露地になっているのであります。

真の柱

かんろだいは、何よりも先ず台であります。

台というのは土台であります。伏せ込みの台であると共に、受ける台であります。即ち、かんろだいは伏せ込みの理の姿であると共に、天の与えを戴く台であります。

これを身近に申せば徳であります。魂の徳とか心の徳というこの徳は、蔭徳と徳を積めと申すように、伏せ込んだだけが徳積みとなるのでありまして、徳は伏せ込みの理の姿であります。と共に徳は心の器であって、徳一杯の与えであります。この徳はまさにかんろだいの台の理に通ずるものであります。

かんろだいは台であると共に柱、しんばしらと仰せられる、芯の柱、真の柱であります。

柱はそれで立っている当のもの、支え柱であり、芯の柱は支え柱の中心柱であります。

この柱が歪むと、立っているものが歪むのであり、この柱が倒れると、建物が倒れるのであります。そして柱を入れ替えるのは、立ての入れ替え、つまり立て替えということであります。

かんろだいは真の柱であります。その柱としての特徴は、各台に共通の特徴である正六角形ということで、この六角は六台初りの理、この世はじめの元の神様の理であるし、又、身の内六台の理、実の神様の理であります。この元の神様、実の神様という真の柱を芯の柱として立てるということは、神一条の信仰をするということ、なむ天理王命を申すことであります。それを芯の柱に立てるのは、他の柱と入れ替えることであります。

この真の柱をぢばに入れる。ぢばはこの世の元なるぢば、世界中の人間の芯なる処であります。そして人間の中心は心の芯であります。従ってぢばに真の柱を入れることは、世界中の人々の心の芯に、真の柱が入ったということであり、その象徴であります。人の心の芯に神一条の柱が入るのは、心の入れ替え、即ち立てかわった心になるのでありますから、その総和総体が、ぢばに真の柱が入るということであります。真の柱を芯の柱に入れることであります。

おふでさきで、心が澄まねば柱の入れようがないと仰しゃると共に、柱を入れて心を澄ますと仰しゃる。これは、心が澄まぬと神一条の心定めができないということであります。

また、神一条の柱を入れたら、悪しきの事をしなくなるからほこりを積まず、誠になって善きことをして徳を積むから、悪いんねんは納消され、心が澄んでくるのであります。

更に、心に神一条の柱が入ると、身の内に心通りの守護という神様のお働き、神の柱が入るのであり、そうなると、心のあしきは皆表に現われるから、掃除ができて心が澄むのであります。

積み立てるかんろだい

明治六年　品型かんろだいを製作。
明治八年　これをぢばに据えて、こかん様の身上お願いづとめがなされる。以後そのまま据えられる。
明治十四年　石ぶしんで出来た台が二段まで据えられる。
明治十五年　二段まで出来た台石を没収される。あとは小石を野積みにされる。
明治二十一年　つとめ場所の増築と共に、板ばりで二段までの台を型取り、これを据えられる。
昭和九年　木製雛型かんろだいが据えられる。

最初の品型は、径一尺二寸厚さ三寸六角の板二枚を、径三寸長さ六尺、六角の棒の両端にとりつけたもので、これは明らかに、径一尺二寸高さ六尺の、三段から十二段までの台の模型であります。

したがって、積み立てるかんろだいとはまさにこの部分であります。

第十七号の9、10に、

にんけんをはじめかけたるしよこふに　かんろふたいをすゑてをくぞや　十七 9

と仰しゃるのは、二段までの基段の台であり、

このたいがみなそろいさいしたならば　どんな事をがかなハんでなし　十七 10

と仰しゃるのは、三段から上の部分の台のことであると思案されます。また、

いまなるのかんろふだいとゆうのハな　一寸のしながたまでの事やで　九 45

と仰しゃるのは、最初の模型のことであります。

最上段の台は、

このだいもたん〳〵とつみあけて　またそのゆへハ二尺四すんに　九 59

とありますように、十二段までの下の台が出来ないと出来ぬ理でありますが、台の理は教祖のお

徳であることは、ぢきもつを教祖に渡し、教祖から皆へ下されるとの仰せからしても明らかであり、その教祖という理からすれば、天保九年の立教の時点以来、いつ出来てもおかしくない。それを子供の成人の理の上につくられるのでは、遅れるので、それを待たずに、先に台をつくられたというのが、子供の成人待ち兼ねて、二十五年先の寿命をお縮めになったことでありますから、明治二十年正月二十六日の時点で、出来上がったということにほかなりません。最上段の台が出来たから、以後、「これから先だん〳〵に理が渡そう」と仰せられ、天の与えであるおさづけの理を渡されるようになり、また、をびやづとめによってをびやゆるしの御供を渡されるようになったのであります。

三段から十二段まではどうかというと、これは積み立てるかんろだいであり、明治十四年の時点では、まだ伏せ込みの理がなかったから、二段までしか出来なかったのであります。そしてその時からつくられはじめて今日に至っているのであります。これを更に立ち入って思案をすれば、次のように悟れます。

即ち、かんろだいの柱の部分はこの十台であり、しかも真柱はまた、道の子の芯である真柱様を仰せ頂く、ということは、真柱様の一代は、お寄せ頂く道の子一同の伏せ込みの一代、一台であると思案されます。

第二節　おつとめ

つとめ

つとめとしてはつとめてすること、早朝よりつとめてすることからはじまって、勤行、勤務の意味であり、人としてのつとめ、またそれぞれの持ち場、立場の上からの、各種諸々のつとめがありますが、その中でも神の子たる人として、親神様へのつとめこそ第一のつとめであります。

その親神様へのつとめにもいろいろありますが、その中の第一のつとめとして、教えて頂いたのがおつとめであります。こうするのが親神様へのつとめである、ということでおつけ頂いたのが、つとめ、おつとめであります。同時にこのつとめがたすけの元だて、根本のてだてであると仰せられ、たすけ一条の思召からおつけ頂き、つとめをすることを、お促し頂いているのでありま す。

おつとめは最初なむ天理王命を唱える、唱名《しょうみょう》のおつとめをお教えくだされ、その後唱句に手ぶりをつけた、てをどりとしておつけ頂き、そのうちかぐら面をつけてつとめるものを、かぐらづとめとして、てをどりとわけられているのであります。

即ち、おつとめはこれまでに三種類、現行二種類、かぐらとてをどりを教えて頂いているのであります。

坐りづとめは、てをどりであります。このことは、おさづけがてをどりのさづけ、と仰せ頂くことからも明らかであります。

おつとめには手ぶりがついているのでありまして、これは人間、口と心と行いと、違わず一手であるのが誠であり、神意を口に唱え、心に念じ、手ぶりに行うて、身口意一体の誠のまなびを神前でさせて頂くのであります。即ち、おつとめは神前に於ける誠のまなびであります。

一方おつとめは、おたすけのお願いづとめであります。たすけたまへとお願いする祈願のつとめであり、よろづたすけの道としてお教え頂いているのであります。しかし、おつとめをする時、いつもお願いがかかるかといえば、そうでなく、お礼だけのときもあります。この具体的な祈願のない、願いの筋のないおつとめ、それは誠のまなびそのものであり、これをまなびと仰せられるのであります。

お願いづとめも、誠のまなびを以て、理を立てて願うものとして、おつけ頂いたものでありますから、まなびには違いないのですが、お願いづとめとまなびとに分けられます。お願いづとめについては、まなびとは申さぬのであって、あえて申せば、まなびに対する本づとめであります。お願いづとめのうち、十二下りを添えてつとめるのを、お願い本づとめと申し、なかでも、かぐらづとめを以てお願いするものを、かぐら本づとめ、乃至は本づとめといわれてきているのであります。即ち、かぐらづとめには、まなびはないのであります。

また、たすけたまへの祈願のない十二下りのつとめは、まさに正真正銘のまなびであります。

おつとめでないつとめについては、

心の勤めは身の勤め、心のたすけは身のたすけ。　（明治二一年九月一八日）

日々勤め日々に功《こう》積むという心治めてみよ。　（明治二八年三月三日）

と、日々功を積み、徳を積むという思いで、身のつとめに励むよう諭されているのであります。

てをどりのつとめ

おつとめには、あしきはらい（天理王命）二十一ぺんのつとめ、かんろだい三三九へんのつとめ、十二下りのつとめがあります。

あしきはらい二十一ぺんのつとめは、たすけたまへというつとめ、お願いづとめ、祈願でありま す。

親神様に祈願するのが第一のつとめであり、しかも祈願は一ぺんだけでなく、二十一ぺんせよとの仰せであります。二十一ぺんは七三、二十一ぺんの理で、七は何《なん》にもいうことないと切って頂く理、三は三ッ身につくというつないで頂く理であります。

この祈願に、あしきをはらうての胸の掃除と、天理王命のご守護の祈念を、添えて願うことをおつけ頂いているのであります。

かんろだい三三九へんのつとめは、一れつすましてかんろだいの御理想と、あしきをはらうて

（たすけたまへのつとめ）によるたすけを急き込まれる思召を祈念して、教祖の道具衆、よふぼくとして道につくし、伏せ込ませて頂くことを定め誓わせて頂くおつとめであります。三三九へんは三ッ身につき、九のどう苦を直る理であります。

ちよとはなし一ぺんは、このかんろだいのつとめのだし（頭）としておつけ頂くものでありま す。神のいうこと聞いてくれ、聞かせて貰いますという、一すじの信仰表明のおつとめでありま す。

十二下りは、おぢばのおやしきで教祖がおうたいくださるおうたを唱え、手足におどって理を立てて、なむ天理王命の祈念をするおつとめであります。

このおつとめの核芯は、最後のなむ天理王命〳〵にあることは明らかであります。

理を立てることが一ッから十までであり、手ぶりは理ぶりだから、そこで、

「手がぐにや〳〵するのは、心がぐにや〳〵して居るからや。」

「一つ手の振り方間違ても、宜敷《よろしく》ない。このつとめで命の切換《きりかえ》するのや。大切なつとめやで」

と仰せられるのであります。

お手ふりは、自然態を旨《むね》としておつけ頂いており、無理な手は一つもないのであります。癖とまちがいは違うのであります。まず間違わぬように、次いで癖をとるように心がけることであります。

よろづよ八首は、十二下りのだしとしておつけ頂くものであります。

昔は序歌八首といったが、今は序歌とはいわず、よろづよ八首と申しています。

また、以前は俗に八社さまと申して、よろづよ八首は、くにとこたちのみことから、をふとのべのみことまで、八方の神が順次お立ちになっておうたいくださるおうただと悟ったむきもあるが、その悟りは悟りとして、今では八社さまという言い方はせぬようになっているのであります。

みかぐらうた通釈・解釈のこと

みかぐらうたは、てをどりの地歌であるから、その意味の解釈に当っては、お手ふりと一致する意味であること。一ッから十まで一連の流れを持っていること。この二つを満たすものでなければならないのであります。

そして、教祖のおつけくだされたものは、お手ひとつをとっても軽く考えず、厳密に思案させて頂かねばならぬものであります。

朝夕おつとめとお願いづとめ

親神様の礼拝に際しては、おつとめをして礼拝するのが基本であります。そして、この際は、てをどりの坐りづとめであります。

したがって朝夕のおつとめも、坐りづとめを以て行うのであります。

なぜ朝夕おつとめをするのか、それは身の内のご守護をはじめとして、日々親神様の恵みあふれるご守護のうちに、お連れ通り頂くのでありますから、今日一日のお連れ通りをお願い申し、お礼申し上げることがなくてはならぬのであります。我が身、我が家からはじまって、教会、お道のこと、そして世の人々の上からも、お願いとお礼は欠かせぬことであります。

私共は、月日の身の内と仰しゃるように、親神様のおやしき内に住居させて頂いているのでありります。おやしきの主は親神様であります。したがって、親神様に知らぬ顔をしているのでは、相済まぬのでありまして、朝起きればご挨拶に出させて頂く、お早ようございますのご挨拶をするのが、朝づとめであります。

今日も一日ありがとうございました。おやすみなさいませ。休ませてもらいます。このご挨拶が夕づとめであります。

毎朝挨拶に来る者が、たまに顔をみせぬと、親神様の方で先に心配してくださる。どうしたんだろう。なにか事情があったのかと、先廻ってご守護くださる。逆に、いつも来ぬ者がたまに顔を出すと、また何か不足を言いにきたのか、自分の用のある時だけ出てくる勝手な奴だ、ということになるのであります。

朝づとめについて、

一寸一言々々……神から頼む。……何でも彼《か》でも日の差し出に運んでくれにゃならん。

（明治三九年一二月六日）

と、日の出と共に朝づとめをするように仰せ頂いているのであります。

日の出に朝づとめをしてご挨拶するには、それよりも大分前に起きて準備をするわけで、教会なら、お掃除・神饌をして、それから朝づとめ・朝のご挨拶となるのであります。朝夕のおつとめは、教会では五人揃うて、奉仕することになっているのであります。

お願いづとめは、坐りづとめだけでする場合もあれば、坐りづとめに十二下りを添えてする本づとめ願いもあります。この場合、正式には神饌を供え、服装もおつとめ衣《ぎ》に改め、鳴物道具も揃えてつとめさせて頂きます。坐りづとめだけの場合は、拍子木と数取りだけで、お手ふりをしてつとめるのであります。

これというお願いづとめは、三座のつとめと申して、三度繰り返して、お願いづとめをさせて頂くのでありまして、このことを御在世当時より教えられているのであります。

たすけの元だて

「よふこそつとめについてきた　これがたすけのもとだてや」と仰しゃる如く、おつとめは「たすけの元だて」であります。人にたすかって頂くにも、自身がたすかるにも、元だて、根本の手だてなのであります。元だてを構じずに外の手だてをつくしてもだめであります。根本のたすけにならぬのであります。

おつとめでなぜたすかるのか。元の神・実の神であらせられる親神様が、元だてだと仰しゃるからたすかるのであります。

元だては、元を立てるので元立てでもあります。この世の元、我々人間の元は親神様でありま す。その親神様へのつとめをするから、元を立てたことになるのです。元が立てば末が立つのであります。立たんところ、事情のところも立つのであります。なぜそれがつとめになるか、それは親神様が第一のつとめだと仰しゃるからであります。したがって、おつとめをしたらお受け取りくださる。それでつとめになるのであります。

親神様がお喜びくださり、お勇みくださるのであります。

そして神が勇めば、皆勇むのであります。立毛も勇み、心も勇んでくる、身も勇むのでありま す。

更に突っ込んで申せば、

「よくのない者なけれども神の前にはよくはない」との仰せの通り、心のほこりを払い、心のよごれを洗い切って頂くのは、おつとめによってであります。

なむ天理王命は、心の芯に親神様という真の柱を入れることであり、神一条の精神になることであって、なむ天理王命を唱えるのは、入れ替わった心、心の柱の入れ替えの如実な表明であります。

そうなるとほこりが払われ、心が澄んでくるし、神一条の精神で親神様の思案に近づくから、善い方の思案ばかり湧いて出るようになる。即ち、心が浄化、霊化されるのであります。

かくして、心がたすかり、心がたすかっただけ、身もあざやか、ご守護頂くことになるのであります。

陽気づとめ、陽気てをどりでありまして、おつとめ、特に十二下りをすると心勇むのでありま す。人が勇めば神も勇む、神が勇めば世界勇ます、と仰しゃるのであります。

十二下り前半各下りの中で、おつとめをお急き込みくだされているのでありまして、おつとめの中でおつとめを、といえば奇妙なようですが、親神様、教祖のつとめを急き込まれる思召の篤《あつ》さに、尚更感じずにおれぬのであります。即ち、一下り目の肥のさづけは、また、肥のつとめにかけて、おぢばからお出しくださるものであります。二下り目は、おつとめの、をどりはじめからであります。三下り目は、つとめ場所のふしんができて、いよいよこれからつとめをして実のたすけをするのだ、との仰せであります。四下り目は、夜昼どんちゃんつとめする。つとめをして早く陽気になりてこいと仰しゃるのであります。五下り目は、をびや・ほうそのつとめでゆるしをお出しくださる。六下り目は、四ッ、五ッに文字通りの仰せであります。

おふでさきに、

このよふのしんぢつねへのほりかたを　しりたるものハさらにないので　五 65

このねへをしんぢつほりた事ならば　ま事たのもしみちになるのに　五 66

とある、根を掘る道がおつとめであります。おつとめによって根を掘り切ると根が現われる、この世の真実の根の働き、親神様の不思議自由の理の働きが現われ出るのであります。

第三節　かぐらてをどり

かぐらづとめ

おつとめの中でも元のつとめ、根本のつとめはかぐらづとめであります。

かぐらづとめは、『教典』にある通り、

『このつとめは、親神が、紋型ないところから、人間世界を創《はじ》めた元初りの珍しい働きを、この度は、たすけ一条の上に現そうとて、教えられたつとめである。』

『このつとめは、かんろだいをしんとして行う。』

『実《まこと》に、かぐらづとめは、人間創造の元を慕うて、その喜びを今に復《か》えし、親神の豊かな恵《めぐみ》をたたえ、心を一つに合せて、その守護を祈念するつとめである。』

十人の人衆がそれ〴〵のお面道具を付け、所定の位置について、それ〴〵のお働きの理を手ぶりにあらわしてつとめるのであります。

くにとこたちのみこと	北	獅子面	（アの相）	天の手ぶり
をもたりのみこと	南	獅子面	（ウンの相）	地の手ぶり
くにさづちのみこと	巽	女人面	亀を背負う	右手を左から右へふって受ける手ぶり
月よみのみこと	乾	天狗面	鯱を背負う	右手を左から右へふってつっぱる手ぶり
くもよみのみこと	東	女人面		出す手ぶり
かしこねのみこと	坤	男人面		風吹きまわしの手ぶり
たいしよく天のみこと	艮	女人面		切る手ぶり
をふとのべのみこと	西	男人面		引き出す手ぶり
いざなぎのみこと	中央北向	男人面		ふうふの手ぶり上
いざなみのみこと	中央南向	女人面		ふうふの手ぶり下

くにとこたちのみことの尾は、たいしよく天のみことの右手首へ、をもたりのみことの尾は、くもよみのみことの左手首、かしこね、をふとのべのみことの右手首へ結ばれる。

お働きの手ぶりは、「みこと」の「み」で押えて伏せこんで、くにとこたちとたいしよく天は平《たいら》に揃えて、「みこと」の「と」でお働きを手ぶりにあらわす。

立ちづとめで左右交互に足を踏む。「てんりわうの」で一歩後退「みこと」で一歩前進。「一れつ」で一歩後退、「かんろだい」で一歩前進。

ちよとはなしでは、ふうふの手ぶり、くにとこたちとをもたり、いざなぎといざなみは、ふうふの手は別。


かぐらづとめには、よろづたすけの上から、他に十一通りのおつとめの歌と手ぶりを教えられています。をびや、ほうそ、ちんば、一子、雨乞い、雨預け、肥、はえで、みのり、虫払い、むほんで、今日もつとめられているのは、をびやづとめと、はえでのつとめであります。

雨乞いのつとめは、昭和二十二年につとめられたのが一番最近であります。

はえでのつとめは、今日も毎年四月の月次祭前後につとめられています。

かぐらづとめと教会のおつとめ

かぐらづとめは、親神様が人間を宿し込みくだされた、元初りのお働きの理を型取って、つとめるものでありまして、『親神の守護の理を手振《てぶり》にあらわしてつとめる。』そのところは、てんりわうのみことの「みこと」のところでであります。「み」でぢばの一点へ八方から伏せ込んで「こーと」で働く、ということが手ぶりにあらわされているのであります。

元初り以来、この十柱の神様の、十全のお働きを以てご守護くだされているのであり、そのご守護の発動する源泉は、元初め以来、人間宿し込みの元なるぢばであります。このお働きの理を、一同が一手一つに心を揃えてまなぶ、その誠の理に乗って、おたすけの上に、不思議なたすけのお働きとして、利益《りやく》をお現わしくださるのであります。

即ち、そのことにより、元の神、元のぢばの証拠を、如実にお現わしくださるのであり、天理に添う誠の道、十柱の神様のお働きに添う道を、徹底浸透《しんとう》させてくださるのであります。

したがって、かぐらづとめは、ぢばに於てつとめられてこそふさわしいものでありますから、おぢばでおつとめがちゃんとつとめられるようになると共に、ぢばに限られることになったのであります。

以前はおやしきの内でも、つとめ場所の方でつとめられ、また、雨乞いに村の四隅でつとめられ、更には国々の講社でつとめられることもありましたが、これは、かぐらづとめが根づくまでの道中であったのであります。

明治二十一年陰暦十月二十六日、教会本部が移転して、ぢばの処に定まってからは、そうする必要もなくなったので、かぐらづとめはぢばに限られて、以後ぢば以外のところでは、かぐらづとめをすることを差止められるようになったのであり、本来の理の姿に立ち帰られたのであります。これと同様の経緯消息は、明治二十九年の教祖十年祭執行日についてのさしづにも伺われるのであります。

このことは、かぐらづとめが、いざなぎ・いざなみ様、乃至はかんろだいのぢばを、八方から取りまいてつとめるのであり、そこが中央中心となるのであって、そこが礼拝の目標、乃至は親神様のお鎮まりくださる場所となるのであります。その場所は、この世の中では、おぢば以外にないのであって、外でつとめることは、そこを中心とする、別の中心をつくるわけで、これはあってはならぬことであります。

教会でつとめる坐りづとめと、かぐらづとめとの関係は、かぐらづとめは中心でのつとめであり、教会のつとめがその中心に向かっての、お目標に向かってのおつとめであります。中心（おやしき）のおつとめと、地方（国々処々）のおつとめという本末の関係にあり、中央が発電所なら地方は変電所であって、発電所と変電所の働きをするのが、それ〴〵のおつとめであります。したがって、坐りづとめは、立ってするかぐらづとめの略式となっているのであって、てをどりの人数も十人と六人、かんろだいのおつとめも七三、二十一遍と三三九遍というように違うのでありまず。てんりわうのみことの手ぶりも、たいしよく天のみことが切る働きをされるまでの手ぶりであるところの、伏せ込みのアウン（天地）の手ぶりでおつけ頂いているのであります。

雨乞いづとめについては、おさしづで、うたと手ぶりは国々の教会でつとめることをお許しくだされています。

「さあ〳〵たゞ雨乞い言葉だけ許し置こう。」「さあ〳〵教会の内らで朝一座、夜一座。」

（明治二六年八月四日）

鳴物の理

鳴物道具は、かぐら本づとめも、教会々々でのつとめも、同じものを許されています。

拍子木、ちゃんぽん、すりがね、太鼓、笛、小鼓、琴、三味線、胡弓の九ツであります。

これらは、教祖がお定めになったものでありまして、その打ち方、鳴らし方、ひき方も、大概は教祖の御指示でおつけくだされたものであります。

したがって、鳴物道具には、それぞれでなければならぬ理が込められていると思案されます。しかしながら、鳴物道具の理について、教祖がお聞かせくだされたという話は、全く伝えられていません。そこで悟るより外にないのですが、簡単素朴に悟れば、誰でも同じように悟れる、自明のことであるから、何も仰しゃらなかったのかとも思われます。

九ツの道具は、教祖のお話としては、「くのどう」の話が伝えられています。即ち、身の内には九ツ道具を添えて貸してある、との仰せで、その対応であることが想定されるのであります。

では、どれがどれに相当するかは、左は男の理、右は女の理とのお話でありますから、これを左右の手足に男の鳴物女の鳴物を当てれば、あとは簡単であります。即ち、

目と耳とは、それぞれ二つ一つの道具であり、鳴物では拍子木とちゃんぽんが、二つ一つの道具であります。見分け聞き分けで、目が表で耳が裏、拍子木が表でちゃんぽんが裏、道具の芯は目であり、鳴物の芯は拍子木であります。

形も拍子木は目に近く、ちゃんぽんは耳翼を開いた耳に似ています。

鼻と口、ものをかぎ言葉を吹き分け、また息をする道具で、息はとくに鼻でする。鼻が悪いと口でする。口での息はハア〳〵云う、鼻での息はスウ〳〵する。突く息引く息一手でおだやかなのが呼吸であるから、胡弓。胡弓は弓で突いて引き、突いて引きの繰り返しであるからいつも鳴っている。息が切れぬのであり、まさに呼吸の理であります。一方、口は言葉の吹き分け音《ね》の吹き分けで、鳴物では笛であります。笛はまさに風を以てものを言わす道具であります。

次にすりがね鉦鼓と太鼓。これは男鳴物で左の手足、小さい方が手で大きい方が足。すりがねは、かねとバチで、これは掌《てのひら》と腕《かいな》に相当するし、左手は（手は働く道具であるその左手は）表に対する裏。蔭の働きでありまして、すりがねはチンチキのチキのキ、裏の裏を打つ道具でありますす。太鼓は、これは足踏み、大地をドンドン踏みならすのであり、ふん切りよく打たないと遅れる鳴物で、まさに左足、踏み切り足の理であります。

又、三味線と琴、これは右手右足で、三味線のバチと棹《さお》はやはり掌と腕。琴は十三弦（実は十二弦と一弦）の琴面上を足はこびの理であります。はこびの足は右足であります。

小鼓、これは九つたるゆえんの男女一の道具、慎しみの道具であります。

おつとめ勤修

朝夕おつとめに五人立つことになっていますが、これをあえて申せば、日々使う八ツの道具のうち、鼻と口、胡弓と笛は、数取りの地方に、三味線はすりがねに、琴は太鼓に合わされて五人つとめる。したがって、これが欠けると日々不自由する理でありますから、五人揃ってつとめさせて頂くよう、教会として、つとめさせて貰わねばなりません。

講社では拍子木だけでつとめるのは、これはその昔から教えて頂いているところであります。拍子木は道具の芯であるからであります。

十二下りも、常日頃からつとめさせて頂くよう心がけ、いついかなる時にも、十二下りをつとめさせて頂く心準備をしておくことが大切であります。と共に、常々お立ちてをどりをさせて頂くことが、みかぐらうたの教理を奉じ、てをどりの信仰実践に身をおくことになるのでありまして、神一条の信仰生活を送る、励みの台、原動力となるのであります。

おさしづでは、まなびという言葉は、本来のものに対する仮のものの意味で仰しゃっている。この言葉には正式・本式に対する、略式・簡易さの意味と、習う・学ぶという意味があるので、そうした意味でもおつとめまなびということを申しますが、練習ということではもとよりないし、仮といっても、末代のふしんは一寸にいかんという意味での仮家ふしんというのと、同様の意味でのまなびであります。今日月次祭等のおつとめは、服装を改めておつとめ衣を着用し、人数も揃えてつとめるので、儀礼的な面をもち、その点で、常日頃親しむ上から、もっと簡便につとめさせて頂くことも大切であります。が、それはおつとめの練習とは違うのであります。おつとめは皆祈念であって、祈念の練習は祈念でなく、おつとめではないのであります。

今、これを呼び方で分けると、

かぐら本づとめ　　かぐら道具は使わず、み教えの通り十二下りを添えてつとめるお願いづとめ。（教会の月次祭のおつとめ。）

本づとめ

おつとめ　　礼拝に当たってつとめる坐りづとめ。朝夕づとめのおつとめもこれに入る。

まなび　　み教え通りの形でつとめる、お願いをかけぬ、十二下りのつとめ。

おつとめまなび　　練習の意味を込め、その成果を供えるためにつとめるまなび。

おてふりまなび　　上段をつかわず、おてふりを主につとめるまなび。朝夕づとめのあと、二下りづゝつとめるのもこれに入る。

四方暗くなりて分りなき様になる。其のときつとめの手、曖昧《あいまい》なることにてはならんから、
つとめの手、稽古《けいこ》せよ。

明治十九年七月二十一日に教祖かく仰せられた。と、初代真柱様の書き物に記されています。

教祖御在世当時、二度、毎日づとめが勤修されました。それは明治十五年陰暦九月一日から十五日（陽暦十月十二日から二十六日）迄の毎朝のつとめと、明治十九年陰暦十二月二十五日から同二十年正月二十五日（陽暦明治二十年一月十八日から二月十七日）までの毎夜のつとめであります。

第四節　さづけとたすけの理

さ づ け

『親神は、更に又、いき・てをどりのさづけによって、身上たすけの道を教えられた。』

おさづけと申せば、今日の我々にとっては、あしきはらいのてをどりのさづけにほかなりませんが、元来は、教祖から「こうのうの理」として授けられたものが、皆「さづけ」であります。

さづけと云われたものは、四種に類別することができると思われます。

身上たすけの効能の理　あしきはらいのてをどりのさづけ、かんろだいてをどりのさづけ、息のさづけ、水のさづけ、ぢきもつこう水のさづけ、煮た物のさづけ

事情たすけの効能の理　扇のさづけ（扇の伺い、言上の伺い）
信心の効能の理　肥のさづけ
信心の功能の理　御幣《ごへい》（お目標）のさづけ

身上たすけの道としてのおさづけにつき、さづけに重い軽いの理はないと仰せられます。即ち、

さづけ〳〵と言うたる、さづけというはどの位どれだけのものとも、高さも値打も分からん。さづけ〳〵も一寸に出してある。一手一つにもさづけ出してある、同じ理を出してある、皆一手である。重い軽いありそうな事情は無い。だん〳〵たゞ一つ、さあ受け取れという。それだけどんな値打があるとも分からん。（明治二三年七月七日）

ただ一言、「さあ受け取れ」といって下さるのでありまして、その受け方一つに、軽重が出てくる以外に軽重はない。そこで重く受け取れば、皆重いのであります。

息のさづけは、元初りに、産みおろしの度毎に親の息をかけておかれた、その息を、このたびたすけの上にさづけるとの仰せで、教祖の息をハアーとおかけ頂き、のみ込め〳〵とさづけてくださる。

水のさづけは、人間三尺になるまでは清水《せいすい》の住居であった。その清水を、たすけの上にさづけるとの仰せで、器《うつわ》に水をくんで、三口のんであとをさづける。

ぢきもつのさづけは、水中住居にぢきもつをさづけた、そのぢきもつを、たすけの上にさづけるとの仰せで、砂糖水と、熱湯にひたした洗米の二種ある。

てをどりのさづけは、元初りの十柱の神様のお働きの理を、手ぶりにあらわしてつとめる、かぐらづとめの理によって、そのてをどりの掌にさづけられるものであります。

かように皆元初りのご守護の理によって、たすけのこうのうをさづけられるのであって、そのこうのうに軽重はないのであります。

おさづけの理

おさづけは生涯末代の宝であり、たすけのこうのうの理であります。そして教祖が二十五年の先の寿命をお縮めくだされてより、広くお渡しくださるようになったものであります。

たすけのこうのうの理とは、おたすけの利益、効能をお見せくださる手だて、ということであります。このおさづけの効能によって、人をたすけて我が身たすかる、たすけの功能（徳）を積ませてくださるのであります。

おさづけは末代の宝であると仰しゃるが、末代というのは、「身は一代、心は末代」なのであって、心に関わる意味で末代なのであり、心に付く宝を戴くということであります。心に付く宝とは、心の徳のことにほかなりません。おさづけは来生まで持って出ないのでありますから、おさづけによって積ませて頂く徳を、心が来生に、そして末代に持って出るのであります。即ち、おさづけは生涯のみならず、末代生き通す心の、徳を積ませて頂く宝であるということを、生涯末代の宝と仰せられるのであります。本席定めの一連のおさしづの中に、

今までの修理肥で作り上げた米が、百石《こく》貰《も》ろたら、百石だけある間は喰《たべ》て居らる丶。今度無い世界を始めたる親に凭《もた》れて居れば、生涯末代のさづけやで。（明治二〇年三月二二日）

即ち、与えでなく、与えの種をまかせて頂く手だてがさづけであります。その意味で、生涯末代つきぬ与えを下さるという、結構な天の与えであります。

おさづけの効能は、親神様のご守護によることは勿論ですが、直接には、ぢばの理と教祖の理によるものであります。即ち、おさづけの効能は、ぢばの証拠に出されるのであり、教祖の徳に

よってお見せ頂くのであります。

この点を詳しく申せば、

てをどりのさづけは、かぐらづとめの理を受けて、効能をお見せ頂くさづけであり、ぢばでかぐらづとめがつとめられるようになって、はじめて誰にでもお渡しくださるようになったのでありますしかもそのおつとめは、教祖が現身をお隠しくださることによって、できるようになったのであります。

しかも、てをどりのさづけは、一れつのたすけと心の成人を望まれる上から、お渡しくださるようになったのであり、それはどういう事かと申せば、たすけ一条の御用をさせて頂くことによって、教祖の親のお徳を、道の子に授けてくださらんとの思いからであります。そうして私共道の子の、心の成人、心のたすけを急がれるのであります。

だから、おさづけの機会は、教祖が、私のかわりをしてしっかり取り次げ、もっと徳をつけてやるからしっかり願うて徳を積ませて頂くように、とお励ましくだされているのでありまして、そうしておたすけをして、自ら積む徳と共に、それ以上に、教祖の親のお徳を分かち与え、徳をつけてくださるのであります。

許しもの渡しもの

【をびや許し】

かんろだいのぢばに、ご供を献じて、をびやづとめをして、ぢばよりお出しくださる。今日では三千人分を一つとめにかけてお出しくださる。

をびや許しのご供は三服あり、一服は身もちなりのご供と申して、家へ帰ってすぐ戴く。一服は早めのご供と申して、産気づいたら時間を切ってお願いして戴く。一服は治め清めのご供と申して、後産がすんで後、身じまい正してお礼と共に戴くのであります。をびや許しを戴ければ腹帯いらず、毒忌《どくい》みいらず、凭れものいらず、このさんしき（三産式）のゆるし出す。常の通り安産のゆるし出す。そして平素の心は問わぬ、信じて凭れるならたすけてやろう。案じれば案じの理がまわる。疑えば疑いの理がまわると仰せられるのであります。元の神、元のぢばの証拠に、人間はじめの元のやしきから、安産のゆるし出す、との仰せであります。をびや許しは妊娠六ヵ月以降、当人か夫か、両親のどちらかが、おぢばへ願い出れば戴けるのであります。

【お守り】

現在お出しくださるのは、悪難除けの守りと、ほうそせぬようの請合いの守りであります。大人の守りと小児の守りであります。

教祖のお召し下ろしの赤衣を寸法に切って、守りとしてお出しくださるのであって、肌身離さず身に付けて通れば、大難は小難に、小難は無難にして連れて通ろう、と仰せられて、心の守りが身の守りで、教祖のみ教えを心に守って通らして頂くことが大切でありますが、お守りは教祖のお徳で守ってくださるものと思案されます。赤衣の如くあかい心で通るようと仰せられます。赤衣は存命の教祖のお徳の象徴でありまして、教祖のお徳を拝し戴いて通る者は、教祖のお徳に浴するのであります。お守りは存命の教祖のご守護を拝す、最も身近にして大切なものでありま す。だから道の子のしるしとして、お道の信仰者は全員、身につけて通らせて頂かねばならぬものであります。大難を小難に守ってくださるのは、教祖のお徳で守ってくださるのであります。お守りは一名一人に生涯に一度下さるものであります。当人が出直したら、内々の大切な宝として祀るようにとの仰せであります。

悪難除けの守りは、三寸又は二寸八分角に切って、これを三角に縫《ぬ》い、中に五分のきれに「神」という字を書いて出す。ほうその守りは、二寸に一寸二分のきれを四角に縫い、中に五分のきれに「む」という字を書いて出す。このように教えられているのであります。

【ご供】

教祖に献じたお洗米を、教えて頂くかたち通り紙に包んで、印打ってご供としてお出しくださるのであります。

たすけの道の理

お道上のおたすけは、親神様の不思議自由のお働きによるものですが、それは皆、教祖の理と、ぢばの理と、銘々の誠真実という心の理とによって、親神様がお見せくださるものであります。おふでさき第八号45〜48に、この点を明言くだされているのであります。

心さい月日しんぢつうけとれば　どんなたすけもみなうけやうで
とのよふなたすけとゆうもしんぢつの　をやがいるから月日ゆうのや
この月日もとなるぢばや元なるの　いんねんあるでちうよぢさいを
このはなしなんでこのよにくどいなら　たすけ一ぢようけやうのもと

これをご供で申せば、ご供は教祖のおさがりであり、それを包むのは三摘《つま》み三粒で、三日三夜の宿し込み、また、六ツ折りに包むのは、六台初りというぢばの理を添えてお出しくださり、そして「何も御供（の品物が）効くのやない。心の理が効くのや」と仰せくださるものであります。

教祖の理の代表はお守りであり、ぢばの理の代表はをびやゆるしであります。

教祖の理を頂く代表はおさづけであり、ぢばの理を頂く代表はおつとめであります。

教祖とおぢばの理の働きを頂くのは、めい〳〵の心の誠真実次第であります。

教祖の理とは何かと申せば、教祖の御心であり、教祖のお徳であります。御在世当時、教祖がたすけてやろうと仰しゃれば、皆たすけて頂いたのであります。これは教祖のお徳でたすけてくだされたのであります。たすけてやるが、神の言うこと聞くかと仰しゃった。それを文字通り素直に、聞かせて貰います、と申す真実が、教祖の理を頂くことになるのであります。私が願うてあげるから、あんたも熱心に信心しなされと仰しゃることを、有難うございます、そうさせて貰いますと申して実行するのが、教祖の理を頂くことになるのであります。

おぢばの理とは何か。おぢばは元、元は根であります。根の働きがおぢばの理であります。根が差す働きであります。同じ根なら、一寸やそっとで流れぬ、四方根を張らせてくださるのが、おぢばの理であります。

おぢばは、確かなる参り所であり、帰り場所でありまして、足を運んで来なければ、参ることも、帰ることも出来ぬのであります。足を運んで帰らせて頂くのが、おぢばの理を頂く唯一の方法であります。はこばねば、ぢばの理は頂けぬのであります。

ぢばへ一つに心を寄せよ。ぢば一つに心を寄せれば、四方へ根が張る。四方へ根が張れば、一方流れても三方残る。二方流れても二方残る。太い芽が出るで。

（『稿本天理教教祖伝逸話篇』）

この教祖の理とおぢばの理とを、日々に、どこまでも頂く道が、おつとめ、十二下りのつとめであります。お立ちてをどりは、教祖のおうたを唱和して、教祖のみ教えを、素直に実行させて頂く第一であります。お立ちてをどりは、なむ天理王命を唱えておぢばを拝し、足をはこんで理を立てて、居ながらにして精神のおぢば帰りをさせて頂くのであります。そうした上からも、おつとめは、たすけの元だてであることが明らかであります。

第三章　元の理

第一節　元初りの話

元初りの話とは

月日にわせかいぢうをみハたせど　もとはじまりをしりたものなし　十三 30
このもとをどふぞせかいへをしへたさ　そこで月日があらわれてゞた　十三 31

かように仰しゃる以上、第一に説き聞かせたき、思召のお話はこれであります。教祖をやしろに直々現われられたのは、元初りを説かれることであったのであります。

このよふハにぎハしくらしいるけれど　もとをしりたるものハないので　三 92
このもとをくハしくしりた事ならバ　やまいのをこる事わないのに　三 93

この世の元を知らんから、心得違いで通ってほこりを積み、病を発することになる。そこで病の根を切ってくださる上から、元初りを説いて聞かせてくださったのであります。

元初りの話はどういう話かと申せば、一番簡潔には、人間の元初りは、いつ、どこで、誰が、なぜ、いかにして、御創造くだされたのか、ということをお聞かせくだされたものであります。

いつ生まれたか、即ち人間は何才になったのかということ。

どこで生まれたか、即ち人間の故郷はどこかということ。

誰が生んでくだされたか、即ち人間の親は誰であるのかということ。

なぜ。これは人間の存在理由であり、存在目的であります。陽気ぐらしということであります。

いかにして。親神様の人間創造の守護、十柱十全のご守護をお聞かせくだされたことでありまして、それを以て、創造の理、即ち天理を説き明かしてくだされたのであります。


元初りの話は三段九節からなると思えばよいのであります。即ち、

第一段　模様立て

1、月日様の御相談

2、雛型の模様立て

3、道具の模様立て

第二段　宿し込みと産み下ろし

4、宿し込み
5、産み下ろし
6、三度の出直し

第三段　成人の守護
7、八千八度の生まれ更わり
8、成長と世界の形成
9、知恵の仕込み

お話は一貫しているようですが、その各段落毎、お話に込められる神意は、それ〴〵内容の場面が変わり、神意の含みに於ては、異なる面もあるのであります。

お話は、取次の話としてまとめられたものの写本が、幾種類か、こふき本としてあります。また、おふでさきに第六号をはじめ、各所でお誌しくだされているのであります。

宿し込みまで

1、この世の元初りは、どろ海であった。月日親神は、この混沌たる様を味気なく思召し、人間を造り、その陽気ぐらしをするのを見て、ともに楽しもうと思いつかれた。

2、そこで、どろ海中を見澄まされると、沢山のどぢょの中に、うをとみとが混っている。夫婦の雛型にしようと、先ずこれを引き寄せ、その一すじ心なるを見澄ました上、最初に産みおろす子数の年限が経ったなら、宿し込みのいんねんある元のやしきに連れ帰り、神として拝をさせようと約束し、承知をさせて貰い受けられた。

3、続いて、乾《いぬい》の方からしゃちを、巽《たつみ》の方からかめを呼び寄せ、これ又、承知をさせて貰い受け、食べてその心味《あじわい》を試し、その性を見定めて、これ等を男一の道具、及び、骨つっぱりの道具、又、女一の道具、及び、皮つなぎの道具とし、夫々《それぞれ》をうをとみとに仕込み、男、女の雛型と定められた。いざなぎのみこと　いざなみのみこととは、この男雛型・種、女雛型・苗代の理に授けられた神名であり、月よみのみこと　くにさづちのみこととは、夫々、この道具の理に授けられた神名である。

　更に、東の方からうなぎを、坤《ひつじさる》の方からかれいを、西の方からくろぐつなを、艮《うしとら》の方からふぐを、次々と引き寄せ、これにも又、承知をさせて貰い受け、食べてその心味を試された。そして夫々、飲み食い出入り、息吹き分け、引き出し、切る道具と定め、その理に、くもよみのみこと　かしこねのみこと　をふとのべのみこと　たいしよく天のみこととの神名を授けられた。

4、かくて、雛型と道具が定り、いよいよここに、人間を創造されることとなった。そこで先ず、親神は、どろ海中のどぢょを皆食べて、その心根を味い、これを人間のたねとされた。そして、月様は、いざなぎのみことの体内に、日様は、いざなみのみことの体内に入り込んで、人間創造の守護を教え、三日三夜《かよさ》の間に、九億九万九千九百九十九人の子数を、いざなみのみことの胎内に宿し込まれた。
「宿し込みのいんねんある元のやしき」と仰しゃるいんねんは、縁《えにし》ということで、泥の海が、陸地になっているのでありますから、宿し込みのやしきではなく、宿し込みのいんねんあるやしきとあるのだと思案されます。

雛型は姿形、道具は作用、働きにその本質があるのであって、そこで「その性を見定めて」とは、働きの性分、その性分である働きの真実さを見定めてということであります。働きの見定めであるから、試してみることが必要で、試すために食べられたのだと思案されます。

「人間創造の守護を教え」ということは、夫婦の情愛を授けられたということだが、月日様とぎ・み様を別にして考えたらそうなるが、心入込んでの主体は月日様だから、教えることは本当はいらない。しかし、以後月日様のお働きが蔭へ廻られ、お話の主役がみ様になるので、それとの関連でこのように述べられているのだと思案されます。

産み下ろし以後

5、それから、いざなみのみことは、その場所に三年三月留り、やがて、七十五日かかって、子数のすべてを産みおろされた。

6、最初に産みおろされたものは、一様に五分であったが、五分五分と成人して、九十九年経って三寸になった時、皆出直してしまい、父親なるいざなぎのみことも、身を隠された。しかし、一度教えられた守護により、いざなみのみことは、更に元の子数を宿し込み、十月経って、これを産みおろされたが、このものも、五分から生れ、九十九年経って三寸五分まで成人して、皆出直した。そこで又、三度目の宿し込みをなされたが、このものも、五分から生れ、九十九年経って四寸まで成人した。その時、母親なるいざなみのみことは、「これまでに成人すれば、いずれ五尺の人間になるであろう」と仰せられ、にっこり笑うて身を隠された。そして、子等も、その後を慕うて残らず出直してしもうた。

7、その後、人間は、虫、鳥、畜類などと、八千八度の生れ更りを経て、又もや皆出直し、最後に、めざるが一匹だけ残った。

8、この胎《はら》に、男五人女五人の十人ずつの人間が宿り、五分から生れ、五分五分と成人して八寸になった時、親神の守護によって、どろ海の中に高低《たかひく》が出来かけ、一尺八寸に成人した時、海山も天地も日月も、漸く《ようや》区別出来るように、かたまりかけてきた。そして、人間は、一尺八寸から三尺になるまでは、一胎に男一人女一人の二人ずつ生れ、三尺に成人した時、ものを言い始め、一胎に一人ずつ生れるようになった。次いで、五尺になった時、海山も天地も世界も皆出来て、人間は陸上の生活をするようになった。

9、この間、九億九万年は水中の住居《すまい》、六千年は智恵の仕込み、三千九百九十九年は文字の仕込みと仰せられる。

「しかし、一度教えられた守護により……更に元の子数を宿し込み」月日様は主役から退かれて、み様が主役である。そこでおふでさきに、「三どやどりた」（六号49）とあり、また大概のこふき本には「宿り込み」とある。この点、再度種まきをされたら、一度目と二度目は種違いの可能性も出てくる。そこで元初りの種まきは一度だけなのだと思案されます。

「虫、鳥、畜類などと、八千八度の生れ更りを経て」現在の虫・鳥・畜類が既におったというのではないから、虫・鳥・畜類の生きざまに譬えられるような境涯を、次から次へと生れ更わってという意味だと思案されます。

「めざるが一匹だけ残った」それはくにさづちのみことの魂の者であり、一筋の糸の如きつなぎのお働きであります。

一尺八寸に成人した時海山分かれかけ、三尺に成人した時天地分かれかけ、と更に段階を区別して誌されているこふき本もあります。

なぜ説かれたのか

ちよとはなしのおうたは、神の言うこと聞いてくれと、教示の核芯はこれだと仰しゃるのであって、それはこのよふの以下のお話でありますが、それはまた次の三首のおうたに要約されるところであります。

このよふのぢいと天とハぢつのをや　それよりでけたにんけんである　十 54

月日よりたん〳〵心つくしきり　そのゆへなるのにんけんである　六　88
このはなしにんけんなんとをもている　月日かしものみなわがこども　十三　79

即ち、親神様がこの世の元初り以来、紋型なき処より、並々ならぬ御苦労を伏せ込んでくだされたのであり、その伏せ込みの御苦労のお蔭によって、我々は結構にくらさせて頂いているのであります。親神様のご守護は、つく息引く息一つにお働きくださる直下の事であると共に、元初り以来の永い〳〵年限の積み重ねの中よりのご守護であることを、そのご守護の伏せ込みは、子供可愛い一条の親心の賜物《たまもの》であることを、悟り取るようにとお聞かせくだされたのであります。

即ち、人間は皆神の子であり、人間身の内は神のかしもの、この世は神の身体、月日の身の内であって、人間は天地抱き合わせの親神様の懐内に住居しているのだということを、そして、神の守護というものは、人間創造に当っての、十柱十全の守護の働き以外にないのであって、これがこの世の天理であることを、お説き明かしくだされたのであります。

『親神は、陽気ぐらしを急き込まれる上から、教祖をやしろとして、この世の表に現れた、奇《く》しきいんねんと、よふきづとめの理を、人々によく了解させようとて、元初りの真実を明かされた。』

即ち、たすけの理ばなしでありまして、お道の一切のおたすけは、この元初りの理に由来し、その理の実証としてお見せくださるのであります。

『この世の元の神・実の神は、月日親神であって、月様を、くにとこたちのみこと 日様を、をもたりのみことと称える。あとなるは皆、雛型であり、道具である。』

この外に神というて更になし、ということをお説き聞かせくだされたのであります。

天の理を元に遡《さかのぼ》って、創造の理として説き明かされたのであって、天の理＝創造の理でありま す。そして、その第一は、月日の本心、第二は、二つ一つの月日の理、第三は、雛型、いんねんの理、第四は、八方の神様のお働きの理、第五は、月日ありての存在の順序の理、第六は、生成の年限の順序の理であります。

教祖は元初りのお話をしてくださるに当り、

「今世界の人間は元を知らんから互に他人やといってねたみ合い、うらみあい、我さえよくばで皆勝手々の心をつかい、甚だしいものは敵同士になってねたみ合っているのも、元を聞かしたことがないから仕方がない。なれどこのまゝでは親が子を殺し、子が親を殺し、いぢらしくてみていられぬ。そこでどうしても元を聞かせなければならん。」と仰しゃり、お話のあとで、「こういうわけゆえ、どんな者でも仲良くせんければならんで。」と仰しゃったということであります。

第二節　元初りの話の細部について

雛型のもようまで

泥海というのは、天地水土分かれぬ、紋型ない混沌としたさまを、泥の海と仰せられる。泥海というのは現実にない海だから、海のイメージと泥とで想像するわけですが、想像の及ばぬ元始の状を仰しゃるのであります。

泥海に月日様がおられたと申しても、海に浮かんでいるようなわけでなく、月様が水の理で日様が土だとすると、水土分かれぬ泥海の状態そのものが月日様と申せるのではないかと思われます。

月様が先立って国床を見定めて日様にご談じなされた。月様は頭一つ尾一すじの大龍《りょう》。日様は頭十二で三筋の尾に三つの剣のある大蛇《だいじゃ》であります。見定めるというのは、それ以外のものを捨てて一つのものを、乃至は物事でなく理を見ることであって、日様はそれをあらゆる角度から具体的に検討吟味して、完璧を期されたのであると思案されます。

「泥海中に月日両人いたばかりでは、神というて敬う者もなく何の楽しみもない」と味気なく思召されたのであります。したがって、「人間を造り入り込んで何事も教えて守護すれば、人間という者は重宝なものであるから、陽気ゆさんその他何事も見られること」と相談まとまったと仰せられます。陽気ゆさんその他何事もの第一は、「神というて敬う」ことであります。

どぢょは泥から生じるからどぢょであります。そう考えれば、うをもみも、その他の者も皆泥海から生じたのだからどぢょの中のうを、みであると思案されます。うを、みが先行して存在していたのではなく、月日様のお目にとまったその時に存在を得たのであって、それを泥海中を見澄ませばと仰しゃるのであります。また、どぢょについては泥が味気なさの思いなら、その泥から生じたのは、陽気ぐらしをさせたい、見たいとの思いであり、その思いの結実が人間の種となったということであると思案されます。

うをというのは人魚、岐魚というを、顔は今の人間の顔で、膚あいは鱗なく今の人間の膚あいであった。みというのは白ぐつな（白蛇）で、同じく顔は人間、膚あいは鱗なくすべ〳〵した人間の膚あいであった。またうをは、心は真直ぐで正直な者、脇目もふらず向うへ〳〵と進んでゆく一すじの心の者であった。みは、心はこれまた素直で正直な身一すじの心のものであったと仰せられます。

約束されたのは、「両人共その労を厭うて断りを申し上げた」から、かく約束され、無理に承知をさせてお貰い受けになったのであります。

「人間の親神というて拝をさせる」とのお約束であります。即ち、人間が、教祖を親様神様と敬い拝することを、月日様は何よりもお望みくだされ、お喜びくださるということであります。

このくだりは、教祖をやしろとしてこの世の表に現われられた、いんねんの理をお説きくだされているのでありますが、そこでの問題は、いざなぎのみこと様はどうなのかという点であります。

これを種まきと、苗代になってお育てくださるお役とに、ふり分けてお説きくだされているが、その上から思案すれば、元初りの元をなすのは元種だが、それ以後は成長、成人の道程であり、そこでのお役は、苗代・畑の担当であります。したがって月日のやしろと貰い受けられ、地上の月日として、一れつ人間の成人をお守りくださるのは、いざなぎのみことではだめで、教祖こそふさわしい唯一のお方であられることは明らかであります。

道具衆

鯱《しゃち》は鯱鉾で、川魚でいえば鯉の肥えた(功経た)のも同じとの仰せで、勢い強く変にしゃくばる者であります。

亀と鯱は一方が、亀のようにはいつくばるのに対し、一方は鯱鉾立つという如く、また土台石と鴟尾《しび》でまさに好一対のものであります。

鰻《うなぎ》と鰈《かれい》は共に美味なもので、鰻はぬる〳〵とつるついて、頭の方へも尾の方へも自由に出入りするもの。鰈は薄くて煽《あお》げば風の出る如きもので、飲み食いと息、食と言、経済と文化の二面に相当させられている。

くろぐつな（黒蛇）は勢強く引いても千切れぬ苧《お》綱の如きもの。白ぐつなの苗代に対して生長生産の引き出し。

鰒《ふぐ》は食べてよく中る者。又、鋭い一枚歯をもっている。又、大食する者である。

東三神、西三神が、それ〴〵男女に配せられるが、東西三対も鰒と鯱、鰻と黒蛇、亀と鰈と、それ〴〵丸いもの、細長いもの、平たいものと対応されている。

うをとみは、雛型という上から、見定められたのでありますが、鯱以下の六柱は食べて、その心味を試されたのであって、神様の道具は試しにあうということ、更には、食べられたという、こゝに深い意味があると思案されます。食べられてしまった以上は、それ〴〵の主体性は月日様に帰せられるということであります。道具は使い勝手の良さが大切で、それは、道具が癖性分といった勝手を出さぬことであります。

引き出された方角は、かぐらづとめに於て、それ〳〵の道具衆の人衆が、立たれる位置を示すものですが、それにとどまらず、それ〳〵のお働きの理に深くかかわるものであり、方角は方角のみでなく、一日の時とも深くかかわるものであります。そこで亀は巽《たつみ》でなければならず、鯱は乾《いぬい》でなければならないことになるのであります。

道具衆の鯱、亀、鰻、鰈、黒蛇、鰒、これらは紋型なき泥海中から引き寄せられた者でありますから、どのような者とも分からぬのであって、たとえば鰈といえば、魚屋の鰈で、こう云うものだと、それを台に考えるのはよいが、神様の鰈にはどんな鰈があってもおかしくないのであります。それを鰈はこれでなければ鰈でないと、自分の先入見でお話を聞くのは、人間思案の物尺《ものさし》を神様に当てることになるのであって、物尺からはみ出す、つまりわからん、くだらんというようになるのは、これまた当然のことであります。その点よく〳〵注意せねばならぬところであります。

どぢょを人間のたねとされた。魂とされた、とも云われるが、おふでさきでは、たねとされた、とあります。

したがって、人間の元種は魂であり、その魂のたねとされたのがどぢょであります。どぢょについては、泥にまみれてもよごれぬ者であり、また、朝水面へ顔を出して日の出を拝するものだといわれます。

月様に食われた者が男に、日様に食われた者が女に生まれ、元初り以来男女は入れかわらぬということです。

産み下ろしと出直

うをにしゃちを男の一の道具に仕込み、月様の心入込んで、みにかめを女の一の道具に仕込み、日様の心入込んで、今のかんろだいのぢばを身体《しんたい》の中央として、北枕の西向きに寝て、三日三夜の間に、なむで一人なむで一人、なむ〳〵と二人づゝ、九億九万九千九百九十九人の子数をいざなみのみことの胎内に宿し込まれたのであります。

体用相で申せば、主体・実体は月日様、作用・働きは月よみのみこととくにさづちのみこと、形相・形姿はいざなぎのみことといざなみのみことであります。

この六柱ではじまったので、六台初りと申すのであります。

子数は十億に一人足らぬ数。億を万×万の単位なら、九億九千九百九十九万の意味であります。

宿し込みの地点が元のぢばであり、以後三年三月留まっておられた場所が元のやしきであります。

七十五日のうち、七日かかって奈良初瀬七里の間に産み下ろし、四日（即ち十一日）かかって残る大和一国に産み下ろし、十九日（即ち三十日）かかって山城・伊賀・河内三国に産み下ろし、残る日本国中四十五日あわせて七十五日かかって、宿し込んだ子数のすべてを産み下ろし、産み下ろしの度毎に親の息をかけておかれたという。

この話は、道が伝わってゆく布教の次第を重ねてのお話であると思案されます。

元のどぢょは皆三寸であったという。この三寸は胸三寸と関係あると思われますが、そのどぢょをたねにして、九十九年で種通り三寸まで成長したのであります。

三度の出直は、死は出直であることと共に、胎内十ヶ月と九十九年で百年、即ち、一代の人生を全うすることにより五分の成人を来世に貰《もた》らされる。その成人のための出直であります。そうしたことを三度の出直により、三ッ身に付くで取得した。そこで、これまで成人すれば、いづれ生まれ更わり出更わりの後、五尺の人間になるであろうと、将来を楽しんで身を隠されたのであります。

五尺というのは、丈《たけ》が五尺というのと共に、陽気ぐらしをする上で身体的に満足な人間、五体満足な人間に成るという意味であると思案されます。

四寸になった時ニッコリ笑うて身を隠された理を以て、生れ出る穴も二寸に四寸、死に行く穴も二尺に四尺なのだといわれます。

最初産み下ろされた場所は、今の宮地の地場であり、二度目に産み下ろされたのが、今の墓所《はかしょ》の地場であり、三度目に産み下ろされたのが、地蔵庚申塚《こうしんづか》のような今の原寺《はらでら》の地場である。皆詣り場所になっているのは、その因縁によってでありますが、その本元は宿し込みの元のぢばであって、この地場こそ確かなる詣り所であります。他の地場が枝なら、このぢばはその本元であります。これを一宮二墓三原と仰せられるのであります。

成人の次第

苗代の役目は、苗を田地に植えかえて根づくところまで育てることで、これを三度の出直で五分五分の成人を以て、いづれ五尺になるであろうと、見通しの立つところまで確認されたのであります。

一方、種まきの役目は、種をまいただけではだめなのであって、まいた種が芽を出したことを確認して終わるのであり、その種の芽生えは、産み下ろされた時か、一代の人生を全うした時かで、二説にわかれます。そこでいざなぎのみこと様のお隠れの時期については、三寸まで成人して出直した時と、七十五日の産み下ろしがすんだ時との二説がこふき本に伝えられています。

子等も残らず出直してしまったということは、元初りのお話で、ここに一つの断絶があるということでありす。というよりも、この三度の出直全部が、元初りの産み下ろしであると思案する方がよいかもしれません。しかしまた、一方では、出直しと生まれ更わりという関連する話で、次ぎに続いているのであります。

鳥・虫螻《むしけら》・毛だもの・異形の者などと、と記されているものもあります。

この年限は九千九百九十九年目にまた〳〵出直しとありまして、八千八度ということは一年毎に生まれかわったようなものでありますが、最初の産み下ろしと、八千八度でそこで九千九百九十九年目と仰せられる。そこで人間は今何者の真似でもできるのだと、万物の霊長たる仕込みを、そうした道中を通り抜くことによって受けたことを言われているのであります。

八寸、即ち、八方に広まる時、泥海中に高低が出来かけ、これより人間自身が子を産むようになりはじめ、子が親となって、一尺八寸、即ち十分八方に広がった時、元の人数《にんかず》産み揃い、それより一胎に男一人女一人の二人づゝ生まれるようになった。それと共に泥海中の水土が分かれたと仰せられる。人間自身が子を生み育てるようになったところに、高低が出来かけ、男女一人づつ、つまり夫婦という社会の元基ができるところに、また、水土分かれることが相応じて現われたのだと思案されます。

三尺になった時、天地日月漸く区別出来るように固まりかけ、外界の識別、認識と共に、ものをいう言葉がはじまった。それはまた、一胎に一人づゝ生まれるという個人として独立することであり、そこに言葉の交通、人との交わり、自由な心遣いが始まったのだと思案されます。

三尺までは清水の住居であったが、言葉と共に欲がついて、以後泥海世上となり、大和一国に産み下ろされた者は日本の地に上り、外の国に産み下ろされた者は、ぢきもつを食い廻って、からてんじくの地に上っていったと仰せられるのであります。

陸上の住居をするようになって、九千九百九十九年との仰せであるが、この年限は、今日でいう一年という物尺《ものさし》の年限でないことは明らかであります。(実際には、六千五百万年位前から新生代とされ、二、三百万年位前の人類の祖先とされる化石が出ている。)

文字を仕込んでからのこと、四千年来のことは書物にもあるが、知るに知れない九億九万六千年の道すがらを説いて聞かす。したがって、この話も嘘と思えば嘘になる、実と思えば実になる。

神の言うことを真実と思うて願えば、いかな身上も皆救かる。それを頼りに神の言うこの話、何事も聞き分けてくれるように、との仰せであります。

第三節　だめの教え

立教の三大いんねん

『最初産みおろしの子数の年限が経った暁は、元のやしきに連れ帰り、神として拝をさせようとの、元初りの約束に基』き、親神様は『人間創造の母胎としての魂のいんねんある教祖を、予《あらかじ》めこの世に現し、宿し込みのいんねんある元のやしきに引き寄せて、天保九年十月二十六日、年限の到来と共に、月日のやしろに貰い受け』神直々のだめのみ教えをおひらきくだされたのであり、『この人と所と時とに関するいんねんを、教祖魂のいんねん、やしきのいんねん、旬刻限の理という。』

このお話は、元初りに当っての約束があったからどう、もしこの約束がなかったならどう、といった予定説、決定論的なことよりも、このお話自体が、月日のやしろとおなりくだされている上からの話なのでありますから、せかい一れつをたすける上から現われた親神様が、その業《わざ》をなされるに当り、教祖とやしきと時の到来というこの三つが、欠くことの出来ぬ前提要因なのだということを、仰しゃっているお話であります。

教祖魂のいんねん

これは、月日のやしろとおなり頂けるような御方は、この世の中に教祖御一人より外にないのだ、ということであります。なぜかと申せば、神直々の教えを説くのは、たすけ一条からであり、その教えはよろづいさいの元と共に、親であられ、元であられる親神様の、たすけ一条の胸の思いをお説き明かしくだされたのであり、そうである以上、お説きくださる当の教祖の御心がたすけ一条でなければ、身口意一体の誠の教えとならないからであります。すべての人に対し、一れつ子供可愛いと思召すのは、親の魂の御方以外にないのであり、しかも一れつ子供をたすけ上げ、育てあげるための苦労を厭わぬ御心のお方は、苗代となって元初りにお育てくだされた、母親の魂の御方なればこそで、教祖のお徳で人皆おたすけくださるのであります。

やしきのいんねん

教祖をやしろに現われられた親神様が、まさしくこの世の元の神・実の神であられることの、実証としての不思議なたすけを現わされる場所は、元の神・実の神への報恩の場所であり、元のやしき以外のどこに定めても無意味であります。神の身体、月日の身の内であるこの世を、そこに住まう人々の心の上からも、真実神のやしき内としてゆく、立て替えの本元の場所は、元のやしき以外にないのであって、元のやしきこそ、神のやしきに最もふさわしい場所であり、そこから世界へと拡げられてゆくのであります。

旬刻限の到来

旬刻限の理

旬刻限の到来ということは、要するにそれまではまだ旬が来なかった、時が熟さなかった、この天保九年十月という時に到って、ようやく時が熟したということであります。それを子数の年限ということで仰せ頂いていることは、神直々のだめの教えを説かれる相手、即ち聞かせて貰いたすけて頂く、我々人間の側の準備が、この時ようやく整ったということであります。

即ち、それまでにだん〳〵とお育てくださり、知恵の仕込み、文字の仕込みもくださって、だめの一点を除いて皆教えてくださり、そのお蔭で、だめの一点を聞かせて頂けば、聞き分ける能力を持つに到った。そこまで人間が成熟したということであります。

だめの一点が、元なる親を知らせてくださったことだという上からすれば、子供がだん〳〵成人してゆくにつれて、自分の親がわかるようになり、更には親の思いがわかるようになるのと同じで、親のご恩がわかって、はじめて大人になったと言えるのでありまして、ようやくそのところまで年令が達したということであります。人間十五才までは子供で、それからは一人立ちの大人、との御教えからすれば、そこまで達したということであります。もとより中には十五才にならずとも、教祖のような方もおられるし、二十、三十にまでなっても、親の恩のわからぬ者もおるわけですが、一応、元の子数の人々が、その段階まで知恵の上から成人したということであります。

今一つは、知恵の仕込みと共に、悪気の方もだん〳〵増長して来たのでありまして、この悪気を和らげるために、仏教とかいろ〳〵教えさせて来たと仰しゃるのであります。しかし、こうした修理肥の教えでは済まぬところまで達し、このままでは悪気が増長して、どうにもならんようになるという段階にまでなったので、だめの教えをお説きくださることになったのだとも思案されます。

しかし、これは別のことではなくて、事の表と裏であります。

自由な心を育てて頂いたからこそ、悪気が増長するのであり、悪気が増長するほどの自由な心なればこそ、善心が湧いて出るのであって、真実誠にならせて頂けるのであります。俗に、悪に強い者は善にも強いと申すのであります。

したがって、皆お道の教えを分からせて貰うだけの知恵を、授けて頂いているのだから、わかろうと努力せねばならないのであって、そうでなければ、自分は元の子数の者でないと言うに等しいことになります。

元初りのお話が、立教の三大基縁である人と所と時について、それ〳〵、親は誰か、故郷はどこか、いつ生れたのかということをお話くだされているのであります。

かくの如く、人と所と時の立て合いということ、この三点よりいんねんの理を思案することは、何事に当っても忘れてはならぬことであります。

だめの教え

『教典』に、

『かくて、親神は、教祖の口を通して、親しく、よろづいさいの真実を明かされた。それは、長年の間、一れつ人間の成人に応じて、修理肥として旬々に仕込まれた教《おしえ》の点睛である。即ち、ここにいよいよ、親神直々のだめの教が垂示された。けだし、十のものなら九つまで教え、なお、明かされなかった最後《だめ》の一点、元の親を知らして、人類に、親神の子供たるの自覚を与え、一れつ兄弟姉妹《きょうだい》としての親和を促し、親子団欒《だんらん》の陽気ぐらしの世と立て替えようとの思召からである。』

即ち、修理肥の教えの点睛、親神直々の教えであります。最後の一点は元の親であります。

だめの教えの「だめ」とは、だめ押しの意味であり、漢字を当てれば、最後、最終、究極といった字を当てることができます。

だめの教えは、また止めの教えであって、「十のものなら一番しまいの十目の教え、即ち止めの教え、だめの教えや。」教えはこれにとどまるのであります。

我々は「お道はまさしくだめの教えである」という信念を培《つちか》うことが大事であります。

原典中だめの教えというのは、次のおさしづの一ヶ所だけに出てまいります。

このおさしづの前半は、だめの教えの性格。後半はだめの教えの内容の一端を説いておられます。

さあ〳〵尋ねる一条々々、十分一つ聞き分けば十分よし。神一条の道一寸難しいようなものや。一寸も難しい事はないで。神一条の道こういう処、一寸も聞かしてない。天理王命というは、五十年前《ぜん》より誠の理である。こゝに一つの処、天理王命という原因は、元無い人間を拵《こしら》えた神一条である。元五十年前より始まった。元聞き分けて貰いたい。何処其処で誰それという者でない。ほん何でもない百姓家の者、何にも知らん女一人。何でもない者や。それだめの教を説くという処の理を聞き分け。何処へ見に行ったでなし、何習うたやなし、女の処入り込んで理を弘める処、よう聞き分けてくれ。内々へも伝え、身の内かしものや、かりものや、心通り皆世界に映してある。世の処何遍も生れ更わり出更わり、心通り皆映してある。銘々あんな身ならと思うて、銘々たんのうの心を定め。どんな事も皆世上に映してある。

何程宝ありても、身の内より病めばこれ程不自由はあろうまい。自由自在心にある。この理をわきまえ。又々内々の処、銘々の処にも速やかの日がある。銘々ほんと思うた事あれば尋ねに出よ。

（明治二一年一月八日）

親しく明かされたよろづいさいの真実とは、簡単に申せば、この世の真実と、神の（心の）真実と、人の（心の）真実、この三つであります。真実は目に見えぬ神の心と人の心に関わる以上、信、信心に深く根ざしたものであります。したがって、だめの教といってもいわゆる教理レベルのことだけでなく、親神の信仰を教えられたのであり、それとの関わりで、よろづいさいの真実を説いてくだされたのであります。

よろづいさいの真実、これを更に申せば、この世の真実とは、この世の本元の真実即ち天理と、この世の本元即ち親神様の御守護の大恩とであります。神の真実とは、親神様のたすけ一条の親心と一れつたすけの思召とであります。人の真実とは、天理に添い大恩に報じ、親神様の親心に添い、思召に添ってつくしはこぶ真実誠の心であります。

修理肥とだめの教え

今までの教えは、修理肥として旬々にお仕込みくださった教えであります。

この修理肥の教えには、知恵の仕込みをはじめいろ〳〵含まれるので、それを分けると次の四つになります。

イ　知恵、文字の仕込み。即ち、もののよしあし、精神生活の判断知識。
ロ　知恵を授けた。即ち、衣食住はじめ物質的生活の技術知識。
ハ　悪気やわらげるために聖人賢者をして説かせられた教え。教説思想。
ニ　医者、薬、拝み、祈祷、易、判断などのたすけのてだて。

このうちの、ハとニとが、特に修理肥と言われるものであります。

だめの教えと修理肥の教えとの違いを、比較すると次のような点であります。

イ　だめの教は、親神直々の教えであります。修理肥の教は間接の教えであります。
ロ　だめの教は、根であり元を教える。修理肥の教は枝であります。

ハ　だめの教は、稔《みの》りの段階に於ける収穫についての教えであります。修理肥の教は、作物の成長に応じてのその時々の教えであって、収穫に於いては無力であります。
ニ　だめの教は、根本的解決の教えであります。修理肥の教は方便の教えであります。
ホ　だめの教は、末代変わらぬ一すじの教えであります。修理肥の教はその時々の一時の教えであります。
ヘ　だめの教は、究極的なたすけ、即ち、自由自在叶える教えであります。

親神様直々でなければ、教えることのできぬ最後の一点、それは元なる親を教えられたということであります。人間の親は、親神様御自身でなければ教えて頂くことのできぬことであり、この親を知ることこそ、人間お互いが真にたすかってゆく上に欠かせぬことであるから、せかい一れつのたすけの思召の上から教祖をやしろに貰い受け、直々この世の表に現われられたのであります。

親神様は、この世の元の神・実の神であられるから、よろづいさいの真実を知らされる上には、いかな働きも現わされるのであり、だめの教をお説きくだされたこの道は、証拠信心の道であります。

たん／＼と神の心とゆうものわ　ふしぎあらハしたすけせきこむ　三 104

と仰せられる如く、親神様は教えを説かれるばかりでなく、お働きを現わされるのであって、教えとお働き、教えの理と理の働き、この二つに本教がだめの教である所以を拝することができるのであります。

これからハ心しいかりいれかへて　神にもたれてよふきつとめを　十三 10

したるならそのまゝすくにしいかりと　りやくあらわすこれをみてくれ　十三 11

と仰せられる如く、御利益信心ということを申しますが、親神様が本元・真実の神なればこそ、利益を如実に現わされるのであり、不思議が神やと仰せられるのであります。

どう成っても風の便りのようでは、頼り無い。それはそれだけの力しか無い。神の力は容易やない。どうなっとするで。

（明治三七年三月二九日）

第四節　元の理

元

よろづよ八首で、

「このたびは神が表いあらわれてなにかいさいを説き聞かす」

とあるなにかいさいは、親神様の胸の内いさいということでありますが、また何かにつけていさいということでもあります。このなにかいさいを説くことは、万巻の書物を以《もっ》てしても不可能ですが、親神様はよろづいさいの元を説くことを以てこれをなされるのでありまして、元を説いてくだされたことは、万巻の書物にも匹敵することであります。したがって、元を知ることが大事で、元を説かねばお道の教えを説いたことにならないのであります。

元を尋ね、元を知り、元に帰り、元に據《よ》り、元に生き、元からの解決をはかるのであります。

いかほどにみゑたる事をゆうたとて　もとをしらねばハかるめハなし　四　81

立木《たち》を見れば根から見る、目に見えぬ土中の根ごと木を見るのが、お道の者であります。

みかぐらうたで元と仰しゃるのは、

ひのもとしよやしき（三下り一ッ、十一下り一ッ）

つとめのばしよハよのもとや（三下り一ッ）

もとのかみ（三下り九ッ）

このよのもとのぢば（五下り九ッ）

たすけのもとだて（六下り四ッ）

こもと（九下り十、十二下り四ッ）

やまひのもと（十下り九ッ、十）

これをまとめると、

イ、この世の元の神　ロ、やまいの元は心　ハ、この世の元のぢば　ニ、たすけの元だて

即ち、よろづいさいの元は、元の神であられる親神様の御存在とお働き、そして、そのお働きを頂く人間の心の存在と働き、この二つであります。

そして、この二つの元からの解決をはかる上での、たすけの元としての元のやしき、と元だて、即ち元のつとめを仰しゃるのであります。

そして、この元に関する四点をお説きくださる上から、この世の元初りの話をお聞かせくださったのであります。

元初りのお話は、日々つとめる「ちよとはなし」のおつとめに、実を込めさせて頂く上からお話しくだされたのだと申すことができます。

ちよとはなしは、神の言うこときいてくれ、聞かせて貰いますというつとめであって、聞かせて頂くのが我々人間の親神様へのつとめであるから、そのつとめを神前でまなばせてくださるのであります。

このよふの地と天とを以下は、夫婦の道を教えてくださったという悟りは、派生的、二次的悟りであって、本来の意味は、元初りのお話の要約であり、

このよふのぢいと天とハぢつのをや　それよりでけたにんけんである　十　54

月日よりたん〳〵心つくしきり　そのゆへなるのにんけんである　六　88

あしきのことハいわんでな、というところで病の手ぶりをするのは、文字通りで、

このもとをくハしくしりた事ならバ　やまいのをこる事わないのに　三 93

と仰しゃっているのでありまして、悪心を善心に切りかえる、まさしくたすけの理ばなしであります。人の心の善悪は、この元を聞き分ければ、善し〳〵で善、聞かぬと悪しきの事になるのであります。

元のぢば

おぢばは、親神様が人間をお創めくだされた、いんねんあるやしきでありまして、その宿し込みの証拠に据えられるのがかんろだいで、おぢばは、世界中の人間の元の親里であります。元の親里であるばかりでなく、現に、元なる親であらせられる親神様のお鎮りくださる処であり、存命の教祖がお姿はなきながら、存命でおわすやしきであります。

ぢば、やしき、親里ということを申しますが、ぢばは地点であり、やしきは住居場所であります。元初りの話で申せば、九億九万九千九百九十九人の子数を三日三夜に宿し込まれた、身の内よりのほんまん中の地点がぢばであり、三年三月留まっておられた場所が元のおやしきであります。

これを教祖で申せば、親神様が「我は元の神・実の神である」と天降られた時、教祖のおわした処がぢばであり、その後教祖がお住居くだされ、今も存命同様お住居くださるところがおやしきであります。

そして教祖のおわす土地里を親里と申すのであります。

教祖は次のようなことを聞かせてくだされたとのことです。

ぢばはぢゞばゞのいるところやからぢばというのや。

このところを親里というのは、親は帰ってくる子供には砂糖のように甘いものやからおやさとと云うのや。

世界から親里を慕うて帰ってくるのは、やぶいりに親里へ帰るようなものや。

天理王命の神名を、ぢばに授けられたということは、親神様のご守護をお願い申す時は、ぢばに向かって祈念せよ。また、身の内ご守護、火水風の大恩、おたすけのご恩に報いる時は、ぢばに向かってお礼申し、寄進せよ、そうすれば、親神様への祈願報謝と受け取るということを仰しゃったのであって、それが要するに、親神様はぢばにお鎮りくだされてあると申すのであります。

ひのきしんの効能をうたい、その実行をお勧めくださる十一下り目のおうたが、ぢば定めからうたい出されていることを思案しても、ぢば定めをしてくだされたことは、元の神・実の神、親神様へのご恩報じの道、即ち、ひのきしんを具体的におつけくださったのだ、とも申せるのであります。

したがって、祈願につけ、報謝につけ、おぢば帰りをさせてもらわずにはおれぬし、また、せずには済まぬのでありまして、

とてもかみなをよびだせば　はやくこもとへたづねでよ

とおうたいくださっているのであります。

しかも、祈願報謝は、おやしきの出張り所として、教会名称の理を国々所々にお許し頂いているから、そこでもできますが、教祖にお目にかかるのは、おぢば帰りをして、おやしきに参らせて貰ってこそできるのであります。おぢば帰りをするのは、教祖にお目にかかるのだということを忘れてはならないのであります。

教祖はおぢばの将来を御予言されて、

「八町四方は神のやかた、一里四方は門前内ら、奈良初瀬七里は宿屋でつまる。」

このお言葉を実現すべく、八町四方の神のやかたを取りまいて、子供のやかたを建て、親里に帰って、陽気ぐらしをさせて頂こうというのが、おやさとやかたふしんの理念であります。

いんねんの理

元を知るということは、何といっても事物成り立ちの諸条件、即ちいんねんを知ることであります。

いんねんの因とは、事物の直接の原因であり、縁はそれを助けて結果を生じる間接の力となるものであり、作物で申せば種子と畑であります。

親神様のご守護の理のうち、いざなぎのみこと種の理、いざなみのみこと苗代の理とは、この因と縁の理を仰しゃっているのであって、種・苗代の理はいんねんの理にほかなりません。このいんねんの理こそ、創造の理の第三の理（121頁参照）であります。

いざなぎのみこと、いざなみのみことは、因縁の理法性だけではなしに、人間の雛型であり、陽気づくめの事物現成の因縁をなすところの、心の雛型を仰せられているのであって、八方からとりまく神の守護は、この理に対して伏せ込まれ、働かれるのであります。

いざなぎのみことは、お働きとしては一すじ心で、真実の種を蒔くお働きであり、いざなみのみことは、一すじ心で苗代となって、種を育てる真実のお働きであり、それが、陽気づくめのいんねんをなす、心の雛型であると共に、それを台にして、心通りの守護という、心のいんねんの理法を教えてくだされているのであります。

この種・苗代の理を、実際の例で思案すれば、その理合いがはっきりするのであります。

朝顔の種で申せば、その種を蒔くには旬というものがあって、時期はずれにまいたのでは芽が出ぬし、芽が出ても美しい花を咲かせるには到らぬのでありまして、この旬は、火水風の御守護が朝顔の生育に一番適した時期をいうのであり、事ほどさように芽が出て、成長し花を咲かせるのは、火水風の親神様の御守護、お働きによってであります。

けれども芽を出すのは種が芽生えるのであって、種がなければ芽生えはないし、ヘチマの種を蒔いても朝顔にはならぬのであります。したがって、芽生えなり結果の姿は、種次第ということであります。

また同じ旬に同じ種を蒔いても、苗代なり畑なりの違いで、芽生え、成育、花の咲き具合は違ってくるのであり、肥料とか、水はけとか、土質とかが成育を左右するのであって、火水風のお働きを、種の芽生えと成育に縁づける働きが、苗代なり畑の役目であります。したがって、種はあっても畑なしには芽生えぬし、畑の善し悪しが結実に大きく影響するのであります。

この種と苗代、畑を因縁といい、人生の事情に於ける種と畑は、心が種をつくり、心が畑となっていることを仰せられたのが、いんねんの教理であります。

心が種をこしらえると申しても、有形の種でないからわかりにくいが、日々通る心遣いや行いを、善悪共に親神様が受け取って、種とされ、それをめい〳〵の心の畑にまき戻されるのでありま す。その限りに於いて、我々は日々に、心の畑に種をまいて通っているのであり、これをこの世人間創造以来の天の理法として、人間の心を陽気ぐらしへと、心の取締りをしてくだされているというのが、お道のいんねんの理であります。

元のいんねんの自覚

親神様は元初り以来、人の心をいんねんとして、かしものをお貸しくださり、守護くだされているのでありますが、この親神様の親心とご守護のお働きは、事物現成の根本原因と申さねばならぬのでありまして、これ即ち元のいんねんであります。元のいんねんというのは、いんねんが事物の元、原因であるから、その元の元、第一原因、元因であります。元のいんねんは元々からの縁《えにし》（由来）の意味でいわれることもありますが、これは、その縁にこもる「神意」をいわれるのであって、前生のいんねんに対する元のいんねんということに、最も重要な意味があるのであります。

元のいんねんは元初りの理に仰せられる如く、歴史的始源としての意味と共に、実在の根源としての意味もあり、この両者は別ものでなく、理の両面であります。

これを樹木で譬えれば、火水風のご守護は、一方では樹表が直下に恵みに浴すると共に、他方では根から髄を通って樹表へと表れ出るのであって、その出会いが現在であります。

このように過去は現在の内に内在し、現在を現在化させる原因となっているのであって、その代々の原因をくぐりぬけて、現在化する守護の根本原因が元のいんねんであり、それはまた、直下の守護として現わされるものであります。

元のいんねんと申すとき、

いんねんは種・苗代の理であって、そのうちの元の種はと申せば、

発生原因という上からは、泥海中のどぢょ、形相からは、うをとみでありますが、その元は、人間に陽気ぐらしをさせたい、見たいとの元初りの親神様の思召、思惑であります。それは泥海に対する思召であり、その思召の具象化されたものがどぢょであり、更には、人間の雛型としてのうをとみであり、これが元種であります。したがって、この元種から芽生えるのが人間であり、人間をとりまくこの世の一切の事象でありますから、皆陽気ぐらしの思召実現に寄与する方向性を持っているのであります。

即ち、親神様のお働きがことごとく人間にとってご守護たる所以《ゆえん》、恵みたる所以は、親神様の親心にあるのでありまして、この親心のよってくる元初めの思召が元種であり、親心と親心よりのご守護、これが元種を育てて陽気づくめの花実を咲かせる元縁であります。

したがって、心通りの返しという理法を以て、心から芽生えてくるには違いないが、その心通りは親心を以ての心通りなのであり、どんな心通りの現われの中にも、ご守護ならざるものはない。恵みたらざるはないというのが、元のいんねんの理であります。この元のいんねんの自覚に到ることが最も大切なことであり、それは親神様の親心の自覚、親神様の子供、神の子たるの自覚であります。

このように、元のいんねんの現われという大潮流の中に、我々は身を置いているのであって、その事を思うとき、我々の日々にこしらえる悪いいんねんは、この大潮流に逆行する心であり、善い方のいんねんは、この大潮流に順じてゆく心であると申さねばなりません。

第四章　天理王命

第一節　月日親神

元の神・実の神

親神様は、紋型ない処より、この世人間をお造りくだされた元の神様であられると共に、人間に身上を貸し、身の内に入り込んで守護くださる実の神様であられるのであります。

元の神とは、本元の神でありまして、創始・創造者ということでありますが、また、この世の元締めであり、生命《いのち》の源である、主宰者・根源者という意味も思案されます。

実の神とは、真実の神でありまして、嘘でないまことの神、実際に現在守護くだされている実在の神、お働きをもって実在の証拠をお見せくださる神という意味でありますが、それと共に、他のいろ〳〵な神格に対して、正真正銘真実の、唯一無二の元の神という意味、並びに、人間に真実もってつくしてくださる神という意味が思案されます。真実のをやと仰しゃる場合は特にそうであります。

元の神・実の神とは、本元真実の神、簡単には創造者、守護者ということであります。元の神・実の神なればこそ、顕現者、救済者であられる。その点をおふでさきで、

いまゝでにない事はじめかけるのわ　もとこしらゑた神であるから　三 18

と仰しゃっておられます。

親神様は自らを名乗られるのに、月日と称せられるのであります。

このよふのぢいと天とハぢつのをや　それよりでけたにんけんである　十 54

このよふのしんぢつの神月日なり　あとなるわみなどふくなるそや　六 50

このよふのしんぢつのをや月日なり　なにかよろづのしゆこするぞや　六 102

これまでも月日をしらんものハない　なれとほんもとしりたものなし　十 14

この世人間の元の神・実の神であられる親神様は月日様であります。

天の月日に、その実在と守護が象徴されるから月日と申される。裏を返せば、月日様のご守護

の象徴的具体的現われの第一が月日であるから、月日と称されるのであります。
この月日は、この世の初め月様から先立たれたので、日月といわず月日という、との仰せであります。また、夜から始まったのでこの世という、との仰せの如く、夜昼のご守護であります。

月日は天地の理であり、また、水と火、うるをいとぬくみの理であります。
この世は「月日の身の内」と仰せられる如く、ぬくみ・水気五分五分でお働きくだされてある、月日の身の内、天地抱き合わせの親神の懐内に抱きかゝえて、日々を結構にお連れ通りくだされているのであって、人間は親神様の懐住居をしているのであります。更にはまた、「そよ吹く風は月様のいき、さし引く潮は日様のいき、天と地とは月日様、火と水とは潮と風。」と仰せられるのであります。

親神様は自らを名乗られるには月日と称せられるのでありますが、第三者的に仰せられる際は天と仰せられます。天が受け取る、天に届く、天の与え、天の理、天理、天降《あま》るなどであります。

しんぢつの心月日がみさだめて　天よりわたすあたゑなるのわ　十 1
一寸したる事とハさらにをもうなよ　天よりふかいをもハくがある　十 2

神の身体

この世は神の身体と仰しゃる。

たん〳〵となに事にてもこのよふわ　神のからだやしやんしてみよ　三 40・135

おふでさきの中で全く同じおうたが、二度出てくる有名なおうた（今一つは　それしらすうちなるものハなにもかも　せかいなみなるよふにをもふて　七号69・十五号82）でありますが、前後のおうたとの関連からすると、それ〴〵多少意味が違うのでありまして、

前の方は、だん〳〵と生起してくる何事にも、「この世は神の身体」であるという理を、その証拠を見出すよう思案してみよ。であるならば、人間にとっては、神の身体であるこの世のことは、皆々神のかしものなのである。それを何と思って、神そこのけで勝手気侭に使っていることやら。

後の方は、何事にあたっても、「この世は神の身体」ということから理の思案をしてみよ。めいめい身の内かりものということを承知して、その上から思案してみよ。そうすれば、病といってないのであって、神の道をせ意見なのだということが分かるはずだ。

神の身体ということを、人間の身体との比較の上から、仰しゃったこともあるのであります。即ち、この世界は人間の身体も同じこと。金山《かな》といえば、いくら掘りても〳〵、尽きず金《かね》が出てくる。人間の爪と同じこと。また温泉は人間の急所と同じこと。また水すじは血すじと同じこと。

身体というのは、有機的統一体であって、すみ〳〵まで神経と血液が行きわたっているのでありま す。即ち、親神様の思召と御守護とがすみ〳〵まで行きわたって、あますところがないのでありま す。

ある時、辻先生など教祖に、「天理王命の姿は有るやと尋ねられますが、如何答えてよろしうございましょうか。」とお伺い申し上げると、「在るといえばある。無いといえばない。願う心の誠から見える利益《りやく》が神の姿やで。」とお聞かせくだされたことがあるという。

「ふしぎあらハしたすけせきこむ」(三号104)「不思議が神や」と仰しゃるように、不思議自由のお働きが神の証拠であり、神の姿であります。

「神は在ると思えばある。願う心の誠から見える利益が神の姿や」というのは、風は見えぬが、木々の梢《こずえ》のそよぎにそれと知るようなもので、それを、この世は神の身体ということから思案すれば、山に入り山の中にあっては、その山を見ることはできぬのでありますが、山の中におることはわからんわけではない。それと同じで、神の身体の内にあっては神の身体を見ることはできぬが、神の身体の内にあることはわからんわけではないのであります。

また、ある時桝井先生など教祖のお傍で、荒神のたゝり、禍《まが》つ神のたゝりなどと言いあっていると、教祖微笑《ほほえ》んで仰しゃるのに、「どのような神もみなあるで。人の心の理からどんな神も出来るで。人は神ともいうであろ、また、見ゆる利益が神の姿とも云うであろう。人の心の理からどんな神もできるのやで。」とお聞かせくだされたということであります。どんな神もと仰しゃるのは、元の神・実の神以外にどんな神もということであります。

火 水 風

「火と水とが一の神、風よりほかに神はなし。」とお聞かせくださる如く、火水風の恵みに、親神様の御守護を最も身近に拝さして貰えるのでありまして、日々その御恩に拝謝して、恩重ねにならぬように致さねばなりません。

火水風の火は日様のご守護、水は月様のご守護であります。それを火水風は十柱の神様の説き分けで申せば、かしこねのみことのご守護でありますが、火水風と対等に並べるのはどうかということについても、思案のしようによっては、火水風の風は息であります。

月日親神様の息のこめられた一切のもの、この世のありとあらゆるものは、親の息のかかったもの、神意のこめられたものであり、そうしたことを含めて、風と仰しゃるのだとも思案できます。一切のものが結構なお与えとしてあるのは、丁度、風があるのでものが腐らぬ如く、親神様の親の息がかようているからであります。そしてこの息という上からは、「そよ吹く風は月様の息、さし引く潮は日様の息」とも、また、「突く息は月様の息、引く息は日様の息」とも仰せられるのであります。

「神と言うて、どこに神が居ると思うやろ。この身の内離れて神はなし。」

（『稿本天理教教祖伝逸話篇』）

「身の内より外に神はなし」とも聞かして頂きますが、火水風のお働きの、身の内入り込んでのお働きの第一は、何といっても息であり、息がかようているから生きている。生かされているという感慨の第一は、息一すじにあります。そこで、

蝶や花のようと言うて育てる中、蝶や花と言うも息一筋が蝶や花である。

（明治二七年三月一八日）

とお諭しくださるのであります。

身の内の火水のお働き、ぬくみ水気のご守護は、血肉の働きに如実に拝することができます。即ち、血が澄んで働くから身も軽く働かしてもらうことができるし、頭も聡明《そうめい》に働くのであります。また、肉が働くから手足を動かし、力を出して働くことができるのだし、体温を保つこともできるのであります。どれほど体力がある、知恵が働くといっても、身の内の火水のお働き、血肉の働きを頂けぬとなんともしょうがないのであります。そこで、お諭しに、

暖《ぬく》い中に居れば暖いもの、寒い中に居れば寒いもの。この暖い寒いの理を聞き分けず、銘々心の理を働かす処、身の障りの台である。これから悟れ。銘々思わく思うも、めん／＼思わくを立てるも、暖味水気があればこそ。この道艱難の理を聞き分け。

（明治二七年一二月一二日）

人は皆、なりわいをするにも、この火水風の御苦労を頂いているのであって、火水風のお働きという元手なしには働けないのであります。したがって、人並以上手広く仕事をする人は、火水風の御苦労も人並以上に頂戴し、それを元手に働いているのだと云わねばなりません。こうして日々に我が身に頂く、火水風の御苦労を知らずに通り、大恩忘れ小恩送るようなことをしていると、遂には天の理に迫って、重なる御恩を何らかの形で返済せねばならなくなるのであります。そこで尚も火水風の御苦労を拝謝致さねばならぬのであります。

親神様

この世人間の元の神・実の神であらせられる月日親神様が、このたびせかい一れつをたすけるために、この世の表に顕現くだされたのであります。

幽冥の神が現われられたことは、たすけを現わされるということであります。

元の神・実の神が現われられたことは、どのようなたすけも現わされるということであります。

月日親神様にまさるたすけ主はないのであります。親神様こそ、この世人間のたすけ主と申すにふさわしい唯一のお方であられるのであります。

月日にわどんなところにいるものも　むねのうちをばしかとみている　十三　98
むねのうち月日心にかのふたら　いつまでなりとしかとふんばる　十三　99
せかいぢう一れつなるのむねのうち　月日のほふゑみなうつるなり　八　12
このせかいなにかよろづを一れつに　月日しはいをするとをもゑよ　七　11

親神様は、せかい一れつかわいい我が子と思召す、親であられます。

そのたすけ一条の親心を、おふでさきに吐露《とろ》くだされているのであります。その親心の特徴はと申せば、

いつ〳〵までもかわいいとの御心。子の行く末を思い念じる御心。子供の出世を念じ、危き道を案じられるのであります。

どこ〳〵までもかわいいとの御心。決して見捨てられぬ、あいそづかしをなされぬのであります。

隔てなく皆かわいいとの御心。皆んな仲良くとの御心。不敏な子ほどなをかわいいと思召す

のであります。

子供の成人待ち望まれる御心。親の思いを分かるよう、親の手たすけするよう、子供に手柄さしたいとの御心であります。

今日も気嫌よう遊んでくれたら結構との御心。多くを望まれぬのであります。

おふでさきには、我々が我が子に対し、我が子を思うその心から、親神様の御心を思案してくれ、と仰しゃっておられるのであります。即ち、

にんけんのハがこのいけんをもてみよ　はらのたつのもかハいゆへから　五 23
にんけんのわが子をもうもをなぢ事　こわきあふなきみちをあんぢる　七 9
にんけんも一れつこともかハいかろ　神のさんねんこれをもてくれ　十三 27
にんけんもこ共かわいであろをがな　それをふもをてしやんしてくれ　十四 34

親神様の御心を知るに及んで、絶対者である神様のイメージを、一新せずにはすまぬのであります。

親神様は子供かわいい親心ゆえ、見許し控えてこられたが、いよ〳〵せかい一れつのたすけの

上に、お働きを現わされることを宣言、予告されているのであります。

いま丶でも月日のま丶であるなれど　ひがきたらんでみゆるしていた　六 64
このたびハもふぢうふんにひもきたり　なにかよろづをま丶にするなり　六 65
いま丶でハ心ちがいわありたとて　ひがきたらんてみゆるしていた　五 25
このたびハなんでもかでもむねのうち　そふちをするでみなしよちせよ　五 26

第二節　十柱の神様のご守護の理

ご守護の理

私達の親神様は天理王命と申し上げます。紋型ないところから人間世界をおつくり下された元の神様・実の神様でありまして、そのご守護の御理に神名をつけてお説き分け下されています。

くにとこたちのみこと様は、天にては月様と現われ、人間身の内の目うるをい、世界では水のご守護の理。

をもたりのみこと様は、天にては日様と現われ、人間身の内のぬくみ、世界では火のご守護の理。

くにさづちのみこと様は、人間身の内の女一の道具及び皮つなぎ、世界では金銭縁談よろづつなぎのご守護の理。

月よみのみこと様は、人間身の内の男一の道具及び骨つっぱり、世界では草木一切よろづつっぱりのご守護の理。

くもよみのみこと様は、人間身の内の飲み食い出入り、世界では水気上げ下げのご守護の理。

かしこねのみこと様は、人間身の内の息吹き分け、世界では風のご守護の理。

たいしよく天のみこと様は、人間生まれ出る時親と子の胎縁を切り、出直の時息を引き取る世話をなし下され、世界ではよろづ切ることのご守護の理。

をふとのべのみこと様は、人間生まれ出る時親の胎内から子を引き出す世話をなし下され、世界では立毛万物引き出しのご守護の理。

いざなぎのみこと様は、人間をお創《はじ》め下されし時の男雛型、種の理。

いざなみのみこと様は、人間をお創め下されし時の女雛型、苗代の理。

目うるをいとは、目のうるをいのご守護、及び身の内のうるをいであります。目どううるをいともいう。目どううるをいとは、目のうるをい及び胴のうるをいの意味であります。

くにさづちのみこと　金銭つなぎ、人との縁つなぎはじめ、ありとあらゆるつなぎのご守護であります。

月よみのみこと　草木をはじめ、地上に自ずから立っているもののご守護であります。

くもよみのみこと　身の内の飲み食いとその出入り、出入りの第一は出る方であります。水気上げ下げの水気とは、水及び水蒸気、水が生活の中に与わってくる循環のご守護であります。

かしこねのみこと　息の吹き分けと共に声、言葉の吹き分けのご守護であります。風吹き廻しのご守護は、風が吹くので物がくさらずにすむのであります。

たいしよく天のみこと　よろづ切ること、世界の鋏《はさみ》と仰せられます。

をふとのべのみこと　引き出しは生長生産のご守護であります。種の理とは種をまく理。苗代の理とは苗代となって種を育てる理。種と畑といういんねんの理であります。

十柱十全の守護の理の大切なこと

十全のお働きの相互の関係は、かぐらづとめで、道具衆が立つ位置や手ぶり等によって知られる。中でも大事なのは、向かい合うお働きが二つ一つであることで、これは手ぶりでその対応を鮮明に知ることができます。

十柱の神様の順序については、元初りの話での順序は、月様・日様・いざなぎ・いざなみ・月よみ・くにさづち・くもよみ・かしこね・をふとのべ・たいしよく天の順になっていますが、十全の守護を順番に述べる時は違うのであります。それは数の理と、それ〴〵のご守護の理との関係によるのだと思われます。特に、三番目の三はつなぐ理。七番目の七は切る理であります。

十柱の神様の御守護の理は、ぜひとも覚え、心に銘記し、口に唱えることができるようにしておかねばならないのであります。なぜかというと、いろ〳〵申せますが、

（イ）ご守護に拝謝するため

（ロ）天理に添う誠の心をまなぶため

（ハ）身上の理の思案をするため

どれ一つをとっても、十柱の神様は大事であります。

たとえば、神恩報謝ということでも、親神様のご守護は広大無辺であります。広大無辺ということは当り前になってしまうのであります。当り前ということは一寸でも欠けると、たちまち不足の思いが湧《わ》く。お礼がなく不足の心では、ご守護も身につかぬし、ご守護を受ける器も失って

しまうのであります。そうなるとご守護の世界にありながら倒れてゆかねばならなくなりますが、それは、当り前で通ったからであります。この広大無辺のご守護を身の内に、また身のまわりに、そして広く世界の上に、身近かに一つ〳〵教えて頂いているのが、十柱の神様のご守護の理でありますから、一つ〳〵拝謝申すようになるのであって、その心が湧いて出るまで、ご守護の理を唱えさせて頂くのであります。

それ〴〵のお働きの理に神名を授けられたのは、たゞ単なる説き分けではないのであります。神名というのは、そも〳〵唱えるためのものであり、神名を唱えるのは、祈願報謝に於てであります。したがって、神名をつけて教えてくだされたのは、一つ〳〵のご守護に、神名を唱えて親神様に祈願し、報謝せよとの思召であると悟られます。

親神様は、こうしたお働きを以てつくし切ってくだされている。その本真実にまなばせて頂くところに、真実の心の道がある。かぐらづとめでそれを手ぶりに表わしてつとめるのは、また、そのお働きをまなぶのだということを、教えておられるものであると悟られます。

十柱の神様のお働きに添わぬところから現われるのが身上事情でありますから、身上事情の理の思案をする台になるものであります。

身の内のご守護

身の内のご守護は身の内六台と申して、くにとこたちのみこと、をもたりのみこと、くにさづちのみこと、月よみのみこと、くもよみのみこと、かしこねのみことを申します。即ち、身の内六台とは、めにぬくみ、皮つなぎに芯の骨、飲み食い出入りに息のことであります。

たいしょく天のみことをふとのべのみことは、身の内ご守護としては説き分けられぬが、切る働きは歯で噛《か》み切ったり、胃の消化等は、たいしょく天のみことの切るお世話であります。また、老廃物の処理いわゆる掃除は、みな切る働きでできるのであります。引き出しは、髪の毛や爪がはえるのは引き出しであるし、成長や身長が伸びるのも、引き出しの世話によるものであります。

それと共に、更に立ち入って思案すれば、たいしょく天は脳天、頭の働きであり、をふとのべは腸の働きであると思案されます。くにとこたちのみこと様が天でありますが、たいしょく天も天であって、頭の働き、思考判断をはじめ、脳神経系統も関係すると思われます。

腸は飲み食い出入りの一部門でありますが、また、吸収引き出しのところであって、腸の弱い人は虚弱体質であります。だいたいが腹の中でとぐろをまいている苧《お》綱、口縄のようなものが腸であり、まさしくくろぐつな、をふとのべのみことの理であります。


眼は水のうるをいと大いに関係があり、水晶体の中も清水《せいすい》なら、涙も清水で、角膜をうるおわし洗い清めているのであります。眼がみえるのは、丁度光が水に影を映すようなものであります。そして眼底の網膜に視神経があって、これが脳に一番近いところであって、脳腫瘍が大きくなると眼球が飛び出してくる。したがって脳脊髄神経も、くにとこたちのみこと様の理であると思案されます。これは水をはった桶《おけ》の中にすいかを浮かべた如く、髄液にまもられていることからしても、水の理であることが伺われるのであります。

また、身の内のうるをい、身体の大部分は水で、男で六〇～七〇%、女で五〇～六〇%位を占める。この水で身体の洗濯もされるのであって、特に腎臓、これが悪いと身体がむくんでくる。むくんだり、腹水がたまるのは水ぜめであり、くにとこたちのみこと様のご意見ということになります。

ぬくみの熱は、燃料を燃やして保つようなものでありますが、その燃料と酸素を供給するのが内臓であり、その中心は心臓と肺であります。そこでかしこね、くもよみ、をふとのべは、をもたりのみこと様につながれているのであります。熱で燃える身体の火事、発熱、熱病は日様のご意見ということになるのであります。

血はうるをい、水の理でありますが、水でも湯でありまして、湯は火と水のたまものでありまず。

肉、筋肉はぬくみの熱の生まれる場所であり、一面くにさづちのみことの皮つなぎでもありますが、また、をもたりのみこと様のお働きの場面であります。その中でも最も働きものの筋肉が、他ならぬ心臓の心筋であります。

身の内のご守護（続き）

皮膚と皮下組織は、表の皮膚も体内の皮膚も内臓の皮膚もありますが、皆つなぎであり、骨を包む筋肉もつなぎの理であります。また、傷が治るのも、綻《ほころ》びを繕《つくろ》うつなぎの理であります。炎症・腫瘍《しゅよう》・潰瘍《かい》・膿瘍《のう》は皆つなぎのご意見であると思案されます。

骨つっぱりは、頚脊腰椎《つい》の支柱もあれば、手足のような運動器もあり、頭骸骨や肋骨のように、大事なものを保護する役目のものもあるが、みなつっぱりの理であります。関節の靭帯《じんたい》や筋も、つなぎよりつっぱりの理にとった方がよいかもしれません。脱臼、ねんざや骨折や骨の身上は、つっぱりのご意見であると思案されます。また、貧血や白血病も骨つっぱりと関係ある身上であります。

飲み食い出入りの、入る方でありますが、これは口腔《こうこう》・のど・食道・胃・十二指腸といったところの働きであり、出入りの出る方は、大腸・痔・膀胱・尿道であります。更には体内の血液循環、血圧は水気上げ下げの理であると思案されます。

息吹き分けは、鼻腔、気管支であります。言葉の方はのどと口、聴覚の耳であります。

たいしよく天のみことは、切り傷、出血、また脳病、即ち、精神病と中風や痴呆に関係すると思案されます。

をふとのべのみことの引き出しは、小腸。肝臓は栄養貯蔵の引き出しと、毒消しの切る働きがあると思案されます。

をびや三神、切って引き出しあとつなぎで産という、との仰せであります。身体の細胞の新陳代謝や、物質の生産消費には、この三柱のお働きが密接に関わっているのであります。

衣食住の衣はつなぎ、住はつっぱり、食はくもよみのみことの飲み食いの道と、をふとのべのみことの農作とあるのであります。

第三節　十柱の神様の理の説き分け

くにとこたちにをもたりさま

取次のこふき本で、十柱の神様の理について詳しく説きわけられていますが、理を思案する上で、何かと参考になるから覚えさせて貰うとよいのであります。

この説き分けは、天にてのお姿、泥海中でのお姿、神名の由来、裏の守護というか、仏法や神道に於ける見立てを、身の内と世界の身の内のご守護と共に、説かれたものでありますが、教祖御在世当時、おやしきの取次の先生方に聞かされた話を、取次がその台本として、書き誌したものの主要部分でありますから、教祖直々のお話と考えてもまず間違いのないところであります。

くにとこたちのみこと様は、天にては月様と現われ給い、人間身の内の目胴潤《うるお》い、世界では水のご守護の理。この神様は男神にて、泥海中の御姿は頭《かしら》一つ尾一筋の大龍《りょう》である。この世始めの時、先に立って国床を見定められたので、この理を以てくにとこたちのみこと、又の名をくにみさだめのみことという。人間宿し込みの時、上より突くので月様という。月様が先に立つので日月といわず月日という。

仏法にては釈迦如来と現われ給う。又、先に出て法を授けられたので、せんじゅ（千手観音）ともいう。人間身の内目はこの神様のかしものかりもの。

をもたりのみこと様は天にては、日輪様と現われ給い、人間身の内のぬくみ、世界では火のご守護の理。この神様は女神にて、泥海中のお姿は頭十二の三筋の尾に三つの剣ある大蛇である。この神様は人間宿し込みすんで後、日々に身が重くなりたので、をもたりのみことと言う。又、日々に理を増すので日輪という。尾に三つの剣があるので、この理をもって悪気な女を邪険という。頭十二ある頭で一月づゝ頭かわりて守護くださる。又、日々に一刻づゝ頭代わりてお照らしの目を一刻《とき》とする守護あるので一年を十二月、一日を十二刻という。十二支の方に頭を取り巻きて守護くださる、この理をもって十二支という。

仏法では三尊の弥陀、心の澄んだ理をもってせいし（勢至）かんのん、大き見えるので寛大という、観音というも同じ理である。人間身の内のぬくみはこの神様のかしものかりもの。

この二柱の神様は、この世の元の神様、人間の実の親様。人間にはこの世をお照らしの如く入り込んで守護くださる。それで自由自在を叶うのである。あと八柱の神様は、人間を拵えるにつき使った道具にて、この二柱の神様のご守護によってお働きがある。その証拠に人間には手足とも十本の指をつけておいたとの仰せである。即ち、親指があるのであとの指が役立つ如く、月日様が八柱の神様を道具衆にお使いなされて、この世をお創めになり、今においても守護くださる。即ち、この十柱の神様は、この世の元の神様。このほかに神というて更になしとの仰せであります。

くにさづちからかしこねまで

くにさづちのみこと様は、人間身の内の女一の道具、皮つなぎ、世界では金銭縁談よろづつなぎの御守護の理。この神様は天にては源助星（巽）。女神にて、泥海中の御姿はかめ。この者は皮つよく地について踏ん張り強く倒《こけ》ぬ者で土色をした者なので、国の土の理を以てくにさづちのみことと名を授け給う。

仏法にては普賢《ふげん》菩薩、達磨《だるま》、弁天、結びの神、黄檗山《おうばくさん》はこの神の守護。人間身の内の皮つなぎはこの神様のかりもの。

月よみのみこと様は、人間身の内の男一の道具、骨つっぱり、世界では草木一切よろづつっぱりのご守護の理。この神様は天にては破軍星（乾）。男神にて、泥海中の御姿はしゃちほこ。鯉のこへたる者も同じ事。この者は勢い強く変にしゃくばる者なので、男の一の道具に仕込み給う。又、男は宿し込みの時に突くものゆへこの理をもって月よみのみことと名を授けられる。

仏法では八幡《はちまん》、聖徳太子はこの神の守護。人間身の内の骨つっぱりはこの神様のかりもの。

くもよみのみこと様は、人間身の内の飲み食い出入り、世界では水気上げ下げのご守護の理。この神様は天にては暁《あけ》の明星（東）。女神にて、泥海中の御姿はうなぎ。この者は勢強く頭の方へも尾の方へも自由に出入りする者で、ぬる〳〵とつるつく者ゆえ、人間の飲み食い出入りに使った道具である。そこでくもよみのみことと名を授けられる。

仏法にては文珠《もんじゅ》菩薩、竜王、神農、薬師如来、水神はこの神の守護。人間身の内飲み食い出入りはこの神様のかりもの。

かしこねのみこと様は、人間身の内の息吹き分け、世界では風の守護の理。この神様は天にては坤《ひつじさる》の方に集まる星。男神にて、泥海中の御姿はかれい。この者は身薄く、煽《あお》げば風の出る者なので、人間の息、風の道具に使った者。ゆえにかしこねのみことと名を授けられる。仏法にては大日如来、円光大師（法然）はこの神の守護。人間身の内の息はこの神様のかりもの。

たいしよく天からいざなみのみことまで

たいしよく天のみこと様は、人間生まれ出る時に親と子の胎縁を切り、出直す時は息を引き取る世話をなしくだされ、世界では切ること一切のご守護の理。この神様は天にては艮《うしとら》の方に集まる星。女神にて、泥海中の御姿はふぐ。この者は大食する者で、食べてよくあたる者ゆえ、人間の生き死に縁切りの道具に使った、この理をもってたいしよく天のみことと名を授けられる。

仏法では虚空蔵菩薩《こくうぞう》、妙見《みょうけん》、鬼子母神《きしぼじん》、儒来《じゅらい》、橋詰（姫）、縣《あがた》さん（宇治穴多山）はこの神の守護。この神様は世界の鋏《はさみ》にてよろづ切る神、艮《うしとら》鬼門の神。

をふとのべのみこと様は、子供生まれ出る時、親の胎内より子を引き出す世話をなしくだされ、世界では立毛万物引き出しの御守護の理。

この神様は天にては宵《よい》の明星（西）。男神にて、泥海中の御姿はくろぐつな（黒蛇）。この者は勢強く引いても千切れぬ者なので、人間の食物、立毛万物引き出しの道具に使った者。引き出すには苧《お》綱がいる。又、引き出す者、先に立ってよくする者を玄人《くろうと》という名今にあり。この理をもってをふとのべのみことと名を授けられる。

仏法にては不動明王、弘法大師、役行者はこの神の守護。この神様は百姓の神。

いざなぎのみこと様は、人間をお創めくだされし時男雛型、種の理。

この神様は天にては天の川を隔てゝ現われる星（牽牛《けんぎゅう》）。男神にて、泥海中の御姿は岐魚、人魚ともいう。この者は今の人間の顔、姿で、肌合いも鱗《うろこ》なく人間の肌、心も真直ぐな者でこの者を雛型として人間の種に使うた者。そこでいざなぎのみことと名を授け給う。伊勢の内宮はこの神の理。

いざなみのみこと様は、人間をお創めくだされし時女雛型、苗代の理。

この神様は天にては天の川を隔てて現われる星（織女）。女神にて、泥海中の御姿はみ（白蛇）。この者も人間の肌で鱗なくきれいな者。心も真直ぐな者で、これを雛型として人間の苗代に使った者。そこでいざなみのみことと名を授けられる。伊勢の外宮はこの神の理。

説き分けの場面

天にてのお姿は、お働きの理を示すと共に、方位、時間を示されている。

月　様　　北　真夜（零時）　夜天に照らす最も大きな徳の姿であります。

日　様　　南　真昼（十二時）　天にお照らしくださる。

源助星　　寿老星、カノープス、巽の方から地平線すれすれに現われて坤の方へ沈む星であって、地について低い姿であると共に、方角は巽、午前中（九時）。

破軍星　　北斗七星の剣先星、北天高くめぐる、つっぱりの理にふさわしい星で、方角は乾、時間は夜（九時）。
暁明星　日の出前に東の空に輝く金星、方角は東で朝（日の出前）。
宵明星　日の入り後西の空に輝く金星、方角は西で夕（宵の口）。
坤に集まる星　十二星といわれる。方角は坤、時間は午後（三時）。
艮に集まる星　はっきりしないが七ツ星か、方角は艮、時間は夜明け前（三時）。
七夕（牽牛星）これは中央。
七夕（織女星）これは中央。

星というのは人間の本心、天に貫いて輝くのでホシという。その大きいのと小さいのとは、徳の厚きと薄きとによる。

十柱の神の証拠に、十本の指をつけてあるとの仰せからすると、左右の拇指《おや》は月様日様に相当するが、あと八本はというと、右手は女、地の理で、上向けて拇指を日様で南に向けると、人差指（巽）中指（東）薬指（艮）小指（中央南向き）となる。一方左手は男、天の理で、下向けて拇指を月様で北に向けると、人差指（乾）中指（西）薬指（坤）小指（中央の北向き）となる。

仏法・神道で見立てた裏の守護の説き分けは、なぜそのようなことを教えてくだされたか、その神意についてはいろいろ思案できるが、第一は、十柱の神様の守護以外に神というて更になし、ということの訳を説かれたのであります。したがって、従来世の人々の崇拝し礼拝して来た神格は、皆十柱の神様のどれかの理に含まれてしまうのだということをお示しくだされたのであります。それとあわせて、この説き分けから十柱の神様の理合いを分かりやすく悟れるようにしてくだされた面もあろうかと思われます。

仏教では禅宗はくにさづちのみこと、天台・日蓮宗はたいしよく天のみこと、浄土宗はかしこねのみこと、密教はをふとのべのみこと、また、八幡宮は月よみのみことの理に含まれることになります。

聖徳太子は大工の始祖と尊崇されており、知恵第一の法然坊といわれた。弘法大師は能筆家であり、又、各地に弘法杉などがあります。

内宮は内苦（宿し込みの苦）、外宮は外苦（産み降ろしの苦）、元初りの種まき、苗代となってその御苦労をいわれるのであります。

第四節　天理王命

十柱の神の御心

十柱の神様の説き分けから、そのお働きの理に叶う心遣いを思案すれば、次の如く悟られます。

月様くにとこたちのみこと様の御心は水の心であります。水がつのるとぬれる。水がつくすとうるをうのであります。水の心とは、「流れる水も同じこと、低いところへ落ち込め〳〵。」との仰せの如く、低きに着く心。高ぶらぬ低い心。また、水は方円の器《うつわ》に従う如く、どんな人にも合わせてゆく素直な心。そして水はものの汚れを洗い切ると共に、自らは澄み切った清水の心。また、水はうるをいでうるをう心、人をうるをわせる心。水は満々とたたえるたんのうの心。

更に、月様は夜の働き、蔭のお働きで、もの皆寝しずまった夜中に大地におしめりをお下げくださる。蔭でつくす真実の働きであります。

また、元初りに国床を見定められた如く、自らのいんねんを見定めることを先にするというのが、目の見定めの理であります。又、理の世であるから龍というと仰せの如く、理の世であると、理を重く受けて通る理一すじの心であります。


日様をもたりのみこと様はぬくみの心であります。火がつのると焼ける、燃える。火がつくすとぬくみとなるのであります。ぬくみは情愛という心であります。

また、日様は隔てなくお照らしくださる。ぬくみと光をお与えくださり、求めるところなく、つくす一方でお働きくださり、しかも日々年々、変わらぬ誠でお働きくだされているのでありま す。また、日輪と申す如く、日々に理を増すという、つくしはこびの心であります。理が台じゃ、台じゃというので大蛇という如く、台になる、まないたになるという心、土台をつくる伏せ込みを大事にする心、また、十二の頭で取り巻いてお照らしくださるような、底なしの親切をつくす心であります。

くにさづちのみこと

御姿は亀で、その御心は踏ん張り強く、心倒さず辛抱し、倒れたり切れたりするところもつないでゆく心、疵《きず》も綻《ほころ》びもつないでゆく心であります。

月よみのみこと

御姿は鯱で、その御心は勢い強くつっぱる心、何事も率先して立ち働くのがつっぱりで、「一に勢い」と仰しゃる。また、手伝うという力、人を負うて通る力もってくれと仰しゃるのでありまして、八方の人に力を貸してゆく心であります。

くもよみのみこと

御姿は鰻で、つるついて頭の方にも尾の方にも自由に出入りする、つまり、自由闊達《かったつ》で御礼や御願いも、お詫《わ》びも精一杯にさせて貰う、わるびれぬ心であります。飲み食い出入りでありますから、人に飲み食いしてもらう心、また、出入りの順序を違えずしっかり出させて貰う心、出すことを喜びとする心。そして、水気上げ下げという如く、何事も差し上げてお下げ頂くという心、感謝報恩親孝心、元へつくすという心であります。

十柱の神の御心（続き）

かしこねのみこと

御姿は鰈《かれい》で、鰈や平目は味よきもので、食べよいものでありますから、そうした味よい食べよい言葉を喋《しゃべ》らして貰う。また、鰈は左右に目がないのでありまして、差別心、分別心のない心であります。それは鰈は身を底につける如く、身を下に置く心であります。

そして、息吹き分けとの如く、言葉の吹き分け第一に使い分け、風を吹かさず息をかけ、突く息引く息共に一手で通る心。また、風がそよ〳〵吹くので、ものが腐らぬ如く、心腐らぬよう、腐らさぬよう通る心であります。

たいしよく天のみこと

御姿は鰒《ふぐ》、美味ではあるが命がけで食べられるのが鰒であります。そこですぐ人に食べられるようではだめで、節操ある心。毒も身の徳にしてゆく心であります。

切る理であるが、切って引き出しあとつなぎの三神の働きで産と申す如く、万事用意周到に準備して切る、そうでなければ切ることはせんという心。そして切るのは我が心の思いを断ち、未練を残さぬ潔《いさぎよ》い心、思い切る心であります。

をふとのべのみこと

御姿は黒ぐつな、引き出す上には身は千切れてもと頑張る心。玄人《くろうと》といわれるまで技術技倆を身につけて働く心。

引き出し即ち、物の値打ち人の値打ちを引き出す。物だすけ人だすけの心であります。百姓の神といわれるように農作の育てるという心であります。

いざなぎのみこと

岐魚は脇目もふらず真一文字に向うへ〳〵と進んでゆく一すじの心。また、鱗《うろこ》なくいざ〳〵のないすべ〳〵した素直正直の心であります。

苦労は楽しみの種と、なんでもどうでもものの精神で、理の種をまく、つとめ一条の心であります。

いざなみのみこと

巳《み》は鱗なく素直正直できれいな心。苗代となって育て、苦労を厭わぬたすけ一条の心であります。子供の成人楽しみに徳を積み功を積む心であります。

実践教理の角目を当てれば、

くにとこたちのみこと　理一条、いんねん自覚。をもたりのみこと　親心、底なしの親切。
くにさづちのみこと　たんのう、つくし。月よみのみこと　ひのきしん、はこび。
くもよみのみこと　ご恩報じ、親孝心。をふとのべのみこと　人だすけ、子育て。
かしこねのみこと　話一条、理のさんげ。たいしよく天のみこと　納消、心定め。
いざなぎのみこと　理の種まき、つとめ一条。いざなみのみこと　徳積み、たすけ一条。

八ツのほこりと十柱の神

理に叶わぬ、親神様のお嫌いな心づかいを、八ツのほこりとして教えて頂いていますが、理に叶わぬのは、また十柱の神様の守護の理に叶わぬのでありますから、それ〳〵のお働きに添わぬ

心遣いであります。ではどれがどれに一番親近するかと申せば、

をしい　出し惜しみ、身惜しみ、骨惜しみ、働き惜しみ、つくし惜しみでありますから、をもたりのみこと様の惜しまずお照らしくださる理に添わぬ。又、骨惜しみで月よみのみこと。

ほしい　足らん思いがほしいになり、又、ほしい思いが不足をつのらせるのであり、うるをいの理に違う。又、ほしいは見てほしい思いを湧かすからくにとこたちのみこと様。又、たんのうつなぎの理を欠くほしいでくにさづちのみこと。

にくい　の、しり憎み、さげすみ憎み、人を人と思わぬのであって、好き嫌いの分別心が強すぎるのであり、これは吹き分けの間違いでありかしこねのみこと。又、人を切り人をつぶし、人を捨てて顧みず手あたり次第に切る心でたいしよく天のみこと。

かわい　我が子かわいい、我が身かわいい、人の子、人の身を隔てゝしまう弾力のない心、自分さえよければよいとして出すことつくすことを先にすることができぬ心、我が口かわいい心でくもよみのみこと。又、我が身の引き出しに専念する引き出し間違いでをふとのべのみこと。

うらみ　人を悪く思って心を燃やす、人の心の裏を歪《ゆが》めてみる穢《きたな》い心で、人の疵《きず》や綻《ほころ》びをきれいにしてゆく、つなぎの理に叶わぬのでくにさづちのみこと。また、いつまでも根にもってうらむのは、うらみのつなぎでつなぎまちがいである。又、裏を見るのは真方《まっぽう》をお照らしくださるをもたりのみこと様の理に叶わぬ。

はらだち　己が理を立てることを専一にするから、立たんといって腹を立てるのであって、人を立て、人のために立ち働く月よみのみことの理に叶わぬ。又、理を立てず腹を立てるのでくにとこたちのみこと様の理に叶わぬ。

よ　く　我によいように、人はどうでもよいという引き出し間違いでをふとのべのみこと。又、取り込み、溜《た》め込みで出し入れ順序、上げ下げ順序の間違いでくもよみのみこと。

こうまん　思い上がり見下げして人をつぶし、人を切ってかまわんという心でたいしよく天のみこと。したがって、思い切り、心落とし切り、信じ切ることができぬのがこうまんである。又、己が偉くて、人が馬鹿に見えるという吹き分け間違い。又、理屈強情我慢の心で鼻息荒い理でかしこねのみこと。

うそとついしようは、その場限りの真実のなさで、それぞれいざなぎのみこと、いざなみのみことの理に叶わぬのであります。

根本信条

教典に、『実《まこと》に、天理王命、教祖、ぢばは、その理一つであって、陽気ぐらしへのたすけ一条の道は、この理をうけて、初めて成就される。』と誌されているのでありまして、これが信仰の中心でございます。

このように別席お話で取り次がれるように、一番根本の信条がこれであります。したがって又、本教の異端は、大概この点に異説をとなえるのであります。

天理王命（の神名）と教祖とぢばとは、切っても切りはなせぬ一体のものであるということを、「その理一つであって」と云われるのであります。

その理一つということを立ち入って申せば、お道の信仰は、元の神・実の神であられる天の月日親神様を拝し、そのたすけ守護を頂くのであり、信仰の最も大事な場面は祈念であります。その祈念で申せば、天理王命は祈念するに際して唱える神名であって、なむ天理王命を唱えて、天理即ち、十柱の神の守護の理を祈念するのでなければ、我々の祈念が天の親神様に通じぬのであります。そして、教祖をお慕い申さなければ、また、ぢばを拝し、元のやしきへつくしはこばなければ、祈念が祈念とならず、真実の祈念と受け取って頂けないのであります。

この三つが揃って、はじめて天の親神様に通じる祈念となり、その不思議自由のたすけを頂くことができるということであります。

その理一つとは、簡単に申せば、親神様の信仰という点に於て同じ一つのものであり、どれが欠けてもならぬ一つのものであるということだと思案されます。

おつとめは、たすけ一条の根本の手だてであり、たすけの道の理の精髄でありますが、このおつとめはそもそもなむ天理王命の祈念であり、ぢばかんろだいの、言いかえれば、かんろだいのぢばへの祈念であります。しかもそれは教祖が何よりもお急き込みくだされたことであり、また十二下りは、おやしきで教祖がおうたいくださるおうたを、身口意一体でつとめさせて頂くのでありまして、おつとめをすることは、おぢばの教祖に心を通わせて、なむ天理王命を唱えて祈念することなのであります。

我々がおたすけを志しつゝ頓挫《とんざ》するときは、この根本信条を思い返し、そこに欠けるところがないかを反省する必要があります。即ち、おぢばから足が遠のいていないか、教祖から心が離れていないか、なむ天理王命を唱えて祈念することが少なくないか。そしておぢばから遠のいた足を近づかせること、即ち、おぢば帰りでありますが、どんなおぢば帰りをするか、ということも思案せねばなりません。教祖から心離れているのは、教祖のことが心に思い浮かばず、頭をよぎらないそうした日々を通っているのは、全く心離れているのであり、たんのうの心なく、不足の思いが湧いて出るのは、教祖から心離れた証拠であります。なむ天理王命の祈念は合掌であり、おつとめであります。励んでおつとめをしないと、合掌の心を培《つちか》うことができないのであります。

第五章　ひながた

第一節　ひながた

ひながたとは

『教祖は、口や筆で親神の教を説き明かされると共に、身を以てこれを示された。この道すがらこそ、万人のひながたである。』

『教祖は、世界の子供をたすけたい一心から、貧のどん底に落ち切り、しかも勇んで通り、身を以て陽気ぐらしのひながたを示された。』

「教祖が五十年の長い間、身を以て示されたひながたこそ、我々道の子が陽気ぐらしへと進むただ一条の道であって、このひながたの道を措いて外に道はない。」

（『稿本天理教教祖伝』）

教祖の何が、誰にとっての、何のひながたなのか。

それは、ひながたとする者が、私達めい〳〵が、定めればよいことのようだが、ひながたとせよ、とのお諭しは、おさしづに於てでありまして、おさしづに於てはどういう仰せであるか。それを『教典』に於ては、このように記されているのであります。即ち、

教祖の五十年に亘る道すがらが、陽気ぐらしへ至る道のひながたである。唯一の道であるから、万人にとってのひながたである。また、

教祖が貧のどん底に落ち切り、勇んで通られたのは、万人にとっての、陽気ぐらしのひながたである。

広げれば万人になるが、狭義《きょうぎ》には、信仰者、わけても神一条、たすけ一条の道を通る者のひながたであり、教えを守って通る者のひながたであります。その御行い、なされよう、御態度もそうであるが、わけても、その御心がひながたであります。

『諭達』第三号（立教一四四年発布）に、

教祖は、……親神様の思召のままに、神一条・たすけ一条の道を歩まれ、五十年の長きにわたって、やまさかやいばらぐろふもがけみちも、心明るく通り抜け、真実の限りを尽して寄り来る人人を育て、つとめの完成とさづけの徹底をもって、この世が陽気ぐらしの世界と

立て替わるよう図られた。

こうした諸点をひながたと拝すべき旨《むね》をお示し頂いているのであります。

教祖は、神一条・たすけ一条の道を歩まれたのであり、この教祖の神一条、わけても、たすけ一条の御心を、我が心としてまなばせて頂き、踏み行わせて頂くことが肝要であります。

そうした上から、教祖をひながたとして通るということが、御在世当時から、取次の話として記されているのであります。

このやしろも同じ人間ではあるけれども、このお方は、元の親のいざなみのみことの魂だから、何の処の者でもたすけたい、可愛ばかりの心である。このお方をひながたとして月日入り込み、たすけ教える事であるから、世界中の者も、親里へ参り、親にたすけて貰おうと思って願えば、又この親の心をひながたとして、心入れ替えれば、たすけは勿論、善悪とも神より返しをする事、間違いは更になしとの仰せである。（『十六年本　こふき話』）

教祖の親のお心、即ち、何の処の者でもたすけたい、可愛ばかりのお心を、ひながたとして心入れ替えれば、と諭されているのであります。

細道通れとの仰せ

明治二十二年十一月七日の刻限御話は、ひながたを通れと仰しゃる、一番有名なお諭しであります。

このおさしづのお話の最後に、「細道は通りよい、往還通り難くい。」と、細道を通れということを、仰しゃっているのであり、そうした点よりしても、「ひながたの道を通らねばひながた要らん。」と厳しく仰せられる神意の核心は、教祖の艱難苦労の、元々の道があっての今日の道であるから、それを忘れずに、教祖のお通りくだされた細道を通れ、という点であります。

又、この中に、

難しい事をせいとも、紋型無き事をせいと言わん。皆一つ〳〵のひながたの道がある。

と、教えの実行の一つ〳〵の型を、ひながたの道に、一つ〳〵お示しくだされてあると、道すがらがひながたであると共に、その中の一つ〳〵がまた、ひながたであることを仰せられている。

と共に、

なれども、何年経てばこうという理が、外れてはあろうまい。

と教祖の道すがらに、神一条の道に間違いのないことの実証がなされていること、その実証を頼りにして、確かな道であるこの道を通れ、といった意味合いのことを仰せられています。ひながたには、確かなることの実証、ということが込められているのであります。

このおさしづ中の、

まあ十年の中の三つや。三日の間の道を通ればよいのや。僅か千日の道を通れと言うのや。この千日と仰しゃり、三日と仰しゃる意味は、三年千日の道を通ればよいが、その千日の中に、越すに越せんというような三日の日がある。この三日の日を、なんでもどうでもの精神で越すという心を定めて、三年千日通るよう、との意味であります。このことは、後にでてくる、

三日は分かろうまい。今と言うたら、今の事のように思う。

三日の辛抱さえしたら、どんな道があるやら分からん。

と仰せられることよりしても、なかなか難しい三日の日であることがわかるのであります。

往還道通りにくい、細道通りよい、細道通れとは、折々のお諭しでありますが、この細道通れという上から、教祖の道すがらを仰せ頂くお諭しを挙げると、

真実一つで難儀不自由の道を通りて、今日の日という。もうこれ長らえての道を通りて、艱難の道を知らずして、あんな阿呆らしい事は措《お》いたらよいという。こうしたら勝手が良い。こうやれば良いと思えど、天の理でいかん。治まらんで。（明治二二年九月一六日）

どれだけ十分これだけ十分と思う心は間違うてある。よう聞き分け。もう着るもの無けにゃ、もう無うても構わん〳〵。美しい物着たいと思う心がころりと違う。一代というは、これ一つよう思やんせにゃならん。残念々々で暮れたる処を思えば、どんな事でも出来る。たゞ一日の遊山も、良い所へ行きた事無いで。出れば人に笑われる処より、出た事は無い。さあ皆その心なら、案じる事は無い。（明治三五年七月二〇日）

教祖の御苦労を思うて通れ

教祖の艱難辛苦、御苦労を思えば、どんな中も通れるではないか、教祖を思って、どのような中も、心治めて通るように、との仰せであります。そのお諭しの例をあげれば、

今日はまあ、何でこのように急がしいやろうと思う日もあり、又、今日は何でやろうという日もある。又、聞き難くい事を聞かねばならん事もあり、又不自由な日もあり、又有難い日もあり、どのような道も皆々五十年の間の道を手本にしてくれねばならんで。今の難儀は末の楽しみやで。その心で、心を定めてくれねばならん。

（明治二〇年陰暦五月　梅谷たね歯痛の願）

この道というは、三十年以来四十年以来の道聞き分けば、どんなたんのうも出来る。いついつまでの理に成る程に。

（明治三六年五月一一日　清水由松妻みつ身上願）

この道始め掛けたるというは、よう聞き分け。年は何年何月にどういう事情があった。若き強きが先に立ち〳〵、ようこの理を治めてくれ〳〵。一代限りというは、今まで聞いた世界の理であろう。この道の理というは、将来末代の理。この理は諭しても居るやろ。なれど、忘れるに忘れられんというは、返す〴〵重々の理である。なれど、よう聞き分けてくれ。我が子も先に立て、楽しみも先に立ち、後々世界ひながたという。この理をよう聞き分けてくれ。どんな不自由艱難も出来んやあろうまい。さあ〳〵いかなる道も、これより一つの理という。

（明治三〇年一〇月一二日　萬田萬吉妻出直し後後々心得のため願）

教祖を思えば通れる、ということに加えて、その教祖がご覧くだされている。お心放たず連れて通ってくだされていると思って、心治めて通れとのお諭しに、明治十八年二月初旬のお言葉に、尋ねる所、みんな萬々もって聞かしてある。ながらへてのび、どれもこれもと、それもたちこしてある。一名一人の理からなりきてある。めん〳〵の心なんにも思ふことはいらん。それ親といふものある。先々にも親といふものある。元一つの親といふものある。それあちらから火や、こちらから刃や、こちらから水や、火や針や、どんな道も親が通りた道である。それ親といふものある。針でつかれよが火でたかれよが、親といふてみている。それ親があると思ふて、めい〳〵どんな心も親の理をみて、心おさめるがよい。

国々先々にも、理の親として苦労してくれる者があるが、その元は、教祖御一人が親であって、理の親として、火や針や水や刃やと苦労するのも、皆んな、元一つの親である教祖が、これまで通ってくだされてあるのだから、どんな苦労の中も、教祖のことを忘れずに、教祖の足跡を辿《たど》らせて貰うという思いで、喜びの心を治めて通ってくれるように、との仰せであります。

親になるのは、子のために苦労する、その伏せ込みが、親になる道中であると思案されます。

立教迄の教祖

神一条・たすけ一条の道は、立教以来の道すがらであるから、ひながたと仰せの時は、五十年の間の道を仰せられるのであります。では、それ以前の教祖はひながたではないのかといえば、その御行動や、道中はひながたとは申されぬが、その御心は、天理に叶う真心であり、人の真心の雛型である、との仰せであります。

この事は特に、立教の十年前の話としての、預り子の命乞いのお話に、お伝え頂いているのであり、しかもこれは、刻限のお話を以て、教祖からお聞かせくだされたものであります。ということは、それをお話くだされる神意があるのであって、それは、私共にひながたとせよとの思召以外の何ものでもないのであります。

御在世当時の取次の話の台であったこふき本には、「神の降りし由来」、乃至「神の最初の由来」が付けられており、それは、この預り子の命乞いのお話から、書き出されているのでありまして、道の信仰にとって、まことに大事なものとされていたのであります。
後に、別席話の中で、その子供が今も存命で、名前は誰それで、何十何才で、とそうしたことまで話しているのを、おさしづで差し止められるが、その中に、

人間我が子までも寿命差し上げ、人を救けたは第一深きの理、これ第一説いて居る。……我が子いとい無くして救けて貰いたい、救けにゃならん。これは世界にもう一人もあるか。これは話さにゃならん。
（明治三二年二月二日）

と仰せになっているのであります。

教祖の道すがらを、百十五才定命の上から区切ると、お縮めくだされた二十五年の先の寿命と、中山家の人となられてから立教迄の約二十五年と、対称するのでありまして、それだけ深い意味を思案せずにはおれぬのであります。即ち、

十五年　中山家の人として所帯なさるまで。
二十五年　月日のやしろたるべき人としてお通りくだされた年限。
五十年　月日のやしろとなられての教祖。
二十五年　子供のためにお縮めくだされた存命の理の年限。

教祖が所帯遊ばされたのはいつか、ということは不明でありますが、「十五才迄は親々の理」即ち親がかりの人生である、との御教理に基づくべきで、中山家にお入りになったのは十三才の秋でも、中山家の人として根づかれた、いわゆる所帯遊ばされた、今日でいう意味で結婚なされたのは、十五、六才の時とせねばなりません。

教祖は、元の母親の魂のいんねんのお方であって、我が身厭わず人をおたすけ遊ばす、真心のお方であられたのでありまして、教祖のこの真心のお徳によって、おたすけ頂くのでありますから、存命の教祖の、このお心を思わして頂く上で、立教以前の種々のご逸話は、まことに大事であると思います。お道上のおたすけをあらわしくだされてからは、具体的な真心のなされようは、逸話としてあまり残されていないのでありますから、尚更大事であると思われます。たゞお若い頃の逸話の中には、後に創作されたり、脚色されたものもあるかも知れず、その色あいの強いものは、一応はずしておいた方がよいかもしれませんが。

第二節　道すがら

貧に落ち切られた思召

『天保九年十月二十六日、齢四十一歳を以て、月日のやしろと召されてからは、貧に落ち切れ、との思召のままに、貧しい者への施しにその家財を傾けて、赤貧のどん底へ落ち切る道を急がれた。』

なぜ貧のどん底に落ち切られたのか。親神様はなぜ、どん底に落ち切ってくれねばならん、と仰せられたのか。最初の天啓に、このたび世界一れつをたすけるために天降った、と仰しゃる以上、それはせかい一れつたすけるために、先ずどうでもなさねばならぬことであったからであります。

せかい一れつたすけは、どういうものかと申せば、世界中の胸の掃除によるものであることは、おふでさきに再々仰せられるところであります。この掃除は先ずやしきの掃除からということで、おふでさきの第一号、第二号にも、

このたびハやしきのそふじすきやかに　したゝてみせるこれをみてくれ　一 29
そふじさいすきやかしたる事ならハ　しりてはなしてはなしするなり　一 30
なにゝても神のゆう事しかときけ　やしきのそふぢでけた事なら　二 18
もふみへるよこめふるまないほどに　ゆめみたよふにほこりちるぞや　二 19
このほこりすきやかはろた事ならば　あとハよろづのたすけ一ちよ　二 20

教祖の道すがらは、一面では、やしきの掃除に終始なされたのでありまして、それは、家財の掃除、建物の掃除、人の掃除、人の心の掃除と進むのであります。その端緒《たんしょ》が、難儀の底、貧に落ち切る道中であったのだと思案されます。そして、

どうでもこうでも、あるものほどこしてしまうて、貧乏のどん底まで落ち切ってしまへ、落ち切った上は、せかいたすけるもようにかゝるで。

（『正文遺韻』）

その落ち切り方として、人に施しなされたということであります。

何から何まで神一条の道をつけるという上で、中山家先祖伝来の財産等、人間思案でこしらえたもので付ける道ではない、という上から取り払われ、やしきの掃除をなされた。そして形の上で、落ち切る、裸になることを以て心も落ち切り、神一条への入れ替え、立て替えをなすことをやしき内の方々にさせられた、連れて通られたものであります。

この貧に落ち切ることについては様々にいわれる。例えば、

表門構え玄関造りでは救けられん。

（『稿本天理教教祖伝逸話篇』）

難儀不自由からやなけにゃ人の難儀不自由は分からん。

（明治二三年六月一二日）

これは、おさしづ、あるいは教祖が仰しゃったと口伝にある言葉でありますが、教祖がそうであられたというのではなくて、道すがらを台にしての、その方々へのお諭しであったとするのが妥当であります。そういう点で、これもひながたの教えであることは違いないのであります。しかしながら、それを教えるために、型に示してくださるそのために、落ち切られたのだとするのは、親神様のせかいたすけの思召の御構想を見落とすことになります。

落ち切ることの意味

『教祖は、世界の子供をたすけたい一心から、貧のどん底に落ち切り、しかも勇んで通り、身を以て陽気ぐらしのひながたを示された。』

示されたというより、それがひながたである。ひながたとして通ることをお望みくだされているのであります。

三代真柱様は次のように仰しゃった。

貧に落ち切る道すがらが、ひながたの道の最初のひながたである以上、たすけ一条の道を志す者にとって、どうしても踏まえなければならぬ道すがらなのであります。

その道中に於て、「水でも落ち切れば上がるようなものである。一粒《りゅう》万倍にして返す。」と内々へのお言葉であった。そして、落ち切ったところから、水のはね上がる如く、をびやたすけを道あけとして、親神様の不思議自由のご守護を以て、お働き出しくだされ、道をおつけくだされたのであります。

このことは、落ち切ることが、神様の不思議なご守護をお見せ頂く台であることを教えて頂いているのであります。

落ち切るというのは、神様に対して落ち切る、心を落し切る。ということは、神様を立て切る、捧げ切るということであり、またそれは、凭れ切る、信じ切るということであります。

更に、貧に落ち切るというのは、裸になることで、これは、心の出直しをすることであります。かしものかりものの理よりして、身上かりものということは、お返しする時に、成程かりものという正体が現われるのでありますが、その身上は返さずに成程かりもの、というのが心の出直しで、それは、身に添えて貸して頂くものを、手離す、お返しする、つまり裸になるのが、その最も直截《ちょくさい》なやり方であります。そこに心澄み切り、心生まれかわる道があり、陽気ぐらしのご守護を頂くことになるのであって、陽気ぐらしの道は、これだということであります。

そこで二代真柱様は次のように仰しゃった。

どん底になって、裸になってしまうのが目的ではないんで、かくして胸を掃除して、綺麗な清らかな心になって、そうして陽気ぐらしの御守護を頂くことなんであります。裸になるのは目的ではなくて、風呂に入るのが目的です。風呂に入る目的のために、まず裸になるのと同じ……段取りであるわけであります。

（『第十六回教義講習会第一次講習抄録』）

難儀の底に落ち切られた、今一つの思召として思案されることは、「親が通っておけば、どんないんねんの者でも、たんのうして通れるであろう。」との思召で、どん底をお通りくだされたのだということであります。

難儀の道中にある時は、この中を心勇んで通らせてくださるために、今の私をたすけてくださるために、教祖はあの道中をお通りくだされたのだ、ということを実感として体験するものであります。

月日の御心であられたこと

種々の御事歴を聞かせて頂く時、教祖は立教以来、終始月日のやしろであられた。神様であられた。月日の御心であられた。地上の月日であられた。

この一点は、決して揺るがしてはならぬ、信仰の大前提であります。その大前提の上に立って思案し、受け取らして頂かねばならぬのであります。

その際、捨てねばならぬ先入観は、親神様は、絶対者であるが、その絶対者である神は、無矛《む》盾《じゅん》で、意志を貫徹《かんてつ》する神だという点であります。おふでさきに仰せ頂く通り、真実の神、真実の親は、子供かわいい一条であられる。そのためには、一時は控えられることもある。大きなお心で抱きかかえてくだされる神こそが、親神様であられるということであります。

俗に、模様替えと言われる明治十五年のかんろだいの頓挫、取払いと、おつとめの地歌の変更の次第、或いは、模様替えに似た種々のこと、例えば、こかん様等々のお出直しの次第、教祖お隠れの次第なども、これは模様替えではないのであって、曲折はあっても、又年限の伸び縮みはあっても、せかいたすけのもよふだての、御構想の変更はないものと思案せねばなりません。

かんろだいの石ぶしんが二段で中挫したのは、三段目からの伏せ込みの理がなかったからであり、まだこれからだということを、石ぶしんによってお示しくだされたのであります。

おつとめ地歌の変更は、変更ではなくて、形成的教示をなされたのであります。即ち、つくり上げる形で、おつとめを仕込んでくだされたのであります。

次に、かんろだいの取払い、これは、人間心の事情であって、神の事情ではない。そこで残念と仰せられ、かやしをすると仰せられるのであります。

こかん様のお出直し、又秀司様や松恵様のお出直し、これも人間心の事情であって、神の事情、模様替えではないのであります。

では、元の道具衆のお話は、つとめ人衆のもよふだてが変更したのではないか、というかもしれませんが、元の道具衆のお話は、つとめ人衆とは別で、それ〴〵の方に魂のいんねんあること、その使命の自覚を促された上からのお話であります。このことは教祖がつとめ人衆でない、少なくとも、つとめ人衆としてお立ちにならないことよりしても明らかであります。

教祖が九十でお隠れになったことは、大体ずっと前から予告されているのでありまして、親神様の御構想の内であった。

では、「扉開いて、ろっくの地にしてくれ、と、言うたやないか。」と仰しゃるお言葉は、と思う向きもあるかもしれませんが、あれは、はっきり「扉を開いて〳〵、一列ろくぢ。さあろくぢに踏み出す。」と宣言なされた上でのことであって、「思うようにしてやった。」との仰せも、道を思うお前達の思いに添うようになるのだから、何も心配いらん、という意味での仰せであります。

宮池の話は、教祖御自身の述懐談でありまして、たゞ事実・史実として聞くのではなく、それをお話くださる教祖の思召を思案せねばならぬのであります。

真実だめし

教祖の五十年の道すがらには、幾重の節があったのでありますが、教祖は「節から芽が出る。」とのお諭しの如く、いそ〳〵と終始明るい心でお通りくだされ、まさしく節から芽が出る姿を以て、この道をおつけくだされたのであります。その中に於て、又、真実だめしということを仰せられ、なしくだされているのであります。

元治元年つとめ場所のふしん棟上げ後、大和神社の一件で信者の熱が冷えて、足がばったり遠のいた時、こかん様が「行かなんだら宜《よ》かったのに。」とこぼされたところ、教祖は、「不足言うのではない。後々の話の台である程に。」と仰せられたが、事実この容易ならん節の中を真実つくされた本席様御夫婦はじめ、後の高弟の先生方の、最初の真実だめしであったのであります。

なか〳〵これ三十八年以前、九月より取り掛かり、十分一つ道よう〳〵仮家々々、仮家は大層であった。一寸ふしあった。皆退《の》いて了《しも》た。大工一人になった事思てみよ〳〵。八方の神が手打った事ある〳〵。

（明治三四年五月二五日）

明治十五年の陰暦九月一日から十五日までの毎日づとめと、それに続く教祖の奈良監獄への御苦労は、合図立て合い〳〵との御予言通り、神一条のおやしきに仕立て上げられることとなり、本教史上、まことに大事な一時期を画《かく》しているのでありますが、その中に、教祖がお出かけになった九月十八日の夜のお言葉に、

さあ〳〵本心立ち返って咄《はなし》する。傍《そば》の者、若き者もしっかり聞いておけ。何にも案じる道やないで。よう〳〵金と、銀と、鉛と、しょうもない金と、吹き分けたで。さあ〳〵、これが大道の一寸のかゝり、さあ〳〵十のものなら九つまで案じる者ばかり、どうも案じる事ばかりや。十人の者なら九人まで逃げ、残る一ぶは真実やで。さあ〳〵、今はえ出る、さあ実がのる。この実がしょうみやで。さあ〳〵西も東も北も南も大風大雨になる。さあ〳〵あちら

へ逃げ、こちらへ逃げ、逃げる所もないという。さあ杭《くい》にたとへて咄しする。幾百本の杭を打ち込めども、さあこちらで五本、あちら八本、こちらでも抜け、あちらでも抜け、抜けたる杭は、流されて終う。抜けた残りはさあ揺り込むで、揺り込むほどに、これが伏せ込みのこふきとなる。

明治十四、五年以降入信の高弟の先生方は、入信の当初、教祖の力だめしを受けられた方が多い。この力だめしは、「神の方には倍の力や。」ということを、身を以て味わわされたのでありますが、それを味わうことのできたのは、腕《かいな》に力を入れて、せい一杯の力をふり絞って、教祖に向かわれたからであります。この道は精神次第、力つくしての道であり、力つくすところに、神の方には倍の力を、という不思議なたすけの御守護をお見せ頂くのであります。今日では、教祖から直接力だめしを受けることはないが、お道を通る上で、折りにふれ、節に際しては、存命の教祖の力だめしを受けているようなもので、「もうそれより力はないのかえ。」「もっと力を入れて握《にぎ》れ。」と仰しゃってくだされているのだと思って、力つくして通らして貰うようなことが、度々あるのであります。

第三節　教祖と先人達

常々のお諭し

教祖は、先ず、御自ら貧のどん底に落ち切る道を歩まれ、そのどん底から、付き来る人々には、真実の神、元の神に凭れ切るようにと諭され、次に、人をたすけること、わけても、親神様を拝んで人をたすけることを諭されたのであります。又、寄り来る人々に、神の思惑あって引き寄せたこと、そして、やしきに伏せ込み、理の御用をするように仕込まれ、その道中、どんな中でも喜び勇んで先を楽しんで通るよう、楽しめ〳〵とお諭しくだされたのであります。

立教以来、「流れる水も同じこと、低い所へ落ち込め、落ち込め。」との思召のまに〳〵、十六、七年がかりで難儀の底に落ち込まれ、以後十年に及ぶ貧のどん底のさ中から、「をびやたすけがよろづたすけの道あけである。」との仰せの如く、をびやたすけを道明けとして、谷底せり上げの道をおつけくだされたのでありますが、寄り来る人々に、先ず教えられたことは、真実の神、元の神が現われたこと、だから、信じて凭れ切れば必ずたすかるのだということでありました。

○文久三年、辻忠作先生「此所《このところ》八方の神が治まる処、天理王命と言う。ひだるい所へ飯食《まま》べたようにはいかんなれど、日々薄やいで来る程に。」

○文久三年、桝井キク「あんた、あっちこっちとえらい遠廻わりをしておいでたんやなあ。おかしいなあ。ここへお出でたら、皆んなおいでになるのに。」

元治元年五月、飯降伊蔵本席様「さあ〳〵、待って居た、待って居た。」「救けてやろ。救けてやるけれども、天理王命と言う神は、初めての事なれば、誠にする事むつかしかろ。」「神様は、救けてやろ、と仰しゃるにつき、案じてはいかん。」

この点は、五十年の道すがらに一貫してお説きくださるところであります。重ね〴〵証拠を見せて絶対の信仰を培《つちか》われたのであります。をびやゆるしがまさにそれで、信じて凭れるなら安産させてくださるのであります。

教祖の御心を我が心として通るよう、皆励んだのでありますが、教祖は、人をたすけることをお促しくださったのでありまして、先人達は、それを人生の方針として励んだのであります。
○梅谷先生「やさしい心になりなされや。人を救けなされや。癖、性分を取りなされや。」
○小西定吉「人を救けるのやで。」「あんたの救かったことを、人さんに真剣に話さして頂くのやで。」「これは、御供やから、これを、供えたお水で人に飲ますのや。」
○的場彦太郎「よう帰って来たなあ。あんた、目が見えなんだら、この世暗がり同様や。神さんの仰っしゃる通りにさしてもろたら、きっと救けて下さるで。」「それやったら、一生、世界へ働かんと、神さんのお伴《とも》さしてもろうて、人救けに歩きなされ。」
○榎本栄治郎「心配は要らん要らん。家に災難が出ているから、早ようおかえり。かえったら、村の中、戸毎に入り込んで、四十二人の人を救けるのやで。なむてんりわうのみこと、と唱えて、手を合わせて神さんをしっかり拝んで廻わるのやで。人を救けたら我が身が救かるのや。」

常々のお諭し（続き）

どのよふなところの人がで丶きても　みないんねんのものであるから　四 54

との仰せ通り、いんねんあって、皆おてびき頂き、お引き寄せ頂くのでありまして、皆思惑の人であり、神のよふぼくであることを、お諭しくだされたのであります。
○山中忠七先生「神に深きいんねんあるを以て、神が引き寄せたのである程に。」
○山本利三郎先生「案じる事はない。この屋敷に生涯伏せ込むなら、必ず救かるのや。」
「国の掛け橋、丸太橋、橋がなければ渡られん。差し上げるか、差し上げんか。荒木棟梁々々々々。」
○増井りん先生「さあ〳〵いんねんの魂、神が用に使おうと思召す者は、どうしてなりと引き寄せるから、結構と思うて、これからどんな道もあるから、楽しんで通るよう。用に使わねばならんという道具は、痛めてでも引き寄せる。悩めてでも引き寄せねばならん……」
おやしきの御用は、元治元年のつとめ場所のふしんから始まったのでありますが、後の仰せに、「このやしきに遊ぶ手はいらん。」「このやしきのことは、我が事と思うてすれば、皆我が事になる。」

教祖はどんな中も、いそ〳〵と明るい心でお通りくだされ、自ら以て、陽気ぐらしのひながたをお示しくだされたのでありますが、又、先人達に、天の理を楽しんで通ることを、お諭しくだされたのであります。

先人達は、教祖の見抜き見透しのお心に感激し、教祖のお言葉を信じ、頼りにして、ならん道中も心取り直し、思い切りして通られ、また一方では、教祖の貧のどん底の道中を思い、更に御苦労くだされる獄舎での教祖を思い、熱い涙をそそいで、たすけ一条の御用に立ち切られたのであります。

○こかん様に「水を飲めば水の味がする。」と。

○常々傍の方に「ふしから芽が出る。」と。

○飯降おさと様「子供ふびんと思うやない。難儀しようというたてでけん日があるほどに。」

○高井先生「皆、吉《よ》い日やで。」「一年中一日も悪い日はない。」

○鴻田先生「どんな辛《つら》い事や嫌な事でも、結構と思うてすれば、天に届く理、神様受け取り下さる理は、結構に変えて下さる。なれども、えらい仕事、しんどい仕事を何んぼしても、ああ辛いなあ、ああ嫌やなあ、と、不足々々でしては、天に届く理は不足になるのやで。」

以上四つのお諭しの角目は、親神様、教祖、ぢば、陽気ぐらしの基本信条の四点に相当するところであり、これはまた、今の私共へのお仕込みでもあると思案されるのであります。

教祖のご日常

教祖の御心には、神のことと寄り来る子供達のことと、それ以外には、更々念頭にあられないようにお見うけした、との先人の述懐であります。

又、教祖をおなぐさめしようと、世上のこと、道中見聞したことなどをお話し申すと、教祖は、人の話の腰を折るようなことはなさらず、じっと聞いておいでるが、そのあとで、「この処神一条のやしき、世界のことは、聞かせもせん、聞きもせんで。」とやさしく仰せられたのであります。

教祖は、人の前をお通りの時は、必ず手でえしゃくをして、お通りになったのであります。

教祖は、平素は、座布団の上に端坐なさって、一日お過ごしになられた。信仰せぬ者でも、教祖のお姿を拝した者は、そのお坐りになっている御様子に、感じない者はなかったと申します。

お住居は、

母屋取り払い後は、もとの隠居所の建物で、八帖と六帖の二間に土間のついたものでありました。

慶応元年からは、つとめ場所の北の上段の間の、六帖のうちの西三帖。

明治八年からは、中南の門屋の西側十帖の間に、四尺に七尺高さ三尺二寸の台の上で。

明治十六年十月二十六日夜からは、御休息所の上段長四帖の間であります。

子供にはことのほかおやさしく、お菓子を下された教祖が、ニンマリなすってと、どの人の述懐にも出てくるが、破顔一笑というか、やさしい、おだやかな、しかも光り輝くような笑顔をなされたことが偲《しの》ばれます。

子供には、お菓子を下さるが、沢山は下さらず、一どきにすぐ食べられる位しか下さらなかったが、なくなっても、しばらくして、また戴きに行くと、またニンマリなすって下さった。何回行っても下されたということであります。

お食事時に、お目通りを許されて、御前へ参ると、もっと傍へおいでと仰しゃって、たべさしのかぼちゃや、お茶碗《ちゃわん》の中で小さなおむすびを箸《はし》でこしらへて下された。その時、遠慮したりすると、きたなうおすかと仰しゃって、その人には下さらなかったそうであります。

教祖は、明治五年六月初めから、七十五日の断食をなされ、九月から別火別鍋と仰せられ、特別に調理されたもの以外はお召し上がりにならなかった。この断食の間に、若井村の松尾宅へ赴《おもむ》かれた時、たっての勧めにより、「では食べさせてみておくれ」と仰しゃったが、その箸がくれっとひっくり返ったという。その時の仰せに、

神様が食べるなと仰しゃればちっとも食べとうないのや。また神様が食べろと仰しゃればなんぼでも食べられるのやで。

面影

教祖の面影を、『教祖伝』第八章にお誌し頂いているが、道の子お互いは、折々にこの一文を拝読して、面影を思い偲《しの》び、存命の教祖に心あつく思いを致さして頂きたいのであります。

高齢の教祖にお目に掛った人々は皆、譬えようもない神々《こうごう》しさと、言葉に尽せぬ優しさとが、不思議にも一つとなって、何となく胸打たれ、しかも心の温まる親しさを覚えた。

教祖は、中肉中背で、やゝ上背がお有りになり、いつも端正な姿勢で、すらりとしたお姿に拝せられた。お顔は幾分面長で、色は白く血色もよく、鼻筋は通ってお口は小さく、誠に気高く優しく、常ににこやかな中にも、神々しく気品のある面差《おもざし》であられた。

お髪《ぐし》は、年を召されると共に次第に白髪を混《まじ》え、後には全く雪のように真白であられたが、いつもきちんと梳《くしけず》って茶筅《ちゃせん》に結うて居られ、乱れ毛や後れ毛など少しも見受けられず、常に、赤衣に赤い帯、赤い足袋《たび》を召され、赤いものずくめの服装であられた。

眼差《まなざし》は、清々《すがすが》しく爽《さわ》やかに冴《さ》えて、お目に掛った人々は、何人の心の底をも見抜いて居られるというのはこのような眼か、と思った。

足腰は、大そう丈夫で、年を召されても、腰は曲らず、歩かれる様子は、いかにも軽ろやかで速かった。

教祖にお目に掛る迄は、あれも尋ね、これも伺おうと思うて心積りして居た人々も、さてお目に掛ってみると、一言も承《うけたま》わらないうちに、一切の疑問も不平も皆跡方もなく解け去り、たゞ限りない喜びと明るい感激が胸に溢《あふ》れ、言い尽せぬ安らかさに浸った。

お声は、平生は優しかったが、刻限々々に親心を伝えられる時には、響き渡るような凛《りん》とした威厳のある声で、あれが年寄った方の声か、と思う程であった。

教祖は、子供に対しても、頗《すこぶ》る丁寧《ていねい》に、柔らか優しく仰せられたというが、その優しいお言葉に、ひながたの親としての面影を偲び、刻限々々に親神の思召を伝えられた、神々しくも厳《おごそ》かなお声に、月日のやしろとしての理を拝する。厳しく理を諭し、優しく情に育《はぐ》くんで、人々を導かれた足跡に、教祖の親心を仰ぐ。

教祖の面影を拝し、教祖の御行跡《ぎょうせき》、御逸事に、そして伝えられる平素折々の御容子《ようす》を思い起こし、思い返して、教祖をお偲び申すことは、それを通して、その折々に、お姿は無いながら、存命でおいでくださる教祖のお姿を拝し、御心に触れ、生身の教祖の息吹《いぶ》きに接することになるのであります。

第四節　基本教理

おつとめの地歌の教理

『教典』の前半、基本教理篇と申すべき前篇が、第一章「おやさま」ではじまり、第五章「ひながた」で終り、それ〴〵の章の末尾をしめくゝっているのが、

にんけんをはじめたしたるこのをやハ　そんめゑでいるこれがまことや　八 37

にんけんをはじめたをやがも一にん　どこにあるならたつねいてみよ　八 75

まことに、この世で親と申すべきお方は、教祖に優るお方はないし、また、せかいたすけの上からどうでも、おやしきにいつまでもおいでて頂かねばならぬ教祖であります。

そして、教祖のお説きくだされた基本教理が、第二、第三、第四章の記述でありまして、これら各章は、かぐらづとめの地歌、朝夕のおつとめのおうたの第三節、第二節、第一節でしめくゝ

られているのであります。
即ち、朝夕のおつとめのおうたに基本教理が濃縮され、結晶しているのであって、我々は、朝に夕に、おつとめをし、以て教理を唱え、教理の表明をして、信心の道を通っているのであります。

地歌の意を通釈すれば、

あしきをはらうて
胸三寸のあしき。即ち、あしきの心と、その結果である心を曇らすほこりを払って、

たすけたまへ
我が身、我が家、人の身、世界のあしき、即ち、身上事情をたすけたまへ、

てんりわうのみこと
天理を立て切り、添い切りますから、十柱十全のご守護をお願い申し上げます天理王命月日親神様。

ちよとはなし　一寸これから話す、

かみのいふことさいてくれ

教祖の口をもって説き聞かす、神直々の話を聞いてくれ。

あしきのことはいはんでな

悪いことはいわんから、これさえ聞き分けば、病んで身が倒れるようなことはないから、即ちその話というのは、

このよのぢいとてんとをかたどりて

月日の神が地となり天となっての相談により、即ち、月様が先立って国床を見定め、日様にご談じなされたことを、こう仰せられるのであります。

ふうふをこしらへきたるでな

元初めの夫婦を拵え、それより宿し込み、産みおろし、以来、神の守護によって、成り立ち来たこの世人間である。

これハこのよのはじめだし

これはこの世の元始め出しの話である。そして、ここがこの世初めの元のぢばである。

なむてんりわうのみこと　仰せのこと承知致しました。元の理、天理に添い切ります。

よし〳〵　合掌、その心ようし〳〵。悪しきに対して善し〳〵。

あしきをはらうてたすけせきこむ
いちれつすましてかんろだい

たすけたまへによるたすけを急き込む。その上から教祖をやしろに天降り以来、世界一れつの胸の掃除をして、ぢばにかんろだいを建て上げることを念願に、もよふだてを進めているのであるから、自らもこの思いを我が念願として、天の与えを戴くべく、教祖の道具衆となって通るよう。通らして貰います。

あしきはらいのつとめの教理

かしものかりもの、八ツのほこり、十柱の神様のご守護に前生いんねんの理、これが教理の台でありますが、この教理を台にしてのおつとめが、第一節であります。

このおつとめは、たすけたまへ、と親神様に、おたすけを願うおつとめであります。このおつとめで願うようにさせられているのであって、かく願うのが、私共の第一のつとめである、ということでおつけ頂くおつとめであります。

なぜ願うのか、又なぜ願わねばならぬのか。それは、神のかしものを、心一つにお借り申しているからで、親神様のご守護を頂かねば、何一つ叶わぬのであって、貸し主にお働きを願って通るのが、身上かりものの借り主たる、私共の生きざまであるからであります。朝夕に、たすけたまへを二十一遍唱えて通るのは、まさに、かしものかりものの理に生きる、生きざまの第一になすべきことであると申さねばなりません。

次に、たすけたまへを願う時は、あしきをはろうてたすけたまへと、あしきをはろうてを添えねばならん、添えて願えとの仰せであります。

なぜなら、かりもの自由は心一つにある。自由叶わぬ、たすからぬ身上事情は、あしきの心遣いと、その集積であるほこりにあるから、そこを承知して、ほこりを払うことと、そのほこりを生むこれまでのあしきの心遣いをさんげして、あしきの心遣いを今後せぬよう、入れ替えること、このおわびと定めを添えて願え、との仰せであります。そして、ほこりを生むあしきの心遣いを、八ツのほこりで、その角目をお聞かせ頂いているのであって、これまでの八ツのほこりの心遣いをさんげし、今後入れ替えることを定めて、願うのであります。

次に、たすけたまへと願う時は、たすけたまへてんりわうのみことと、神名を唱えて願え、天理を立てゝ、天の理である十柱の神様の十全のご守護を、祈念して願うように仰せられているのであります。

おつとめの元であるかぐらづとめが、このてんりわうのみことの「みーこと」のところで十柱の人衆が、それ〲のお働きの理を、手ぶりにあらわすのでありまして、そうして祈念するのでありますから、十柱の神のご守護を祈念して、てんりわうのみことの神名を唱えることは明らかですし、手ぶりにあらわすことは、まなぶ、そのお働きの理に添い切って、理を立てるということでありますから、天理を立てるまなびを以て、その心定めをして、祈念するのであります。

以上、かしものかりもの、八ツのほこり、十柱の神様のご守護の理を台にしての祈念が、あしきはらい二十一ぺんのおつとめであります。

かんろだいのつとめの教理

一寸はなし神の言うこと聞いてくれと、親神様が教祖をやしろに、直々この世の表に現われて、何よりも聞かせたい、それが一れつたすけるために天降られたのですから、私共がたすかる上での一番のお話が、第二節ということであります。

この元初りのお話は、二方面の教理の台であります。先ず、第一は、

このよふのぢいと天とハぢつのをや　それよりでけたにんけんである　十 54

月日よりたん／＼心つくしきり　そのゆへなるのにんけんである　六 88

月日親神様こそ、この世の元の神・実の神であられる。その親心とご守護を頂いてのこの世であり、人間である。私共は、親心をおかけ頂く神の子であり、天地抱き合せの懐住居をしている、結構なる神のかしものをお借りしている人間である、という真実。即ち、創造の理＝天の理をお説きくだされる面と、今一面は、こゝはこの世の元のぢば、そして、かく仰せくださる教祖は、元のをやであられるということ、即ち、たすけの理＝道の理をお説きくだされる上からのもので

あります。

今一つ付随しては、かく成り立ち来たこの世であるから、人間世界創造の理に添うところに、陽気ぐらしの心と、陽気づくめの守護を頂く道があるということ。その理の第一が、地と天とをかたどって、夫婦をおはじめくだされた天地の理、月日の理、夫婦の理を仰せ頂き、兄弟の中の兄弟たるべき夫婦の治まりに、一れつ兄弟の、真実世界治まる道がはじめ出されることを、示唆されているのであります。

あしきをはろうてたすけせきこむ思召の上から、一れつすましてかんろだいの道を、お通りくだされたのが教祖であります。その教祖の思召を祈念するのが、かんろだいのおつとめであります。

一れつすましてかんろだいと、かんろを戴くべく、ぢばに伏せ込みの台を積み上げる、せかいたすけの道中をお通りくだされた教祖が、今も存命で、私達を道具衆にお使いくださって、その道中をお連れ通りくださっているのであります。

教祖の五十年の道すがらは、まさしく神のこふき、ひながたであります。その足跡を踏んで、たすけ一条に伏せ込まれた、先人達の道すがらも、まさしく神のこふき（道の理の実証）であります。その足跡を継承して、踏んで歩むことを誓い定めるべく、三三九へん唱えさせてくださるのが、第三節のおつとめであります。

別席のお話は、まさに、この三つの部分から成っているのでありまして、前半は第二節、中半は第三節、後半は第一節に対応すると思案されます。

この別席のお話が、取次の話、たすけの理ばなしであることを思う時、このおつとめの地歌は、まことに大事であると思わずにはおれないのであります。

一時間半の別席のお話が、朝夕のおつとめに込められている。おつとめをすることは、そのお話を申すに匹敵するのだということであります。

基本信条

前半の基本教理の終わりに当って、今一度、お道の基本信条を確認復唱したいものであります。

私たちの親神様は、天理王命と申し上げます。紋型ないところから、人間世界をお造りくだされた、元の神様・実の神様であります。

親神様は、元の神様・実の神様であります。

親神様は、天理王命様であります。

親神様は、私たちの親である神様、すなわち親神様であります。


親神様は、教祖をやしろとして、その思召を人間世界にお伝えくださいました。私たちは、教祖によって、初めて、親神様の思召を聞かせていただきました。教祖は、中山みき様と申し上げます。


教祖をやしろに、神直々の御教えであります。

私達が信仰さして頂くのは、皆教祖の御苦労のお蔭であります。

教祖は、母親の魂のいんねんのお方、たすけの親様であり、中山みき様と申し上げるのであります。


親神様は、陽気ぐらしを見て、共に楽しみたいと思召されて、人間をお造りくださいました。陽気ぐらしこそ、人間生活の目標であります。

陽気ぐらしこそ人生究極の目標であります。

親神様は、陽気づくめのご守護を下されます。

親神様は、心の成人をお望みくだされます。


親神様の奇《く》しきおてびきを頂いて、帰らせて頂くこのおぢばは、親神様のお鎮まりくださる所で、よろづたすけのつとめ場所であります。

おぢばは、魂の故郷であり、おぢばに帰らせて頂くのであります。

おぢばは、親神様のお鎮まりくださるたすけの霊地であります。

おぢばは、神恩報謝のつとめ場所であります。


おぢばでお仕込み頂く、親神様の御教えを心に治め、教祖をお慕いして、そのひながたを辿《たど》り、親神様にご満足して頂き、人様に喜んで貰うようつとめさせて頂きます。

この道は、陽気ぐらしへの心の成人の道でありまして、神直々の御教えを心に治め、教祖のひながたを辿り、神一条たすけ一条を誓うのが、この道の定めであります。

第六章　てびき

第一節　てびき

我が身思案

『世には、病苦にさいなまれ、災厄におそわれ、家庭の不和をかこち、逆境にもだえるなど、その身の不幸をなげいている人が多い。それは、親神を知らず、その深い親心を知らないからである。』

世の幸福と不幸、その不幸には病気・災難・貧乏等々、わけても病気と貧乏は、その両輪のようなものであります。「病むほどつらいことはない」と仰しゃいます。又貧乏の方は、

不自由というは、喰《く》わず飲まずして居る者が真の不自由であろう。（明治二八年五月五日）

「難儀するのも心から」、「病の元は心から」と仰しゃいます。

幸福の方は、古来、福禄寿というのであります。子宝の福と食禄・官禄と長寿とであります。

陽気ぐらしの理想からは、病まず死なず弱りなきようで、この長寿と健康と心の平安。いつも十七、十八の初々しい心で通す、と仰しゃる。更には、思うことが思い通り、願うことが願い通りになるという意味での、自由自在叶う、ということを仰せになっているのであります。

この病気災難を、身上事情というが、事情というのは、人生上の出来事の中でも、苦しみ悩む方の事情をいい、それが身上に現われる、身上の事情を身上といい、その他の事情を事情というのであります。事情とは、普通事の訳柄の意味をいうが、本教では、出来事そのものを事情と申すのであります。

天地抱き合せの、親神様の懐住居の中にあって、どうして事情身上を見にゃならぬのか。それは、一言にして申せば、我が身思案からであります。我が身思案には二つあって、

一つは、かりものの身上を、我が身、我がもの、と、理の取り違いの上に立った思案であります。

今一つは、人の身と我が身とを隔てして、我が身かわいい、という上からの思案であります。そこでこれを、我が身勝手の人間思案、ともいうのであります。

こうした我が身思案をなぜ出すのか、それは、親神様のご存在とお働き、その親心とご守護を知らぬから出るのであります。

「月日かしものみなわがこども」（十三号79）なることを知らぬからであります。

そこで『教典』に、

『親神は、一れつ人間の親におわす。しかるに、人は、この真実を知らず、従って、互《たがい》にひとしく親神を親と仰ぐ兄弟姉妹《きょうだい》であることも知らずに、銘々が勝手に生きているように思いあやまり、われさえよくばの我が身思案や、気ままな行《おこない》をして、他の人々の心を傷つけ曇らし、世の親和を害《そこ》ない紊《みだ》しているばかりでなく、それがために、己れ自らの心をも傷つけ曇らせていることを気附かずにいる。』

この我が身思案から、人々の心を傷つけ曇らせるという、悪しきの事を為し、それがほこりとなって、己れ自らの心も傷つけ曇らすことになる。そこでますます我が身思案をつのらせて、悪気増長し、悪いんねんをこしらえてゆくのであります。

慈愛のてびき

『親神は、知らず識らずのうちに危い道にさまよいゆく子供たちを、いじらしと思召され、これに、真実の親を教え、陽気ぐらしの思召を伝えて、人間思案の心得違いを改めさせようと、身上や事情の上に、しるしを見せられる。』

『即ち、いかなる病気も、不時災難も、事情のもつれも、皆、銘々の反省を促される篤い親心のあらわれであり、真の陽気ぐらしへ導かれる慈愛のてびきに外ならぬ。』

身上事情は神のてびきであります。そこには、子供かわいい、たすけたい、との親心が、一ぱいこめられているのであって、そのことを知らねばなりません。即ち、難儀さそう、不自由さそう、困らそうという神はない、親はない、たすけたいとの一条である、との仰せであります。

現われた身上事情は、辛《つら》い事に違いないが、その身上事情に込められる、親神様の親心を思う時、「可愛からこそ意見もする。」と仰しゃる通り、まさしく、慈愛のてびきであります。私をたすけてくださるのだ。たすけてくださるために、しるしを見せてくださるのだ。その御心を得心すれば、心が発散する。勿体ない、有難い、結構だ、との思いになる。それが、親神様のてびかれる手を、自分の手でつかんだということであります。

そうなると、我が身思案を脱却して、神様の思案に近づく。即ち、心の入れ替えが成るのであります。

身上事情は、我が身思案からの、ほこりの結果であって、「心のほこり身に障り付く」と仰しゃるが、なぜそれが慈愛のてびきなのか。「心通りが現われる」と云えば、因果応報ということで、情愛を混《まじ》えぬ、厳格非情のことのように思えるが、そうではないのか。親神様の思召は、一れつ人間の陽気ぐらし、そればかりであります。そこで、そのために、心通りの守護という、天の理法を定められ、それに則《のっと》って、守護されているのであります。したがって、心通りの現われ自体が、陽気ぐらしの守護であります。「神に捨てる神はない。なれど理としてすたる。」と仰しゃる如き姿の現われでも、それは罰ではないのであって、恵みの守護なのであります。それとても守護であるから、「天の理に迫って、どうもならんようになりては、どうもならん。」との思召からお連れ通りくださる、親神様の懐住居の、この世の事情は、皆、大難小難であり、「苦しみは我が災難のがれる台」として、ころばぬ先の杖として、早目々々に大難を小難で、お連れ通りくださっているのであります。

身上事情は、原因の方からはほこりであり、思召の方からはてびきである。身上事情の理は、因果論と目的論と、この二つの面から思案される。神のかしもの、心にかりものでありまして、神意の方と心の方と、この二つの方面からであります。

心の病気

みかぐらうたに、「難儀するのも心から」、「病の元は心から」と、おうたいくださる通り、身上の病気の発生する元は、心にある。

即ち、心が病気しているのであって、心の病気が、身上の病気となって、現われてくるのであります。なぜ現われるかということは、親神様の思召によるところでありますが、とにかく、心の病気が身上の病気に現われるのだから、現われた、身上の病気をなおすことばかりに腐心《ふしん》しても、その原因である、心の病気をなおさないと、根本治療にならぬのであります。

身上の病気を直す道としては、医者薬があるが、これはあくまで、身上の病気を直すのであって、心の病気を直すわけにはいかぬのであり、この医者薬で直すことのできぬ、心の病気を直すのが、この道のたすけであります。

まことに、この道は、心だすけの道であり、「神の道は心の道。」と仰しゃる通りであります。

そして、心だすけは、心一つが我がものであって、我れ自身が、真実の話を聞いて、心改め、心治めて通る以外に道はない。

そこで「話一条、たすけ一条」と仰せられるのでありますが、おふでさきに、これを医者薬にたとえて、

よろづよのせかい一れつみハたせよ　やまいとゆうもいろ〳〵にある　九 33
このたびハどんなむつかしやまいでも　うけよてたすけかでんをしゐる　九 34
これからハたしかにやくみゆてきかす　なにをゆうてもしよちしてくれ　九 35

とこのように仰しゃっているのであります。

医者薬については、「修理や肥に医者薬を」教えてあるとお聞かせくださる。これは農作におけ

る修理肥と、同じ位置にあるということです。

即ち、修理肥というのは、

このさきハどんなむつかしやまいでも
みなうけよふてたすけするぞや　九 9
にんけんにやまいとゆうてないけれど
このよはじまりしりたものなし（だから病むのだ）　九 10
この事をしらしたいからたん／＼と（説くのだが、それまでの）
しゆりやこゑにいしやくすりを　九 11

また、「医者薬は恩の報じ場」ともお聞かせ頂くが、これは、自分自身が病んで苦しみ、苦労して医者薬の高い費用をしぼり出し、しかも有難うございましたと、三拝九拝して御礼を言わずにはすまぬというのは、これは、恩に恩が重なる上から、不本意ながらも恩を送らねばならぬ、恩の報じ場として、お与えくださっているようなものだ、ということであります。したがって、医者薬にかかったら、恩報じが出来たというのではなく、本格的に、恩報じに取り組ませて貰わねばならぬことを、お促し頂いたのだということであります。

おさしづでは、「医者にかゝるな、薬をのむなとは誰が言ったことか。そういうことを言うから、通りよい道を通りにくくするのだ。」ということを仰しゃり、「医者のてあまりといえば、捨ても の同様。それをたすけるのが教の台。」と仰せになっているのであります。

事　情

事情は、事態の上で縺《もつ》れている、困難な状況にあると共に、その中で、当事者の心が困り、悩み、苦しんでいる。即ち事情は、事と情、出来事と当人の心と、事上と心上と、この両面で解決がされねばならぬのであって、身上が、心病んで身が病んで、そうして又々心病んで通る如く、事情も二重に病む心の発散が大事であります。

そして、かくの如く、事情を、情—事と洞察できる時、事情解決の糸口をつかむことになるのであります。

事情の解決に当っては、なぜかかる事態に到ったか、その直接の原因究明と、究極的原因、即ち、いんねんの理の思案が必要であります。その思案に立って、当座の解決の具体的方策と、抜本的解決の方針とを、思案定めて着手するのでありまして、事情を事の場面と、情—事の場面で、解決をはかるのであります。

事情の解決に当っては、自分の力の及ばぬところは、親神様の御守護にすがるよりほかないのでありますから、そのことを、しっかり心に承知して、しっかり理立てをし、理の立つよう心定めをして、お願いをさせて頂くことが、第一になすべき事柄であります。

また事情の解決に向かっては、当人自身に力がないと解決できぬのであって、事情の中を心倒さずくぐり抜け、事情の渦におぼれぬよう、魂に力をつけること、徳を付けさせて頂くことが肝要であります。一寸なりとも徳を付けることをして、事情の解決にあたる。これが鉄則であります。徳があれば、そもそも事情の渦にまきこまれ、抜け出せずに、もがき苦しむことはなかったのであります。

事情は成ってくる出来事であり、成るという上から、事情には三つあると思案されます。即ち、成らん事情と、成る事情と、無く成る事情とであります。

成らん事情は、思惑通り成らんのであり、成らんのは、種がないか、徳が足らんか、のどちらかであります。

成る事情は、思わん事、不時災難が成ってくるのであり、成るのは、種が芽生えて来るのであります。

無く成る事情は、成る一つの姿であり、成る上からは、借財という負の種の芽生えが、返済という形で現われて来たのであります。それと共に、無く成ることは、成って在ることの中止という上からは、成らん事情でもあって、それは、種がつきたか、徳が切れたか、そのどちらかによってであります。

第二節　身上の理

身上の理の諭し

身上事情は、親神様の御意見であり、お知らせである。親神様には御口がないから、身上に障りを付けて、一寸々々と御意見くださるのであり、身上事情は神の声、とも申すべきものであります。

しかし、神様から声をかけて頂いても、その声を聴く耳がなければ、聞き流しにしてしまうのであって、それでは申し訳ない次第であります。

この、神の声を聴かせて頂くのが、身上の理の思案、悟りであり、それを翻訳《ほんやく》し、通訳するのが、身上の理の諭しであります。

身上伺いのさしづは、この、理の思案をする上での、心得の上からの、伺いに対する指図であり、身上の理の思案の台とすべきものであります。

身上伺いのさしづは、親神様直々の諭しでありますから、人間の勝手な悟りを混えぬ、これほど確かなものはないのであります。しかしながら、今日では、おさしづを伺うことは出来ぬのでありまして、公刊おさしづに収録されているものは、それぞれ、過去の具体例であり、丁度、法律なら、判例のようなものであります。そこで、これら判例を台に、当面の身上の理の思案をさせて頂くことになる。つまり、理の思案の、角目を知ることができるのであります。

なお、身上伺いのさしづに於ては、そのおさしづを頂いた当事者の、特殊な状況があるはずで、これを考慮せねばなりませんが、ほとんどに共通するのが、道の先達の方々ばかりが頂かれたものである、ということであります。なお又、おさしづでは、あまり細かいお諭しや、御指摘はないのであります。

判例に対する、法律に相当するのが、御教理であり、その原典は、先ず第一におふでさきであります。

おふでさきには、病の理を次のように仰しゃっておられます。

なにゝてもやまいいたみハさらになし　神のせきこみてびきなるそや　二　7
せかいぢうとこがあしきやいたみしよ　神のみちをせてびきしらすに　二　22
このよふにやまいとゆうてないほどに　みのうちさハりみなしやんせよ　二　23
なにゝてもやまいとゆうてさらになし　心ちがいのみちがあるから　三　95
しやんせよやまいとゆうてさらになし　神のみちをせいけんなるぞや　三　138
いかなるのやまいとゆうてないけれど　みにさわりつく神のよふむき　四　25
どのよふないたみなやみもでけものや　ねつもくだりもみなほこりやで　四　110
とのよふな事もやまいとをもうなよ　なにかよろづハ月日ていりや　十　68
みのうちにとのよな事をしたとても　やまいでわない月日ていりや　十四　21
せかいにハこれらとゆうているけれど　月日さんねんしらす事なり　十四　22
とのよふなせつない事がありてもな　やまいでわないをやのさねんや　十四　77

おふでさきの身上の理

おふでさきには、身上の障りについて、いろいろの呼び方をなされているが、その呼び方自体に、身上障りに込められた、神意のほどが伺われるのであります。

てびき　神一条の生き方への、切り換えの手引きであります。又、おぢばへの、又、お道の信仰への、入信の手引きであります。又、よきようにと導いてくださる上からの、慈愛の手引きであります。

ていれ　樹木や道具を手入れする如く、癖性分や悪しきの心を矯正《きょうせい》され、錆《さび》を落し、よごれや歪《ゆが》みを直す、手入れ、修理であります。

いけん　悪気・悪行・悪心に対する御意見、御注意であります。

しらせ　いけんと同じ場合もあるが、特に、先に起る悪しき事を、前以てお知らせくださり、心構えを、お促しくださるのであります。

みちをせ　道しるべの如く、道を歩む上で、迷路に踏み込まぬよう、目的地へ到る、確かな道を教えてくださるのであります。

よふむき　親神様の御用命があって、その用向きを悟るよう、それを受けるように、との思召を伝えられ、決断を促される。

もっと具体的には、そうした用向きがあるから、身に障りつけて、おぢばへ引き寄せたのだということを、よふむきと仰しゃるのであります。

りっぷく　親神様のもどかしい思召が、厳しく迫って、さんげと心の入れ替えを、強く迫られるものであります。
ざんねん　親神様の思召に逆らい、叛《そむ》き、覆《くつがえ》すことに対する残念の思召が、天の理に迫って、身に現われるのであります。

しかもこのような、神のりっぷく、神のざんねんと仰しゃるようなことでも、たすけ一条の思召には変わりなく、その上からの立腹、残念でありますから、

どのよふにいけんりいふくゆうたとて　これたすけんとさらにゆハんで　五 22
にんけんのハがこのいけんをもてみよ　はらのたつのもかハいゆへから　五 23
こらほどにさねんつもりてあるけれど　心しだいにみなたすけるで　十五 16
いかほどにさねんつもりてあるとても　ふんばりきりてはたらきをする　十五 17

とかように仰しゃっておられます。

おふでさきに於ける、具体的な病の理の諭しの例としては、次のものが挙げられます。

子の夜泣きは親へのくどきである。（三号29～32）
子の身上の障りは親への意見である。（十三号19）

胸がつまって苦しいのは、神の急き込みがつかえているからである。（三号103、十一号1・41）

歯痛は教理の噛み分けをせよということである。（三号147～149）

しゝばゝのたれ流しは神の残念晴らしである。（五号1～3）

またそれは恩が重なるそのゆえである。（八号54）

身上伺いの諭し

おさしづの身上の理の諭しの要点は、なぜ病むのか、その原因の諭し、即ち、いんねんの理の諭しと、これからどういう心で通るか、心得の諭し、即ち、神一条・たすけ一条のよふぼくの道の諭しと、この二つであります。そしてあとの方の諭しは、おかきさげに要約されているのであります。

人間身上は、神のかしものであって、神のかしものに、不足なものは一つもない。したがって、「人間に病いというて更にない。」けれども、心に不足あるから、それが身の不足になって現われる。心のほこりが身の内のほこりとなって、身に障り付くのである。即ち、身の内自由叶うも叶わぬも、我が心一つにかかっているのであって、心次第にかりもの自由、と仰せられるのであります。おさしづでは、身上の理の諭しを、主にこの点から諭されています。

心にほこり無くば身に切なみも無い。これ心得てくれたら綺麗なもの。(明治三一年五月九日)

身上悩むやない。心という理が悩む。身上悩ますは神でない。皆心で悩む。
(明治三四年一月二七日)

身の処不足無《の》うて、たゞ心に不自由ある。(明治二六年二月二六日)

心発散すれば身の内速やか成るで。病というはすっきり無いで。めん／＼の心が現われるのやで。(明治二〇年九月五日)

身上の障りは、一方では心通りであって、他方では手入れである。ということは、心通りと仰せられても、それは、手入れという思召の上からの心通りであって、手入れを受ける人の、器に応じて、心通りの現われが違うということ。また、

にち／＼によふほくにてわていりする　どこがあしきとさらにをもうな　三　131

と仰しゃる如く、よふぼくに引き立てられる、思惑の人は、お手入れが厳しいのであります。こ

のように、手入れくださる親神様の御心を思えば、嬉しいという思い、結構という思いが湧いてくる。これ即ち、心発散し、心がたすかるのであって、心が病まず、心が悩み苦しむことがなければ、身の悩みも発散する。これを、「心発散すれば身の内速やか」と仰せられるのであります。

各自それ〳〵身上の事情御願せざるも、これをする事に御許しの願

さあ〳〵悟りの開いた者は尋ねでもよい。悟りが分からんから尋ねにゃならん。たすけ一条の理は渡してある。話一条は諭しある。何度聞いても分からん者理はどんならん。今一時どうであろうという理は、又一つ深きの理がある。少しの事は尋ねるまでやないで。この事は前々に十分諭し、人間はかりものの事情、心に発散出ければ尋ねるものやない。かりものかりものと言うては居れど、かりものの理が分からん。そこでその日〳〵の事情、どうなりとその日〳〵に付けて置く。すっきりならんとは言わんで。もう何箇年経つと思うか、考えてみよ。いつまでも諭しゃせんで。

（明治二三年六月一七日）

さあ〳〵是非無く事情だけは尋ねてくれ。そんな身上ぐらい分からいではどうなる。さあさあ昨日や今日の日やあろまい。年々いかなる事情、前々諭しいかなる道すがら、前々定めた

心を調べば、いかなる事情も分かるであろう。身の内ぐらい尋ねるまでやあろまい。何彼《か》の事も鮮やか分かるであろう。

（明治二四年一二月一日）

おさしづの身上の理の諭しの角目

おさしづで、身上の理の思案上の心得として、諭されている点を申せば、次の如くであります。

イ、左は善、右は悪、左はてびき右はあしき。

ロ、すぐと直るが身のさわり、すぐと直らんのはほこりである。

ハ、身のさわりは、主に将来悪しきことの起こる御注意。身のせつなみは、過去にあしきことをしてきた結果で、さんげが必要である。

ニ、一人のわずらいは、家内中の皆々のわずらいである。

ホ、数えて十五歳迄の子供の身上は、親々のさんげである。

ヘ、皆々への御意見は、龍頭（芯の者）にかかる。

ト、難病強病は、前生のいんねんの現われであり、たんのうより外に受けとる理がない。

チ、直々の理を思案せよ。悩むところで思案せよ。

おさしづで、身上の上から諭される、要点を列挙すれば、次の如くであります。

イ、心を澄ませ、さんげせよ。
　不足するな、たんのうせよ。
ロ、いんねんの理を聞き分けよ、前生のいんねんのさんげをせよ。
　たんのうの心を治めよ。大難小難と心に治めよ。
ハ、人をたすけよ、人をたすける心になれ。
ニ、心を定めよ、定めた心を変えぬよう。
ホ、誠の心で願え、真実の精神次第に願え。
ヘ、誠の心を治めよ、誠の心をつくしはこべ。
ト、神一条の道を通れ、さしづ通りの道を通れ。
チ、ひながたの道を通れ。
　細道を通れ、難儀不自由の中を通れ。
　先を楽しんで不自由の中を通れ。功を積め。
リ、人間思案をなくせ、案じ心を持たぬよう、三才心になれ。

広く大きい心になれ。
急いてはならん、長い心になれ。
ヌ、低い心になれ。
素直な心になれ。
ル、内を治めよ、一手一つに治めよ。
兄弟の実を治めよ、たすけ合う心をつくせ。
分け隔ての心をなくせ。
人を毀《こぼ》つな、育てる心になれ。
ヲ、心をつなげ。

第三節　身上の理の悟り

八ツのほこりからの悟り

身上の理の思案をする際の、具体的思案の台となるのは、

イ、八ツのほこりの理。

ロ、十柱の神様の身の内ご守護の理。

ハ、身の内道具の理。

ニ、直々の理。

それと共に、

ホ、三日前〳〵と遡《さかのぼ》って、身近な心得違いをおわびすること。

へ、自分一代の通り来たりと、癖性分の自覚をし、いんねんのさんげ。

ト、親、先祖のことから、又、成って来たこれまでの姿に、前生のいんねんの思案をする。
そして一番大切なことは、
　チ、これから自分の為すべき、具体的運びのつけ方を、思案定めること。

八ツのほこりからの悟り

身上障りは、「心のほこり身に障り付く」のであり、

　どのよふないたみなやみもでけものや　ねつもくだりもみなほこりやで　四　110

と仰しゃる以上、心のほこりを思案せねばなりません。そのほこりは具体的に、八ツのほこりをお諭しくだされているから、そのうちのどのほこりを積んだかを思案させて頂くわけですが、それには、それぞれのほこりが、どうした形で身の障りとなって現われるか、ということを一応承知しておいた方が悟り易いのであります。

と共に、実際には、ほこりは選《え》り好みして積むわけでなく、いろいろ連れ添うているのだから、ほこりの複合ということになる。そこで、八ツのほこり全部を、一つ〳〵我が身に思い返し、思い当てて、さんげさせて貰うことであります。けれども又、一方では身近には、ほこりの心遣い

ではなくて、具体的な、あしきの事を反省するのでありますから、その場合は、身の障りから悟れるほこりの心遣いを通して、「あ、あの事に対する御意見だ。」と悟らせて貰う場合も多いのであります。ほこりには、我が積むほこりもあれば、人に積ませるほこりもあります。ほこりの行いのさんげは、人にほこりを積ませたことの方が、思案しやすいということもあります。

をしい　発熱　出し惜しみは出す方に。
ほしい　痛み　見てほしいは目に。
にくい　激痛　むごい言葉は咽喉《のど》、舌にも出る。
かわい　胸、口から胃　我が身かわいい、我が身のてぶりは胸にとる。
うらみ　皮膚、手　心の裏の歪みが表に。
はらだち　骨、足腰　突っ張り間違いとして。
よく　腹　よくのてぶりは腹にとる。
こうまん　首から上に

十柱の神の理からの悟り

十柱の神様の身の内ご守護の理からの悟り

身上障りは、身の不足であり、身の内入り込んでお働きくださる、親神様の御守護に欠けるところが出来るからであります。なぜ欠けるかは、「人間もほこりの中ではきれいな働きできようまい。神の方にも同じこと。」と仰せられる通り、ほこりで鮮やかならんだけ、ご守護も鮮やかならんのでありますから、ほこりが原因に違いないが、また、鮮やかならんお働きの理の上からも、思案させて頂くことができるのであります。

身の内のご守護は、六台のお働きでありますが、また、たいしよく天のみことは脳天の方、をふとのべのみことは成長と共に腹（腸）の方とも悟らせて貰えるし、又、かぐらづとめでお示し頂くように、向かいあうお働きが、二つ一つでお働きくださっているという上からは、八方のお働きについて、それを思案させて頂かねばならぬのであります。この、二つ一つという上からは、過分のお働きは、あい対するお働きが欠ける（つくし足らん）ということであり、お働きが足らんのは、あい対するお働きが過ぎる（勝手がつのる）ということであります。たとえば、熱が出るのは、ぬくみが火となってつのるからであるし、また、うるおいという水の働きが、つくし足らんのであります。

十柱の神様のご守護を頂けぬ、原因、理由は三つあります。
イ、感謝がなく不足が多い。御恩が重なり、ご守護を頂く徳が切れる。
ロ、御守護の頂き過ぎ。乃至は、御守護に対しつくし足らぬのであります。
ハ、お働きの理に叶わぬ通り方、御心に添わぬ働き方で、その第一が八ツのほこりであります。

親神様の八方のお働きは、皆、私共人間につくす一方でお働きくだされている。それなのに我々は、人につくすのではなくて、自分につくす一方で働けば、これは働きの向きが逆になるわけで、天理に叶わぬことは明らかであります。
教祖は、十二支を順に読めばこう、逆に読めばこう読むのだと、十二支の順逆をお聞かせくだされたのでありますが、これは、天理に添うてゆけば順運が、逆らいそむいてゆけば逆《さか》運がめぐってくることを仰しゃったのだと思案されます。即ち、

「ネをウシのうてもトラん、ウんをひらいてタッてゆく、そのミウマれてくるほどに、ヒツねんせザルな、トリてもイヌでイる」
「ネにイるものイヌで、トリサッてヒツねん、ウマれたミが夕たん、ウんをトラれウシなうてしまわにゃならん」

道具の理からの悟り

人間身の内に、九ツ道具を添えて貸してあると仰しゃる。その道具を慎しみ以て、陽気ぐらしのために使えばよいが、勝手々々に、ほこりに使えば、こわしてしまうことになるのであって、この道具の理の上から、身上障りの理を思案することができるのであります。

目は見る道具であります。見て楽しみ、見てたんのうする道具でありますが、見て不足し、見てほしいのほこりを積むのでは、道具の使い間違いであります。又、何事も見分け第一、見定め第一であって、何を見分けるかといえば、理を見分け、何を見定めるかといえば、我が心、我がいんねんを見定め、自覚することであり、そのことをお知らせくださるのであります。

耳は理を聞き分ける道具であります。そこで、よく聞かせてくれた、又、よく聞いてくれた、という具合に使うと結構なのですが、聞いて腹立て、聞き不足で腹立て、また聞かずともよいことを、蔭《かげ》耳立てて、聞いて心に不足し、心を腐らすのが、耳という道具の使いまちがいであります。見分け聞き分けと仰しゃる如く、目と共に、耳の聞き分けが第一で、聞き上手にならせて貰うことであります。

鼻はかぐ道具、理の思案をする道具、又息する道具でありますが、匂わぬものまでかごうとする、つまり、人の心の裏をかぐ邪推の心、また思案のしすぎ、先案じの心は、道具の使いまちがいであります。また、息は突く息引く息一手で交うていますが、理屈強情で、鼻息荒く突っ張って、息の交い路を止めるから、息が詰まるのであります。

口はものを言う道具、又、噛み分けの道具でありますが、やさしい言葉、そよ風は誰も好くが大風や冷たい風は、吹きまちがいであります。即ち、切り口上、捨て言葉、荒い言葉、冷たい言葉、酷《むご》い言葉、怒鳴り声、愚痴《ぐち》、小言、陰口、告げ口、不足の言葉、これらは吹き間違いであります。又、食物の不足、あるいは噛み分けが足らんため、人と意見が合わぬための、吐き出しや、無理な呑《の》み込みはまちがいであります。

左右の手。つくす道具、働く道具、金銭をつかむ道具で、右手は表の働き、左手は右手に添える裏での働きをする道具でありますが、働きまちがい、金銭等のつかみまちがいは、何といっても、手という道具の、使いまちがいであると悟らねばなりません。

左右の足。身を運び、事を運ぶ道具であり、左足は踏み切り足、右足は日々のはこび足でありますが、このはこびまちがい、また踏ん切りの悪さや、無理な踏ん切りは、何といっても、足という道具の使いまちがいであると悟らねばなりません。その中でも足運びのまちがい、つまり、飛び出しや、追い出し、け倒しや、脇道へ足を運ぶというのは、一番の使いまちがいであると申さねばなりません。

男女一の道具は、子孫繁栄の道具であり、九分を以て十分というゆえんの道具であります。そこでこの道具は慎しみもって使わねばならぬのを、道具の乱用や、ほかの目的、金銭やその他の欲望の手段に使うのは、道具の使いまちがいということになります。

道具の理からの悟り（続き）

身の内には、実に精妙な、機械の如き道具が添えられてある。内臓の臓器がそれで、これらは意のまゝに使えるものではないが、やはり、心一つにお貸し頂く、身上の器官であるから、自分の思いはなくても、心に使われている道具であります。そこで、内臓の故障は、心の使いまちがいであって、つかいまちがう心に使われるから、故障するのだという思案ができるのであります。

胃は、食物を消化する道具だが、胃炎や胃潰瘍は、食物だけでなく、胃袋まで消化するのだから、これは消化のしすぎで、消化しすぎる心に使われるから、胃がそうした状態になる。即ち、蓄財の心強く、経済上惜しみ細かく、人に対して世話を焼き過ぎ、小言多く、我意《がい》を押し付け、何事も細かすぎるのであります。

腸は、正味とかすに仕分け、正味を吸収する道具だが、この仕分け吸収の仕方の悪い心に使われると、下痢をする。とくに、心が仕分け吸収を欠き、己の分をつくすことをせぬと、内々の不和をきたし、内々の不和が腹の治まらぬ状態になる。また排泄《はいせつ》が滞《とどこお》るのは、出すことの下手な心に使われるからであります。

肝臓、腎臓、膵臓、心臓、肺臓、頭脳等についても、それぞれ同様の思案が成り立つのであります。

直々の理の悟り

悩むところから、直々に悟れる理を思案せよ、と仰しゃるのであります。当人に悟れるようにご意見くださるのが親神様であるはずでありますから、むづかしく考えずとも、素朴に、素直に悟らせて貰えばよいということであります。おさしづの中のお諭しには、

心で思う通りに障り付くのやで。急くから咳《せき》が出る。この理を覚えてくれねばならん。

（明治二一年一月二三日）

止める心あれば止まる。冷す心あれば冷える。直き〳〵の事情を直ぐと聞かすがよい。

（明治二三年一一月二四日）

と、そのものズバリのお諭しもあります。そうでなくても、具体的なお諭しは、皆成程と、直々の理を悟らせて貰えるものばかりであります。

道具の理は、まさに直々の理でありますが、その他に、直々の理の悟りの角目を、敢えて申せば、次のようなことが考えられます。

イ、症状の特徴からの悟り。

急性は当面早急なご意見。慢性は年来の生きざまに対するご意見。

炎症は燃やす心の理。

化膿症は腐る心の理。

その他、火傷、出血、むくみ、腫瘍、咳、痛み、発熱、冷え症、のぼせ、動悸《どうき》、けいれん、結石、まひ症等その症状にあわせて悟れる。

ロ、患部の身体上の位置からの悟り。

たとえば、

腹とか口腔は、内々の治まらん理。

背中は人に背を向ける勝手の理。

ハ、患部の機能的特徴からの悟り。
これは道具の理からの悟りがそれである。
腰は踏ん張り腰を入れよとの御意見である。
肩は荷をかつぐのであって、しっかりかつげとのお知らせである。
のどは呑み込みが足らんか、無理な呑み込み。

ニ、患部の構造的特徴からの悟り。
背骨は脊椎が順序よく並んでいるから、順序の理を立てる。
歯は噛み合わせの理。

ホ、治療上の特徴、あるいは病名、などをからめての悟り。
節塩せねばならぬのは、心の塩辛さを取れ、もっと甘い心になれとのことに悟る。
肺病はハイハイと素直な心。
黄疸《おうだん》は道を横断しようとする心。

第四節　おたすけ祈願

お願い

おたすけに於ては、何といってもお願いが第一であります。願いようが悪いというのは、願う心が足らんということであります。

おつとめの第一節は、たすけたまへの祈願であって、それが親神様への第一のつとめである、ということであります。そこで、このおつとめをして祈願するのであります。

心通りの守護であって、願い通りの守護でない、ということは確かでありますが、だから心さえつくらせて貰えば、願わずとも親神様がちゃんとご守護くださる、おたすけくださる、というのは間違いであります。我が心さえ、ままならぬのが人間でありまして、心定めて通るにも、親神様のお力を、願わずにはすまぬのであります。

親神様は願い通りの守護、即ち、自由自在が叶うところに、たすけの御理想をお聞かせくだされているのであります。

心通りというのは、願う心通りというか、願う心次第の守護ということを仰しゃっているのであって、願わずともよいということではないのであります。

親神様にお願いをする以上は、その願いが天の親神様に通じるように、受け取って頂けるような、願い方をしなければならぬのでありまして、大事な願いなら、なおのことそうであります。

それについて、お願いのかけ方を、みかぐらうた三下り目にはっきりとおつけ頂いている。即ち、

むりなねがひはしてくれな　　ひとすぢごゝろになりてこい
なんでもこれからひとすぢに　　かみにもたれてゆきまする
やむほどつらいことハない　　わしもこれからひのきしん

こうした心で願いにこい、そうすれば、真実、元の神様、実の神様だと得心のゆくような、不思議なたすけを見せてやろうと、確約くだされているのであります。

この神に凭《もた》れてゆくということは、具体的にどうすることかと申せば、おふでさきでは、「神にもたれてよふきづとめを」（四号49、十三号10）と仰しゃっているのでありまして、おつとめをすること、徹底的におつとめをする、おつとめに徹することであります。そうして、ひたすら祈願を込めてゆくのが、神に凭れるということであります。

心次第

親神様は元の神・実の神であられるから、何叶わんということはない。そこで、身上事情をはじめ、なんでも願えと仰しゃる。只その際、神のたすけは、心次第のたすけであるから、真実誠の精神で願うように、と仰せられているのであります。即ち、

しんぢつの心あるならなになりと　はやくねがゑよすぐにかなうで　七　46

とのよふな事ハいかんとゆハんでな　たすけ一ぢよせゑているから　七　47

と仰しゃっておられます。

誠真実ということを申しますが、誠と真実では、多少ニュアンスが違うのでありまして、誠は善心がみな誠であって、それにはだん／＼ありります。誠は真心であって、その真心の実が、真実であります。誠でいうなら、真の誠と申されるのが真実であります。おさしづで真実の心を仰しゃるときは、思う心の真実であって、なんでもどうでもという精神をいわれるのであります。

お願いの場で申せば、一度願ってだめなら、それでやめるのではなく、なんでもどうでもと、諦《あきら》めることなく、挫折することなく、とことん願うことであります。十二下りてをどりで、なむ天理王命を唱えるときは、合掌して、足の方は前進あるのみ、一歩一歩、これでもか、これでもか、と踏み込んでゆくのみであります。あれが願う心の真実で、心次第と仰しゃる、心次第の第一は、そうした心を仰しゃっているのであります。

桝井伊三郎先生の有名な話に、「親を思うて、日に三たび通う子供の心、これは真実や。真実なら放っておけん、捨てておけん、たすけてやるで。」と教祖が仰しゃった。教祖がたすけてやると仰しゃる以上、必ずたすけてくださるのであります。

よろづたすけの道あけである、をびやたすけに、根本の心得がある。をびやたすけは、元のぢば、元の神の証拠におたすけくださるのであり、平素の心は問わん、神の言うこと信じて凭れるならたすけてやろう、と仰しゃるのであります。信じて凭れよと仰しゃる、そのことを、全身全霊を以て、表明させて頂くのでありまして、その精神に対して、親神様が真実元の神である証拠に、不思議なおたすけを下さるのであります。

お詫び

祈念には、お願い、お礼、お詫《わ》び、お誓い、という要素があるのでありまして、親神様への祈願は、お願いだけでは足らぬのであります。そのお願いに、お礼とお詫びとお誓いが添うてこそ、本物の願いとなるのであります。

身上障りを頂いた場合、先ず、身上不足になってこそ、身上かりものの結構さが、身にしみてわかるのであり、そのことから、これ迄の重なる御恩がわかる。分かる以上は、これまでの重なる御恩に、お礼申すと共に、これ迄当り前にして通って来た、恩重ねの生きざまをお詫び申さずにはすまぬのであります。そしてこれからは、恩重ねの親不孝をせぬよう、報恩の親孝行の道を通らせて頂くことをお誓い申すのでありまして、この、お礼とお詫びとお誓いを添えてお願いの筋を立てさせて頂くのであります。

身上障りは、道具の理からは、道具の故障であります。そこで、製造元である親神様に、修理をお願いするのはいいが、その際、「こわれましたから直してください」といったのでは、親神様はどう仰しゃるかといえば、それは、かしもの・かりものの理から思案しても、「神はこわれるような不足なものは貸していぬぞ」「本当にこわれたのか」と仰しゃるに違いないのでありまして、「こわれたのではなくて、こわしたのではないか」ということで、こわれたのではなくて、心一つの使いようを間違って、さんざん勝手に使ってこわしたのだ。こわしたのなら、結構なかりものをこわしてしまって、申し分けございませんでした、というお詫びが付くはずだ。そのお詫びが付いて、これからは二度と、こわすような使い方はしませんから、心して使わせて貰いますから、というお誓い、お約束が出てくる。このお詫びとお誓いが添えられて、はじめて、筋の通った願いとなるのでありまして、こうあってこそ、身上障りが、お手入れ、ご意見になって、心の入れ替え、胸の掃除が、はかられてゆくのであります。

お詫びをすることをさんげと申しますが、それについて、

身のさんげ心のさんげ理のさんげ、どうでもこうでもせにゃならん。（明治三二年一〇月二日）

さんげだけでは受け取れん。それを運んでこそさんげという。（明治二九年四月四日）

さんげ〳〵、聞いて道を守るならさんげという。（明治二三年六月二〇日）

さあ〳〵〳〵出来るさんげをするがよい。残るさんげはするまでのもの。さんげという、将来思い返さんのがさんげ。将来それが治まるなれば、何にも言う事無い。

（明治四〇年四月九日）

心定め

心定めは、親神様へのお誓いであり、お約束であります。心定めるのは、自分自身で定めるのに対し、お約束は、親神様に対して約束するのであって、本来ニュアンスが異るが、心定めも、親神様の信仰に於て定める以上、親神様に対しての心定めでもあり、そうなれば、同様の意味に

なります。

信仰者の条件は、親神様とのお約束は必ず守る、ということであります。「うそとついしょうこれ嫌い」と仰しゃるが、これは何といっても、親神様に対するうそとついしょうで、それは、できもしないお約束をお誓いしたり、大事なお約束を反古《ほご》にすることであります。

心定めというのは、将来変わらぬように、心を定めることであります。つまり、心はコロコロ変わるのでこころという、と申すその心に、不動のクイを、必ずやると打ち込むのであります。

イ、身上事情のお願いに当っての、心定めにはいろいろありますが、最も大事なのは、心の入れ替え、立て替えで、神一条、即ち、親神様を信仰することへの、生き方の切りかえであります。具体的にはお祀り込みをすること、おつとめをすること、ひのきしんをすること、おたすけをすること、等々であります。

ロ、信心の道を一歩前進するような、具体的実行の定め。それを以て、心の成人をはかる、精神的定めの裏打ちとすることであります。具体的には、修養科へ入ること、教会の月次祭に必ず出ること、等々であります。

お願いに当って、理を立てること、理立てが大事であります。理立ては、普通、金銭の御供を以てすることをいうのでありますが、理に添わず、こかし、つぶしてきた結果が、身上事情となって現われているのであって、自分がこれまで理を立てずに来たので、立たぬことになったので、一時なりとも、応急でなりとも、立てよう、添え木をしよう、理のパイプを通そう、というのが理立て御供であります。そして、これから理の立つようさせて貰うことを誓うのが、心定めであり、これから、理を立てて通らせて頂くことを、金銭の御供という一つの実を添えて、実にして、定め誓わせて貰うのであります。又、特に、無理なお願い、特別のお願いに当っては、それ相応の、実をお供えさせて頂くのでありまして、「価《あたい》を以て実を買うのやで」と仰しゃる、真実という心の価を、金銭の御供に託して、供えさせて頂くのであります。

第七章　かしものかりもの

第一節　かしものかりもの

教の台

「人間は皆神の子、人間身の内は神のかしものかりもの、心一つが我がのもの。」ここにお道の教えの根幹があるのであります。「かしものかりもの教えの台」といわれているのであります。おふでさきには、

めへ〳〵のみのうちよりのかりものを　しらずにいてハなにもわからん　三 137

このように仰しゃっている。自分では分かっているようでも、神様の目からご覧になれば、何も分からんにひとしいのであります。このおうたに続いて、

しやんせよやまいとゆうてさらになし　神のみちをせいけんなるぞや　三 138

一寸したるめへのあしくもできものや　のぼせいたみハ神のてびきや　三 139

とありますから、特に身上の理について仰しゃっているようでもありますが、万事が万事分からんのだと申して、過言《かごん》でないのであります。

かしものかりものが教えの台であるのはどうしてか、又、かしものかりものが分からんと何も分からんと仰しゃるのはなぜであるか。かしものかりものと云いならしていますが、おふでさきでは、「かりもの」は先の一首だけで、あとは皆「かしもの」と仰しゃる。即ち、かしものというのは、神のかしもので、かしものを通して、神様のことを仰しゃっているのであり、一方、かりものは、心にかりもの、心次第にかりもの、また、かりものでないのは、心一つが我のものと、かりものを通して、人の心のことを仰しゃっているのであります。目に見えるものの世界のその奥に、目に見えぬ親神様のご存在とお働き、目に見えぬ人間の、心の存在と、心の働きがあるのであって、それが根となって働く、その働きによって事物が現われ、成って来るのだということを、かしものかりもので教えてくださっているのであり、その根の部分から、根ごとものを見なければ、何もわからんにひとしいと仰しゃるのであります。

かしものかりものは、身上、特に身の内についていわれるのでありまして、他のものはむしろお与えであります。与えというは皆身に添えて貸してあると仰しゃるから、皆かりものに違いないが、特に身上かりものを仰しゃるのはなぜかと申せば、一切のものの中で、最も身近かな、最も我がものと思いやすいものであり、この身上が我がものでなければ、他の一切が、我がものでない、かりものだという真相がすぐわかる。そうしたものが身上だからであります。又、

日々身上壮健なら、何不自由でも不足は無い。（明治三四年七月一五日）

最も尊い大切なものであるからであります。

更には、身上こそ、人間の勝手で処分してはならぬ、神のかしものであるからであります。

かしものかりもの教の台である以上、これに触れずにお道のお話をしたのでは、それは台のない教え、台なしの話になってしまうということを知らねばなりません。

神のかしもの

『人体のこの精巧《たくみ》な構造、微妙な機能《はたらき》は、両親の工夫で造られたものでもなければ、銘々の力で動かせるものでもない。すべては、親神の妙なる思わくにより、又、その守護による。』

借物ということは、「我が自由ならんが、かりもの現われてある」（補　明治三三年六月二四日）、「かりものめん〳〵ものなら、思うようになる。思うようにならんがかりもの」（補　明治三三年四月二日）と仰しゃる如く、成程借物だということはできても、貸物だということは、なかなかできないのであります。まして、人間の身上を貸物だということはできぬのでありまして、そう仰しゃったのは親神様教祖が空前絶後であります。

身上をかしものだと仰しゃれるのは、身上をお造りになり、しかもその身の内へ入り込んで、日々お働きくださり、生命《いのち》を授けておってくださるお方だけであります。

我々の身体はどうしてつくられるのか。お父さんとお母さんがつくったと云うけれども、本当につくったのかというと、つくったのではなくて、できたのだという。神様を知らぬ者は自然にできたというが、親神様はこれを、

たいないゑやどしこむのも月日なり　むまれだすのも月日せわどり　六 131

と仰せられるのであります。

親神様は我々の身体の造り主だから、神のかしものと仰しゃる。じゃあどのようにして造った

のかと申せば、元初りにこのようにして造ったのだとお聞かせくださる。しかし、これは何も、この世の元初めだけではないのでありまして、私達のこの身体もそうだし、又、今もせっせとお母さん方のお腹の中で、十柱の神様のお働きで、こしらえてくだされているのであります。

十柱の神様のお働きで身体ができ、またそのお働きを頂いて、末永く生命をおいて頂くのだという上から、妊娠十ヶ月の理ということを、先輩たちが説いたが、これは、生命の誕生という厳粛な現実に当面して、親神様の御苦労に拝謝申すと共に、その御心づくし、お働きの理をまなばせて頂いて、誠の心をつくらせて頂き、以て生まれ出る子供に、将来かけて御守護を頂く徳を、授けようとの思いからであります。

身の内は十柱の神様のお働きでつくられただけでなく、日夜入り込んでお働きくだされているのでありまして、神のかしものと仰しゃるのは、日夜世話取りくださるところに、かしものたる所以《ゆえん》がある。息は月日様のお働きであり、産声《うぶ》は最初の息、つくられた肉体に、月日のお働きが入り込まれた証拠であり、この息の根を司《つかさど》っておられるところに、神のかしものたる所以があるのであります。

神のかしものを更に分けて、次のようにも申すのであります。

めはくにとこたちのみこと様のかしものかりもの、ぬくみはをもたりのみこと様のかしものかりもの、皮つなぎはくにさづちのみことよりのかりもの、骨は月よみのみこと、飲み食い出入りはくもよみのみこと、息はかしこねのみことからのかりものであります、と。

又身上に九ツ道具を添えて貸してあると仰せの如く、目、耳、鼻、口、左右の手、左右の足、男女一の道具。どれ一つとってもまことに有難い神の貸物道具であります。

利と期限

かしもの、かりものと仰しゃるのは、人間同士の貸借から思案せよということでありまして、

人のものかりたるならばりかいるで　はやくへんさいれゑをゆうなり　三 28

人間の貸借では、ただというのはないのでありまして、皆利が付いて回る。家なら家賃、金なら利子、道具なら使用料、と皆利を払う。この利を惜しまず払うなら、大概の物は借りれるが、利を惜しむと、しょうもない物しか借りれぬし、利を払わねば、借りたものも返さねばならなくなるのであります。そうでなければ借り倒しであり、借物を我が物としてしまうのは、これは取り込みであります。

「早く返済礼をいうなり」と仰しゃる、この返済は、借りた物を返すのは、これは返却。それに利を添えて返すのが返済であります。物だけ返して利を払わねば、利が重なる。借物の物だけ返せば、あとに借りという利が残る。利を払った上にお礼をいうのは、結構なものを貸してくださった相手の好意に対して、お礼するのであって、恵み、恩に報いるのであります。返済は叩き返すのも返済だが、それでは恩に報いることにはならないのであります。

借物が結構なものであれば、それだけ借物ではなくて借りを返し、お礼を申すことが大事であります。

又借物は皆いつか返さねばならぬのでありまして、返却の期限付きのものであります。無期限というのは、貸し主の思い一つで、まったなしに返さねばならぬということで、借主の思い通りというのは、返さなくてもいい、我が物と思ってもいいということであります。

身上に付いた期限、これが寿命というものであります。

そこで身の内は、親神様と我々の心とが、貸借関係にあるということで、その貸借の物には利と期限が付いている。身上という借り物は、無期限で貸してくださっているのでありまして、返せと仰しゃれば、すぐにでも返さねばならぬ。親神様は返せとは仰しゃらぬが、身の内入り込んでのお働きに退かれると、返すつもりはなくとも、返さざるを得なくなるのであります。そこでかりものの利、即ち借りはしっかり返させて貰う、借り物は返さんようにさせて頂く。

それを親神様にはさんぐ\借りをつくり、そのお蔭で生きているがゆえに、世の人々に、なをも借りに借りをこしらえるのでは、御恩に報いるどころか、恩を仇で返すようなものでありまして、親神様も骨折損で、苦労のし甲斐がないと思召すに相違ないのであります。親神様は親であられるから、利を添えるようなことはなさらぬが、利は添うてまわるのがかりものだと承知して、それだけ一層、感謝報恩ということがなければならぬのであります。そのことに思い至って、かりもののご恩を報じるのが、かりもの分かったということであります。

使用の責任

借物は道具であります。物を借りるのは、使うために借りる。使う用もないのに、借りることはないのであります。雨に濡れぬよう傘を借りるのであって、さす必要のない傘は、邪魔になるばかりであります。使うために借りる借物に二種類ある。一つは傘とか自転車とかの道具であり、一つはお金やお米であって、これは返すといっても、道具を返すようなわけにはいかぬのであります。が、やはり借りた以上は借物でありまして、いつか、それなりに返さねばならぬのであります。身の内は、自分が借りるつもりで借りたものではなくて、気のついた時には、既に借りていたのだし、返そうと思っても、自分で返せるものではないが、借物とお聞かせくださる以上は、やはり道具と考えられるものであります。

物には使用と処分とあって、処分できないのが借物で、処分できるものは、我物であると申してよいのであります。身上で申せば、自殺は自分で身上を処分するのであって、借物我物との、理の取り違いの最たる例であります。

道具を借りたら、借り主は貸し主に対して、道具についての責任がある。もしこわせば、元通り修繕して返せ、さもなくば、それ相当の弁償をせよ、しかもそこで誠意を見せなければ、もう二度とあんたには貸さん、といわれるのであります。身の内道具は、我々の意志で、借りたり返したりすることの出来るものではないから、修繕せよとか、弁償せよとか仰しゃらぬが、貸し主に対しての責任はともかく、道具についての責任は免《まぬが》れぬのでありまして、不自由に甘んじるか、身上お返しするか、しなければならなくなるのであります。

道具でも、金槌のようなものならいいが、精密な道具なら、それだけ使い方というものがあるのであります。使用上の注意とか、手入れの仕方が、説明書になって付いている。つまり、道具には、造り主の思いがあって、その思いに添って使うから、便利で長持ちして使うことができるのであります。身の内道具の造り主は、親神様だから、陽気ぐらしのその思召に添って、使わせて貰うことが肝腎で、その説明書を、このたび聞かせてくだされたのが、御教理というものであります。

「十分はこぼれるというて、十分のその上はこぼれるという理がある。こぼれては結構とはゆへん、こぼれてはこぼれただけ無駄であるほどに、そこで身上の道具も九ツ貸してある。」

とお聞かせくださる。

「身の内をくのどうというのは、身の内には九ツ道具を添えて貸してあるからや。」そこで、「慎しみが理慎しみが往還。」とお聞かせくださる。慎しみもって使わせて頂くことが肝腎であります。

第二節　心一つの理

心一つ我が理

「人間というは身はかりもの、心一つが我がのもの。」と仰せの如く、「心一つ我が理」というのは、心一つだけがこの世で自分のものであるということと共に、かりものの責任は心一つにあるということ。即ち、心一つが借り主であることを云われているのであります。

イ、心だけが我がもの、それ以外に我がものがあると思うな。それ以外のものまで我がものと思うな。借物を我が物と思い違えるところに、心得違いの元がある。

ロ、心次第に借物であって、借物の自由叶うも叶わぬも、心一つであって、心だけが頼りであること。又、心一つが借物の原因であること、を言っておられるのであります。

「身上ありて心あるもの。身上無うては心に思う事も出けようまい。」と仰しゃるように、心は、身上を借りて、はじめて働くことができるのであります。身上を道具とすれば、道具なしには働けんのが、心であります。そして人間は、心遣いの自由をお許し頂いているが、それはとりもなおさず、身上借物を使うことの自由であり、お前の自由に使え（専用）といって、身上を貸してくださるから、自由に使えるのでありまして、それが、心遣いの自由ということであります。

これを時間でいうと、自由に使えとお貸しくだされてある時は、現在であります。したがって、現在というものは、我々人間自身の自由の時であります。しかしながら、これからお貸しくださる物は、これは必ずしも我々の自由にはならぬのでありまして、これは未来という時であります。貸主である親神様の自由の時であります。その親神様の思召に添えば、我々人間の自由になる時であります。そして自由になる未来を、将来と申すのであります。この貸与《たいよ》は、一面、不断の貸与の更新《こうしん》でありますが、他面、貸与の連続であります。その中で最も長期に亘る貸与は、身上でありま す。そこで、「おれの目の黒いうちは、おれの思い通りにする」ということも言えるのでありまして、その目の黒いうちは、これは最長の現在という時であります。

身の内が心の住い家として、身の内のどこに心があるかといえば、胸三寸と仰しゃる。そこでお手ふりも、胸三寸を中心に振るように、おつけ頂いているのであります。人間が神の子である所以《ゆえん》は、心一つであります。心一つはこの世に於て、親神様のものでない、ただ一つのものであります。心の自由、自由な心こそが、陽気ぐらしの台であります。自発心にしか、喜びはないのであります。

この心の自由とは、かりもの使用の自由、即ち自由用であり、それは使用する力次第で、自由は拡大する。そこで親神様は、心の自由の充実拡大のために、元初り以来永の年限かけて、仕込み、育てててくだされたのであります。そこで陽気ぐらしを促される上から、教えに於ても、心の自由を尊重されるのでありまして、承知、得心ということ、また、「どうせこうせこれは云わん」と仰せられているのであります。

出直の理

身上は期限の付いた借物であって、期限が来て、この身上をお返しするのが、死であります。お借りするのが誕生であり、この誕生が、気が付いたときには既に借りていた如く、お返しするのも、自分で返そうとするのではなく、身の内のお働きが退《しりぞ》かれると、身上はあっても、お返しすることになるのであります。しかし、身上を返しても、古い着物を脱いで、新しい着物と着かえるように、魂は又、めい〳〵の心遣いにふさわしい身上を借りて、この世へと生れかわってくる。そこで、これを出直しというのであります。即ち、死は終りではないのであって、新しい人生への出直の一歩であり、人間はこの世に生まれかわり出かわりして、末代の人生を通っているのであります。死は出直しであり、人は皆死に、出直すのであります。

死ぬことは悲しくつらいことのようであります。借物を我が物と思うから、自分が無くなってしまうようでつらいのであります。が、我がものは心だけであって、我がものは決してなくならず、我がものでない借物が、お返しするという形でなくなるのであります。我がものでないものが、まさしくその証拠を現わすのが、死ぬということなのであります。そこで、「身上果てても、万人の人がたすかる理を聞き分け。」と仰しゃる。末代生き通す、心がたすかることこそ肝腎であります。

なぜ死ぬのかに二つあります。なぜ寿命を縮めて死ぬのか、それはほこりによってであります。

また、なぜ死ぬのか、それは出直させてくださるのであります。

なぜ身上を返して出直さねばならぬのか。それは身上が借物であるからであります。又一面出直させてくださるのが、親神様の御慈悲であると申さねばなりません。即ち元初りに、出直す度毎に、五分づつ来世は成人した如く、死を通して、来世は今生より、一歩成人へと引き出してくださるのであります。

また、現在お与え頂いている身上では、心相応というわけにいかなくなり、帳簿を新しく書きかえるために決算する如く、心通りの決算をしてくださる。そしてこの決算は、あくまで帳尻を合わす決算であって、ご破算で願いましてはといった、清算ではないのであります。清算ではなくて、精算するための手続き段取りであります。

この身上を返さずに、生きながらにして出直す、心の出直し、心の生まれかわりをさせて頂くのが、本教のたすけの道でありますが、心の出直とはどうすることかと申せば、借物を皆返して心一つになるのが身上の出直なら、身上借物を返すことなく、我がものは心一つになることであります。具体的には裸になる。身上以外の借物をみな手放して、我がものは心一つ、それで結構という心になることであります。

皆かりもの

身上は魂の住居家《や》のようなものであります。この身上を住居家にお借りするのは、又、この世という神の身体を、おやしきとしてお借りすることでもあります。だとすれば、身上をお返しすることは、またこの世という神様のおやしきをお返しするのであります。

即ち、人間は裸一貫でこの世に生まれて、前生からの持ち越しの徳一杯に、神様のおやしき内のものを、つかませて頂き、支配させて貰うのであります。そして出直す時は、我がものである心一つ、魂についたもの以外は、皆おやしき内に置き去りにして、おいとまするのでありまして、その上からすれば、この世で使う一切のものは、この世に於けるお借り物であると申してさしつかえないことになります。

このよふハ一れつハみな月日なり　にんけんハみな月日かしもの　六 120

にんけんハみな〳〵神のかしものや　なんとをもふてつこているやら　三 41

にんけんハみな〳〵神のかしものや　神のぢうよふこれをしらんか　三 126

と仰しゃるように、人間にとっては、みな〳〵が、ありとあらゆるものが、神のかしものであり、かりものであります。したがってまた、
「幾重家内何人ある皆かりもの。」「めん〳〵家内神のかしもの。」
と仰しゃる如く、夫や女房、子供をはじめ、自分に与えて頂いた人も、この世に置き去りにすることからして、この世での借物であると申すことができるのであります。

衣食住その他一切の物も、借物ということになりますが、住居家と違って、食物などは消費するだけに、借物といいにくい面もありますが、この世に置き去りにする以上、やはり借物であります。が普通には、お与えと申す。即ち、自分に与えられた借物を、お与えという。一面、処分することを許されている如きものを、借物と云いにくいから、お与えというのであります。そして、人に与えられた物を借りるのを、人から借りるというのであります。

また、人の手でつくられる製品や商品は、これまた親神様からのかりものと、いいにくい面もありますが、やはりこの世に置き去りにする限りにおいて、この世におけるかりものだということになるのであります。

このように、一切は皆かりものである。そこで道具は使いよう、物は受けようと申して、受け方一つが大事であります。

大体は身上は、気が付いた時には受けていたのであって、一方的貸与《たいよ》であり、受けるところに人生の出発があるのであります。

これらかりものが結構なものである以上、万事拝借という如く、文字通り拝んで借りる、借りて拝むという、感謝報恩の精神が大切であります。

魂と霊について

身上お返しして、この世へ出直すまでの間、心一つ、魂はどこにあるのか、また死後の霊魂は、それ自体で働くのか、ということでありますが。

かしものかりものの理からして、身上なくして心は働かぬ、霊としては働かぬのでありまして、身上お貸し頂くこの世に於てしか、善悪共いんねんをこしらえることはないのであります。

その中の唯一の例外は教祖であります。存命の教祖、霊としての教祖、がお働きくださるのは、教祖は神様であり、地上の月日であらせられるからであります。存命の教祖の御心に、この世は神の身体である、親神様の御心が入り込んでおられるからであります。

おふでさきでは、今生から来生へと出直す間の消息を、迎え取る、抱きしめている、返す、と言いわけられているのでありまして、この世から迎え取り、天が抱きしめ、この世へ返す、との仰せであります。

生れかわりについて、どこへ生まれ出るかということは、人によって違う場合もありましょうが、だいたいは元へ元へと生まれ出る。親が子となり、子が親となって生まれてくるのだと、お聞かせ頂くのであります。

心と魂について。

魂が身上をお借りして、身上に魂が住うと、ここに魂の働きがあらわれる。この働きの作用主体が心であります。そして働きの意向主体が我であり、この働きが心遣いであります。そしてこの心遣いの母体、心の実質主体を魂と申すのであります。

原典では、心遣いも心も魂も、皆心という言葉で仰しゃるが、あえて整理すれば、こういう具合になると思案されます。

この魂が、身上と離れて在るかということについては、働きが身上を以ての働きである以上は、身上なくしては働きはないのであって、働きのない存在は、これは観念的存在でしかないのであります。つまり、魂は心としては存在するが、身上なくしては存在するとも云えんのであります。

したがって死後の魂、死後の霊が存在するかといえば、この世においては存在しない。怨霊とか霊障とかいうものはないのであって、これは「憑《つ》きもの化《ば》けもの、心の理が化けるで。」（明治二五年四月一九日）と仰しゃるのであります。おふでさきには、

このよふにかまいつきものばけものも　かならすあるとさらにをもうな　　十四　16

と仰しゃっているのであります。

霊というのは、身上を離れた魂を、働くものとして考えた時の呼び名であります。

本来分離できぬ心と身上（肉体）を分離して、霊的生命と肉体的生命に分けて、その霊的生命の存在を、死後に見るのが死後霊であり、生存中に見るのが生き霊であります。

この身上と分離できぬ心の魂的側面に、人格的善さの本源を見て、その徳の輝き、感化力とい

った面での、一種の働きを込めて霊をいう場合もあるが、これはお道でいう、真心に於て心を云う場合であり、お道で霊を云われる場合は、大概この意味の霊性であります。祖霊祭祀については、別の要因が加わっているので、ここでは割愛《かつあい》します。（本書441頁参照）

第三節　胸の掃除

ほこり

身の内かりもの自由叶うも叶わぬも、心一つにかかっている。これを、「地獄極楽どこにあると思うな、ただめん〳〵の胸三寸、心の持ちよう一つにあるという。」とお聞かせ頂く。そしてこの、かりもの自由叶わぬ心遣いを、ほこりに譬えて仰しゃる。あしきの心遣い、悪心、ほこりの心遣いに対し、自由叶う方の心遣い善心は、まことであります。そこで自由叶えて頂くためには、どうでもあしきの心遣いをまことに入れかえて、積もった心のほこりを払わねばならぬ。これを胸の掃除と仰せられるのであります。ほこりは、正確にはほこりの心遣い、即ちほこりを積むあしきの心遣い、心遣いの結果がほこりとなる、そうした心遣いであります。一方、まことの心遣いは、ほこりでなくて徳を積むのであります。

悪心は親神様の思召にもとる心遣い、即ち、人間の我身勝手の思案からの心遣いであります。それをほこりに譬えて戒《いまし》められたのであります。このほこりは、人間の心に本来的なものではない。掃除すればぬぐい浄められるものであって、人間の本心は澄み切ったものであるとお聞かせくださるのであります。

よろづよにせかいのところみハたせど　あしきのものハさらにないぞや　一 52

一れつにあしきとゆうてないけれど　一寸のほこりがついたゆへなり　一 53

つまり、あしき、悪はほこりに原因するし、あしき心遣いはほこりを結果する。そして、このほこり以外に根源的悪はない。またこの悪心であるほこりは、罪といってもいいようなものだが、「罪と言ったのでは、可愛い子供の心を苦しめるから、罪といわずほこりというのだ。」と聞かせられます。

心のほこりと申すように、無形の心のことは、目に見えぬだけに、有形のものの譬えを以て、お諭しくださるのであって、心の悪しきはほこり以外にも、心の泥、心の錆《さび》、心の皺《しわ》、心の渋《しぶ》、心の痕《きず》、雑草、雲、曇りなど、いろいろに譬えられるのであります。

ほこりの心とは、要するに御守護を頂けぬ心のことであります。なぜ頂けぬかといえば、御守護の理に添わぬ心遣いだからで、「ほこりだらけのその中できれいな働きは出来ん」と仰せられ、鮮やかならぬだけ、御守護を頂けなくなるのであります。また、ほこりは嫌いと仰しゃる。「うそとついしょうこれ嫌い、よくにこうまん大嫌い。」と仰しゃるのでありまして、親神様の大恩に浴しながら、その親神様のお嫌いな、ほこりばかり供えるのでは、これは親不孝と申さねばなりません。

なぜ掃除をするのか

ほこりは親神様のお嫌いになるものだから、掃除して払わねばなりません。なぜお嫌いになるかといえば、陽気ぐらしの思召に反する心遣いであるからであり、天理に違《たが》う心遣いだからであります。それと共にほこりは結局、親神様の御守護を頂けなくなる原因だからであります。が又それは、明鏡、清水《せいすい》、晴天の譬えの場面でも思案できます。

心の鏡にほこりが積り、心が曇ると、理が鮮やか映らぬのでありまして、理の悟りに暗くなるのであります。

このそふぢすきやかしたてせん事に　むねのしんぢつわかりないから　五 28

にち〳〵にすむしわかりしむねのうち　せゑぢんしたいみへてくるぞや　六 15

清水という上からは、どんな清水も泥を入れたら濁《にご》るのであり、濁り水ではうっとうしいし、又飲むに飲めぬのであります。又、洗濯という上からも、清水は穢《よご》れを洗い浄めるが、濁り水ではそうはいかぬ。人の心を浄めるのではなく、逆に人の心を穢すことになるのであります。

晴天の日は何事をすれどもすみやかできます。しかし曇り空ではうっとうしくて気も晴れず、すみやかというわけにいかぬのであります。しかも青空を閉ざすのは心の雲であって、この雲が月日のお照らしであるところの御守護をさえぎり、ために不足をかこつことになる。そこではいくらお照らしを下されても、心の雲がさえぎるから、結構づくめでないのであって、雲さえ晴らせば、十分なお照らしを頂いて、陽気づくめとなるのであります。そこで、

心さいすきやかすんだ事ならば　どんな事てもたのしみばかり　十四 50

高井先生が、「空というはいかほど高いものでしょうか」と聞かれたのに対し、教祖は、「空というは高いなあ、なれど雲がかゝれば低うなるなあ、人間もそれと同じやで。」と。また、「皺だらけになった紙を、そのまま置けば、落とし紙か鼻紙にするより仕様ないで。これを丁寧に皺を伸ばして置いたなら、何んなりとも使われる。落とし紙や鼻紙になったら、もう一度引き上げることは出来ぬやろ。

人のたすけもこの理やで。心の皺を、話の理で伸ばしてやるのやで。心も、皺だらけになったら、落とし紙のようなものやろ。そこを、落とさずに救けるが、この道の理やで。」（『稿本天理教教祖伝逸話篇』）と。

衣服と身体の洗濯はしても、身の内と心の洗濯は知らずにいるのであります。身の内は神様のかしものだからおまかせしても、我がものである心の洗濯は、どうでも自分がせねばならぬのであります。そしてこの洗濯をしないと、心のほこりが身の内のほこりとなって、遂には汚れ〳〵た着物を着ていることができなくなる。脱がなければならなくなるのであります。

胸の掃除の仕方

胸の掃除は神がする、神が箒《ほうき》や、と仰しゃる。そして我々には心入れ替え、心定めよと仰しゃるのであります。具体的には、「心のほこりを心通り身に現わす」お働きを以てなされるのであります。

「大きなほこりは人でも拾ってほかしてくれる。なれど小さいほこりは自分でさえ拾おうとせん。」と仰しゃる通りでありまして、ほこりに気付かず、自分では綺麗だと思っている者は、掃除をせんのであります。そこで目に付きにくい心のほこりを、目に付くように、身上に現わしてお示しくださるのであります。

胸の掃除は神がすると仰しゃるが、神の箒を手にして掃くのは自分であります。それは具体的にはさんげであり、お詫びであります。そのためには自覚が必要であります。そして誠の心と入れ替えることを定めよと仰しゃる。そしてこの誠の心の実行、即ち、つくしはこびの道を日々通るところにほこりを積極的に払う道がある。が先ずは消極的でもさんげがほこりを払う道であります。

これを、おふでさきには、濁り水を澄ますには、「水嚢《すいの》と砂にかけて澄ませよ」と仰しゃる。胸で理の思案さんげが砂にかけること、口でおわびさんげが水嚢にかけることであります。

心のほこりは神一条でない人間一条であります。この人間一条を取り去って、神一条となるのが道の信心であり、そこに信心の徳を頂く道が開けるのでありますが、そのためには、

イ、神一条を定めること

ロ、人間一条を取り去ること

この二つが大事な角目になります。胸の掃除と言えば人間一条を取り去ることでありますが、それは神一条を定めて通ること、即ち熱心に信仰することと相俟《ま》っているのでありまして、その点をみかぐらうた五下り目の三ッ〜五ッにおうたいくだされているのであります。

「八ツのほこりをとるのはたやすいものやで。この障子《しょうじ》のたてつけが、柱も真直なら障子も真直でぴたりとそうやろ。けれども敷居の溝《みぞ》に一粒の豆でもあったらたてつけがそうまい。そんなものやで。この豆さえとったらよう合うのや。八ツのほこりをとるのは、この豆をとるようなもの

でむつかしい事はないで。」と。
「どんな新建ちの家でもな、しかも、中に入らんように隙間に目張りしてあってもな、十日も二十日も掃除せなんだら、畳の上に字が書ける程の埃が積もるのやで。鏡にシミあるやろ。大きな埃やったら目につくよってに、掃除するやろ。小さな埃は、目につかんよってに、放って置くやろ。その小さな埃が沁《し》み込んで、鏡にシミが出来るのやで。」

（『稿本天理教教祖伝逸話篇』）

神はほこりは嫌い。すっきり澄み切らにゃならん〳〵。人間心から見て曇り一寸あれば、底まで濁ったるというも同じ事。

（明治三一年六月一二日）

「わしは懺悔《さんげ》する事はないといえばいきはないものやで」と仰しゃった。
ほこり掃除を草取りとすれば、草取りはとにかくしゃがまにゃできぬのであります。心落して取らせて貰わないと、心の草取りはできぬのであります。

八ツのほこり

心のほこりを払うようすがとして、八ツのほこりを御指摘くだされた。即ち、をしい、ほしい、にくい、かわい、うらみ、はらだち、よく、こうまんの八ツで、その他に口先のきれいで、芯の心のきたない、うそとついしょうという二つを戒められているのであります。

ほこりの心遣いを八ツ御指摘くださる。そのほかにもいろ〳〵とあるに違いないのであります。しかしながら、八ツのほこりは、ほこりを払う胸の掃除の上から、そのよすがとして指摘されたのでありまして、この八ツのほこりを払えば、それ以外のほこりも皆払えるのだと思えばよいのであります。

八ツのほこりは心遣いを仰しゃっているのでありますが、行為についてはどうかといえば、行為も悪しきものは勿論悪しきでありますが、しかし、行為なら誰しも善悪わからんことはないのであって、思案がつくのであります。そこで行為の元であり、思案のつきにくい心遣いのところで、御指摘くだされているのであります。

うそとついしょうは心遣いではなく、行いの方であります。しかし親神様は行為をお嫌いになるのでなくて、うそをいうその心を、ついしょうするその心をお嫌いになるのであります。

八ツのほこりは、たゞ口にとなえていても胸の掃除はされぬのであって、実地に身にふり返って、心にとまるところをさんげせねばならぬのであります。したがって八ツのほこりを更に立ち入って、その角目々々をもっと具体的に思案することが必要であります。つまり八ツのほこりは理の角目を御指摘くだされたものでありますから、をしいと申してもいろいろあり、幾重にもをしいの心遣いはあるわけで、そこのところをわきまえぬと、ほこりでないことをほこりと思い違えたり、ほこりのことをほこりでないように考え違えたりすることにもなる。それでは折角の胸の掃除に支障をきたすから、八ツのほこりの説き分けを知らねばならぬのであります。

八ツのほこりの順番は、どうでなければならぬということはないのであります。教典では別席取次の話の順になっていますが、これは、おふでさき（三号96）より、をしいほしいの順になり、それに合せて、にくいかわいとなっているのであります。

世界悪気やから、われも悪いこれも悪いというて、はねてしもうたら残すにんがない。そこで心さへざんげして、立てかえたらどんなものでも皆たすける。是までのことは、大難小難として皆ゆるしてやると聞かせられる。

（『正文遺韻』）

日々八つ〳〵のほこりを諭して居る。八つ諭すだけでは襖《ふすま》に描いた絵のようなもの。何遍見ても美し描いたるなあと言うだけではならん。めん〳〵聞き分けて、心に理を治めにゃならん。この教というは、どうでもこうでも心に理が治まらにゃならん。あちら話しこちら話し、白いものと言うて売っても中開けて黒かったらどうするぞ。

（明治三二年七月二三日）

八ツのほこりの説き分け

をしいと申しますは、心の働き身の働きを惜しみ、租税やかゝり物を出し惜しみ、国のため道のため人のために身分相当のつとめを欠き、借りたるものを返すを惜しみ、きたなきことは人にさせて自分は楽をしてくらしたき心、すべて天理に叶わぬ出し惜しみ、骨惜しみの心はほこりであります。

ほしいと申しますは、心もつくさず身も働かずして金銭をほしがり、分を忘れてよきものを着たがり良きものを食べたがり、女を見ては女をほしがり男を見ては男をほしがり、着物でもあるが上にもことさら選り好みしてほしがる心はよろしくありません。何事もたんのうの心を治めるが肝腎です。

にくいと申しますは、我が身のためを思うて言うてくれる人をかえって悪く思うてその人を憎み、養子を憎み嫁を憎み、人の蔭口を言うてそしり笑い、その場で出来た罪を憎まず人を憎むはほこりであります。

かわいとは、我が身さえよければ人はどうでもよい、我が子の愛にひかされて食べ物着物の好き嫌いを言わし、嘘を言うことまで教え、男の子も女の子も気侭に遊ばせておくのはよろしくありません。我が子の愛に引かされて悪しき行いも意見せず、我が身を思うて人を悪しく申しますはほこりであります。

うらみとは、我が顔つぶれたとて人をうらみ、我が望み妨げられたといって人をうらみ、誰がどういうたとて人をうらみ意趣に持ち、めいめい智恵、力の足らぬことや徳のないことを言わずして人をうらむはよろしくありません。なんぎするのも心から、我が身うらみであるほどに、とありますから人をうらまず自分の身をうらむがよろしうございます。

はらだちとは、腹の立つのは気まゝから、楽すぎるから、心が澄まぬからであります。人が悪いこと言うたとて腹を立て、間違ったことしたと言って腹を立て、己が理を立て人の理が入らぬから腹が立つのであります。これからは腹を立てず理を立てるようにするがよろしい。短気癇癪は我が身の徳を落とし、我が身の生命を損《そこな》うことがあります。

よくとは、人の物を盗み、人の物を取り込み、人を詐《だま》して利をかすめ、人の目を盗んで桝《ます》目秤《はかり》目尺《さし》目をかすめ、女に迷い男に狂い色に耽《ふけ》るは色欲、人の物をただ我が身につけるは強欲。これみなほこりであります。

こうまんとは、力がないのに我が身たかぶり、人を眼下に見くだし、金持ちは金のちからで人を叩きつけ、役人は上目に媚《こ》び下の方を苦しめる。すべて己れは力は偉い己れは賢いと思うから人をあなどり人を踏み付けにするのや。又、知らぬこと知りた顔して、人を見くだし人のあなを捜す、これがこうまんのほこりであります。

第四節　いんねん

因と縁

「神の道は心の道」と仰せ頂く、その心の道を通るには、いんねんの理を心に治めねばなりません。

いんねんという言葉にはいろいろの意味があり、お道の中でも一義でないのであります。けれどもその根本義は、かしものかりものの教理と直結して、かしものの「もの」の現われてくる元種、身上事情の現成因を縁（間接原因）と併《あわ》せていんねんと申し、特に因の方、種子の意味に用いられるのであります。

また因縁の縁の方に意味をこめて、いんねんが言われることもあります。これは縁談の縁、人と人との関係、つながりでありまして、魂のいんねん、夫婦となるいんねん、住むもいんねんの所という土地のいんねんなどを仰せられる場合は、この縁、特に前生からの縁《えにし》の意味であります。特に、このいんねんを仰しゃる時は、そこにこもる親神様のおはからい、神意を悟るように仰しゃるのであります。

かしものかりものの教理は、第一に神のかしもの心一つにかりもの、ということをお説きくださっているのでありまして、この世の事物の元は親神様であり、またゝめいくの心が元であります。

即ち親神様はめいくの心一つを因縁として、身上をはじめよろづのものを貸与《たいよ》くださり、支配し、守護くださっているということを、仰せになっているのに外ならないのであります。

これが即ちお道のいんねんの教理でありまして、かりものの理といんねんの理は、表裏の関係にあるのであります。

この場合の心一つというのは、心の働きでありまして、心がかりものを使用して、日々に働く心遣いから、行為万般にまで及ぶ心の働きであります。この心の働きが身上事情をはじめ、事物現成の一切の因縁をなすというのが、本教のいんねんの教理の特徴であり、それを天の理法として、親神様が守護くだされているのであります。善きも悪しきも善悪共に心通りを皆その者へ戻す、という天の理法を以て、親神様は人の心を陽気ぐらしへと、心の取締りをなされるのでありまして、この天の理法そのものが、人間の陽気ぐらしを望まれる親神様の筋道なのであります。

因縁という言葉は仏教用語でもありますが、本教のいんねんの教理の独自性は、心一つが因縁をなすこと、そのように親神様が守護されているということの、この二点であります。

この二点、親神様のご存在とお働き、人の心の存在と働きとを忘れては、単なる因果応報の教説になってしまうのであります。

この点、おさしづのいんねんの理の諭しに於て、成る理為す理ということを仰しゃるのでありまして、この成る理と為す理とをしっかり見きわめることが、いんねんの教理を心に治める上で重要な眼目であります。

「しようと思うても成らぬがいんねん、しようまいと思うても成って来るのがいんねんという。」

と仰せられます。

成るもいんねん、成らんもいんねん。何ぼしようと思うても成らせん、又、しようまいと思うても成りて来るが、これいんねん。よう聞き分け。

（明治二七年九月二四日）

前生いんねんの自覚

お言葉に、

神の心に隔ては更に無し。それ隔てられる隔てられん、隔てんならんの一つは前生種により、一つは我が心にもよる。

（補　明治二〇年一二月一日）

とある如く、いんねんは心一つがいんねんに違いないが、その中でもいんねんの根というように、表に現われぬ根の部分、記憶にもない前生の部分、それを今生へと繰り越し持ち越して来たものを、いんねんと申すのであります。前生種がいんねんであり、今生で心のつくる種はいんねんとはあまり申さぬのであります。それは思案すればすぐわかることだから、あえていんねんと申さずともすむからであります。

今生のことは覚えていても、前生のことは覚えていぬから、前生いんねんの自覚はむづかしい

のでありますが、

いんねんと言うて分かるまい。皆これ世界は鏡、皆人間生れ更《か》わり、出更わりしても、心通り皆身に映してあるから、よく聞き分け。（明治二一年二月一五日）

前生の心通り身に映してくだされてあるという。そこで世界は鏡という真理を、我が身に当てて見れば、今当面の事情の姿は、鏡に映った我が前生の心通りの姿に相違ないのであります。そう思案すれば、前生いんねんの自覚ができるのであります。

なくて七癖《くせ》と申しますが、自分の癖性分を自覚することが大事であります。この癖性分は心が持って出た魂の痕《きず》のようなものでありまして、前生持ち越しのいんねんの最たるものといわねばなりません。したがって自分の癖性分を知らぬ者に、前生いんねんの自覚はできぬのであり、癖性分を改めることのできぬ人に、悪いいんねんの納消はおぼつかないのであります。

家族の親―子―孫というタテの系列に於て、自分の前生いんねんを思案させて貰えるのでありります。なぜかといえば、人はよそへ生まれることもあるが、だいたいは、親が子となり子が親となって、元へ元へと生まれかわってくるのだと仰せになっているからであります。又、いんねんの者同士を寄せる。血筋というが、血筋やのうて、親の心の筋を子が引くのやと仰せられます。自分のいんねんは父祖代々のことを尋ねるといろいろ具体的に知らされるのであります。特に悪いんねんを拵えるに到った具体的所業のことは、先祖のことを知るのが一番の近道であります。

また、いんねんには、「袖触り合うも他生の縁」と俗に云うが、縁つながりという意味も人生上大事であって、人や場所とのめぐり合わせにも寄り合ういんねんがあるのであります。このいんねんは夫婦兄弟というヨコの系列に於て思案させて貰えます。

夫婦いんねん見て暮らす、見て通るいんねん、よう聞き取れ〳〵。（明治二四年三月二二日）

と仰しゃる。又、その他、諸々のことも見るいんねん、聞くいんねんで、見聞くなかに自分の前生いんねんを知ることができるのであります。

お道の先輩先人はおたすけに当り、いんねん果たしと思われるような事情身上に当っては、徹底的に得心のゆくまで、その家のいんねんの根を洗い出していかれた。そうすると必ず、成程こういうわけで今こうして果たさねばならんのだ、ということがわかるのでありまして、これが本教の教理に対する絶対信と洞察眼を、培《つちか》い磨くことになったのであります。

いんねんの納消

いかなるいんねんも尽し運ぶ理によって果たす、切る、という理から思やんもせねばならん。

（補　明治三〇年一〇月五日）

と仰しゃるように、いんねんだからといって、宿命のように考えて、諦めてはならぬのでありまして、いんねんを果たす切るという、いんねんの納消を思案せねばならぬのであります。今まではその道が分からなかったが、このたびは、いんねんの理を明かし、いんねん納消の道を教えてくだされたのであります。

いんねん一つの理は、たんのうより外に受け取る理は無い。よう聞き分け。しっかり一つたんのうの理を治めてくれ〳〵。

（明治二九年一〇月四日）

と仰しゃる如く、いんねんの納消に当っては、たんのうよりほかに受け取る理はないと仰せられます。即ち、さんげしお詫びして、たんのうの心を治めて通り抜くことであり、その際の結構との思いが天に届く理、神の受け取る理となるのであって、「ならん中たんのうするが真の誠」と仰しゃるのであります。

ならん中、難渋の中でたんのうはなか〳〵できないのでありますが、その中をたんのうするのは、どうしたらできるかと申せば、「たんのうは前生いんねんのさんげ。」と仰しゃるように、前生いんねんの現われだとしてさんげする思いがあれば、いかなたんのうもできるのであります。「それ世界は鏡、めん〳〵もあんな身ならと思うてたんのうしてくれねばならん。」と仰しゃるように、自分よりももっと〳〵つらい、難渋の中にある人はいくらもある。そのことを思えば結構なのであります。その人と自分と、前生いんねんはといえば、大して違わんのであります。それを今これ位の難渋でおいて頂くのは、どれ程の御慈悲か知れんのであります。

為すいんねん事情、為す事ならどうもならん、と言えば、どうもならん。先の切なみ、今の切なみと聞き分け。（補　明治二八年六月二三日）

と仰しゃる如く、大難小難なのであります。大難小難聞き分ければ勿体ない、結構との思いが湧いてくるのであります。

身が不足通ってたんのう思わりゃせん。人間始め掛けたる理から見てたんのう、世界の理を

見てさんげ。（明治二二年一一月二〇日）

と仰しゃる如く、親神様は陽気ぐらしをさせたい見たい思召ばかりであります。「難儀さそう不自由さそう困らそうという神はない、親はない。たすけたいとの一条である。」その思召を思案して、たんのうさせて貰うのであります。又、元初り以来の親神様の御苦労と親心。それに対して自分はこれまでして来たことはと言えば、報いることは一つもなく、親神様の思召に添わぬ、親泣かせのようなことばかりでありまして、その親不孝の道中をさんげして、お詫びと共に、その中をお連れ通り頂く御守護の勿体なさを思えば、どんなたんのうもできるのであります。

今一つは教祖の道すがらの御苦労を思い、その中をお通りくだされた教祖の御心を偲び、その教祖が存命で、御心放たずお連れ通りくださっていることを思えば、どんな中もたんのうできるのであります。

悪いんねんと徳

いんねんの中でも、悪しき事の現われる元種であるいんねんを悪いんねんと申す。それに対し、善種は善いんねんとはあまり申さぬのであります。その理由の第一は、「善き事は皆喜ぶ事ゆへすぐと現わすが、悪しきの事は皆々喜ばぬことゆへ悪のむくいはだん〱のびる。」その挙句に、「いんねんというは旬を得て芽生える。」という如く現われ出る。そこで、いんねんのさんげをせねばならなくなるのでありますから、いんねんの理の思案の場面は、大概、悪いんねんに限られるからであります。

善き事の元種は、「結構が天の与え」で、専ら親神様に帰すべきものだが、諭しの上からは、善き種とか、理の種とかいう場合もあるが、いんねんの上からは種でなくて、苗代畑の方の善さに帰し、これを徳ということで申すのであります。

徳というのは、要するに心の畑の地味の豊かさ、地力であって、与えという上からは、与えを受ける器《うつわ》のことであります。そして結構な与えは、種次第ではなく、器次第で与わると思案するのであります。

このようにいんねんと申せば、大体は悪いんねんのことであり、善い方は徳という。その中で、いんねんという上からは、善い方は白いんねんということを申しますが、この白は、いわゆる悪に染まりほこりで穢れたものが、洗い浄められて白くなった状態をいうのであって、善種ではなくて、悪種の納消された状態の心のありようを、白いんねんと申すのであります。

立つよう足るよう御守護くださるその中で、立たんよう足らんようになるのが身上事情であり、その挙句、遂には倒れることになる。この倒れるのが身上事情の果てでありますが、それには、いんねん倒れと徳倒れとの、二つの倒れ方があると思案されます。

いんねん倒れというのは、悪いんねんを積み重ね、天の理に迫って、親神様の残念立腹の理が現われて、倒れるのであります。これは悪しき種の芽生えであって、通り返しであります。即ち、我侭は侭ならんという形で、苦しめた理は苦しむ理として、悩めた理は悩む理として、潰した理は潰れる理として、天の借財はその返済として現われ出るのであります。畑で申せば、雑草にとりからめられて収穫できぬという事態であります。

徳倒れというのは、徳が切れて倒れるのであります。徳が切れてなぜ倒れるのかと申せば、御守護が身に付かぬのであります。身に付かぬというのは、器がなくてこぼすということであり、力がなくて拾えぬということであります。そして何もかも身に付かぬと倒れてしまう。なぜ徳が切れて徳倒れを来たすかというと、先ず天の与え、天の恵みということを知らぬからであります。それで天の与えの頂き過ぎ、お礼が足らぬ、不足が多い、この三つの心から、遂には徳倒れという事態を招くのであります。畑が痩《や》せ切って育たぬ事態であります。親神様は倒れぬよう、倒れる前に、ころばぬ先の杖として、親心をおかけくださっているのでありまして、これが即ちおてびきご意見であります。

食物がなくて食べられず、栄養失調で倒れるのは、食物の与えの生まれる種がないからでありますが、食物があっても食べられず、又食べても下痢をして栄養失調で倒れるのは、これは徳が切れたからであります。この種と徳の両方を思案せねばならぬのでありまして、倒れぬためには、種蒔きと徳積みと、この両方の実行が要ることになるのであります。

第八章　道すがら

第一節　つくしはこび

はこぶ つくす 理の三年

つくしはこびは対句にして言われるように、つくしとはこびを厳密に区別できぬが、つくすのは心をつくす、はこぶのは身をはこぶ、ことの意味であります。

心をつくすといっても、心だけつくすわけにはいかぬのでありまして、物をつくし、手をつくし、力をつくし、身を以てつくすのでありますが、しかもその実は心をつくすのであります。

一方はこぶのは、足をはこび、身をはこび、そして、教え通りを身にはこぶ、実践実行することで、足はこびが伴わぬと、はこびとはいえぬのであります。

即ち、つくしはこびのつくしは実践実行の心の内実、はこびは外形行為の面に着眼して申すのであります。

つくしはこびは何といっても、道につくしはこぶのであります。そして道につくす、道のためにつくすのは、心つくすと共に、金銭財産その他一切合財をつくすことにもなるのでありまして、

運んで了《しま》う、尽して了う。身代無くなろ。めん〳〵一人で無くなして了うは何にもならん。道のためあちらへもこちらへも種を下ろし、道のために尽したなら、何処からでも芽を吹く。

（明治三〇年五月二一日）

また、こうした意味から運ぶのは、教会に運ぶのでありまして、その本元は、

みれバせかいがだん〳〵と　もつこになうてひのきしん

と仰しゃるようにおぢばへ運ぶのであります。このもっこは土を運ぶために担うのでありまして、空もっこになうておぢば帰りをするのではないのであります。そうした点から、更に具体的に、つくしはこびのつくしは、金銭等を御供として出しつくすこと、はこびは教会へ足をはこぶ参拝と、身を以ての寄進をすることの意味に用いられるのであります。

有名な口伝のお言葉に、

はこぶ三年つくす三年理の三年、三三九年の年限しゅびよく通りきりて、たいて〳〵の道と

いう。よう理を聞き分けるよう。

というのがありますが、このお言葉は、「尽す理は三年と言うて置く」（明治二二年五月一六日）とのお言葉があるように、つくしはこびの大切なことを強調されたお言葉として知られているのであります。

が、それと共に、むしろ、

何程尽せども果さにゃならん。これを聞き分けねばならんで。（明治二二年三月二一日）

と仰しゃる点を、つくしはこびのその上に強調されているのであります。

このお言葉の「理の三年」とは、又「よう理を聞き分けるよう」と仰しゃる理とは、いんねんの理のことでありまして、前生いんねんの理の思案と納消の三年、つくしはこびのその上に、なをもいんねん果たしの道を通ってくれねばならんということの諭しであります。

つくしはこびが貯金なら、果たしは借金の返済であります。それを貯金するから借金がなくなると思ってはならんのでありまして、一方は貯金、一方は返済と、つくしと果たしを両天秤《てんびん》にもっこかついで通らせて貰わねばならぬのであります。

ひのきしん

親神様の大恩は、かりものの御恩をはじめとして、だん／＼お聞かせ頂きますが、その御恩に対して、御恩報じをせよということは、直接は仰しゃらぬのであります。それは我々が我が心より恩に感じ、報じさせて頂くことだからでありますが、その中にあって、ただ一言仰しゃるのが、「ひのきしん」ということであります。

ひのきしんは先ずは「日の寄進」でありまして、日々の寄進、乃至は一日の日（の働き）を寄進することであり、又日の元への寄進、ひのもとしょやしきの神のやかたである、おぢばのおやしきへの寄進であります。

ひのきしんの意味合いは、広げれば教典に誌されているように、神恩報謝の思いで事に当るならば、それは悉《ことごと》くひのきしんであるし、また狭めれば、みかぐらうたに仰しゃる如く、元のやしきおぢばへの寄進であります。

日々寄進させて頂くのは、親神様の御守護は日々であるから、日々に報じさせて頂くのであり、一日の日の身の働きを以て寄進させて頂くのは、身の内かりものの御恩という上から、身の寄進で報じさせて頂くのであります。

おさしづでは、

たすけとても一日なりともひのきしん、一つの心を楽しみ。（明治二三年六月一五日）

と一例だけありますが、一日なりともひのきしんというのは、含蓄のある言葉であります。即ち本来は日々させて頂くところだが、それができぬので、一日なりともという意味もありましょうが、一日なりともおやしきの御用をさせて頂こうと、出てくるのがひのきしんなのだということであります。

即ち、一日なりとも、二日なりとも、三日なりともといって、おやしきの御用に馳せ参じ、御用に立ち働かせて頂くのがひのきしんなのであります。

そのことからすれば、半日なりとも、一ときなりともということにもなりますが、日々の寄進なら、一日に一ときなりとも一寸々のひのきしんでありましょうが、国々からおやしきへ参じての日の寄進という上からは、一日まるごとの思いであります。掛魚を供えるにしても、片ぺらや切身というわけにはいかぬのでありまして、神様への寄進は、大きい小さいは抜きにして、一匹丸ごとというのでなくちゃならんのだと思われます。

そこでひのきしんをわけるとすると、
イ、日々に一寸なりともひのきしん
ロ、一日なりともひのきしん
ハ、今日一日をひのきしん
この三つでありまして、更に、日々に今日一日をひのきしんというのは、寄進の生活、日々に今日一日の働きを、自身の身を神様に捧げてゆくということで、いわゆる道一条といわれる生きざまであります。

ひのきしんの理と効能

ひのきしんは、てをどり実践の信仰を鼓吹《こすい》される、みかぐらうたの教理であります。
ひのきしんの理合いについては、七下り目で、ひのきしんとは神の田地に種をまくことだ、と御教示くだされているのであります。そしてやしきが神の田地である。即ちひのきしんはおやしきへの伏せ込みである。そして神の田地は種を蒔きに来さえすれば、誰でも手に入れることのできる田地である。しかもその種まきは、「わしもしっかり種をまこ」と、しっかりまかせて頂くのが、種とお受け取り頂くのであると仰しゃっているのであります。

ひのきしんの効能については、十一下り目で仰せられているのであります。即ち、夫婦揃うてのひのきしんが第一の物種、物のお与えの種であり、慾を忘れてのひのきしんが第一の肥、心の畑の肥、即ち蔭徳となるのだと仰しゃる。またひのきしんはいつ〳〵までも土持ちなのであって、もっこ担うて土を運んで来る者には、やしきの土を持たせて帰す、国の土産に持たせて帰す、まいた種ごと持たせて帰すということを仰しゃっているのであります。

今まではこの神の思いがわからんので、ひのきしんに出てくる者がなく、それが残念でならなかった、これから皆ひのきしんに馳せ参じることを、お待ち望みくだされているのであります。なお、物種は、その昔、つとめ場所の神床の下に、永代の物種として伏せ込まれていたものが、山中家に伝えられてあり、逸話篇の中に誌されている。それによると文字通り物のお与えの種であります。

ひのきしんと申しても、空もっこ担ってきたのでは、ひのきしんにならぬのであります。それでは、やしきの土、即ちおたすけの理を頂けぬのであります。

また、ひのきしんをせぬ者は、第一の理の種まき、第一の理の肥をせぬのだから、いんねんの切りかえは、なかなか容易でないということになります。お道を通る者は、ひのきしんをさせて貰わねば、行く末かけての結構をお見せ頂くわけにいかぬのであります。そこで、おたすけのお願いに当っても、「わしもこれからひのきしん」という心定めをして願いに来いと、三下り目の八ッに仰しゃっているのであります。

おぢばのおやしきがひのきしん場所であります。そのひのきしん場所を、国々各地にお許しくだされたのが教会であります。名称の理とは、ひのきしん場所としての理であると申せます。そうすることによって、ひのきしんの輪を広げてくだされたのであります。お道の者は皆どこかの教会に所属していますが、それは自分の直接のひのきしん場所を、そこにお与え頂いているということであります。そうして種まき徳積みの道を、推し進めてくださっているのであります。

みかぐらうたのおうたに従って、次のようにも言われます。

やむほどつらいことはない　わしもこれからひのきしん　勤労のひのきしん
みればせかいがだん〱と　もつこになうてひのきしん　おつくしのひのきしん
ひとことはなしハひのきしん　にほひばかりをかけてをく　にをいがけおたすけの　ひのきしん

おつくし

金銭の御供をおつくしと申しますが、理立て、おつなぎなどの呼び方もあります。金銭をなぜ御供するのかというと、「金銭は二の切り」といって、金銭は命の次に大切なものとされるから、御供するのであります。御供には御恩報じの御供と、納消の御供とあります。納消の方は裸になる、心の出直しをする、貧に落ち切るひながたの道にならっての納消であります。

おつくしと申して、つくしの代表になっていますが、本来金銭の御供でのつくしは、尽くす、空っぽになる意味がありますから、持てる金銭をすっかり御供するのがおつくしであり、底があるのはおつくしとは云いにくい面もあります。おつくしはしっかりやらせて貰うので、なんでもどうでもの真実のつくしとなる。それ以外は、金銭つなぎによる御礼のつなぎ、いわゆるおつなぎと申した方がよいかもしれません。

おつなぎというのは、日々に、月々に、身上かりものの御恩をはじめ、親神様の御恩に報謝申す、御礼の心をつないでゆくことであり、それを金銭つなぎの道とお聞かせ頂く、金銭の御供を以て、御礼心の微意をつないでゆくという意味でおつなぎであります。

御用御供というのもあります。特におやしきや教会のふしんの御用に、伏せ込ませて頂くのであります。道につくすというように、貢献するという意味でつくしをいう場合のおつくしは、これがそれに相当するものであります。

「たすけふしぎふしん、しんじつの心をうけとるためのふしぎふしん。」と仰しゃる。そこで「頼もしい〳〵心供えば受け取る。泣く〳〵するようでは神が受け取れん。」「百万の物持ってくるよりも、一厘《りん》の心受け取る。」と仰しゃる。おつくしもつくしである以上、心づくしであるからであります。「つくして嬉しい」というお言葉がありますが、嬉しい思いの中からおつくしさせて頂くことが大事であります。

理立てというのは、金銭つなぎの道で理を立てることであります。したがって御供は皆、親神様に対する信仰の上からの、理立てであるとも申せます。

たゞ理立てに於いて肝心なことは、理の立つことであって、理立てによって、理が立つかどうかに頓着なく、たゞ理立て〳〵と形式に流れては、こちらは理を立てているように思っても、理の立たぬことが、応々なきにしにもあらずでありますから、注意を要します。

理立てにはお礼の理立て、お願いの理立て、お詫びの理立て、心定めお誓いの理立てがあります。

この理立てを考える際忘れてならぬのが、あの有名な、「実があれば実があるで。」「実を買うのやで。価を以て実を買うのやで。」との仰せであります。

命あっての物種と言うてある。身上がもとや。金銭は二の切りや。今、火事やと言うたら、出せるだけは出しもしようが、身上の焼けるのも構わず出す人は、ありゃせん。大水やと言うても、その通り。盗人《ぬすと》が入っても、命が大事やから、惜しいと思う金でも、皆出してやりますやろ。

悩むところも、同じ事や。早く、二の切りを惜しまずに施しして、身上を救からにゃならん。それに、惜しい心が強いというは、ちょうど、焼け死ぬのもいとわず、金を出しているようなものや。惜しいと思う金銭・宝残りて、身を捨てる。これ、心通りやろ。そこで、二の切りを以て身の難救かったら、これが、大難小難という理やで。よう聞き分けよ。

（『稿本天理教教祖伝逸話篇』）

第二節　はこびの道

天然自然の道

この道は天然自然の道であります。天然自然の理に添ってゆくようにと仰せられます。また順序ということを仰しゃるが、この順序にはかりもの順序もあるが、主に天然自然の順序の理であります。

おさしづのお言葉に、

天然の理に添うて行け。天然の理に添うて行けば、一つも踏み被《かぶ》りは無い程に〳〵。

（明治三四年二月一〇日）

はこびの道に於て最も大事な点であり、この事を承知しておらぬと、はこびまちがいをすることがあるのであります。

では、天然の理に添うて行くとはどういうことであるかといえば、

独り出けて来るは天然自然の理

（明治二四年六月六日）

今年で行かねば来年。……成るよう〳〵は天然という。

（明治二四年八月一九日）

今年に蒔いて、今年に取れようまい。一時に見えるは天然とは言えようまい。

（明治二五年六月一五日）

成らん事をしようと言うて成るやない。なれど成らん事でも、しようと思えば一時成るやろ。なれど続く、続かんの理を思やんせよ。天然自然の理も聞き分け。成る処は成る、成らん処を無理にと言えば天然とは言えようまい。

（明治二五年七月二七日）

頭から大きい事情は望まん。小さい所から掛かるなら、生涯の理が治まる。小さき事情によって天然の理という。小さきもの大きく成るが理。

（明治二三年二月一六日）

お道の成り立ち自体が天然自然の道であります。

どういう道もこういう道も、皆神の道やで。……学者がした道でもなし、人間心でした道でなし、真実の神が天然自然の理で、五十年の間付けた道である。

（明治二〇年陰暦七月）

したがってこれからも天然の道を通れ、と仰しゃるのでありまして、成程道は天然自然の理である。天然自然の理で治めるなら、どれだけ危ない所でも怖《こ》わい所でも、神が手を引いて連れて通る。天の綱を持って行くも同じ事。（明治三三年二月一一日）

天然の理という。心に理を治め。成る道成らん道、成らん中の道が天然の道である。……これから天然の道という、長い道ある。どんな事も積み、天然の理である。こうなったらどうと、小さき心を捨て〻了い、大きく咲く花の理と心を治め。（明治三三年四月八日）

さあ〳〵たすけ一条は天然自然の道、天然自然の道には我が内我が身の事を言うのやないで。天然自然の道は、長らえて長く通る事が、天然自然と言う。天然自然の道通るには、難儀な道を通るので、先の楽しみと言う。今十分の道通るのは先の縺《もつ》れと成るのやで。（明治二一年八月一七日）

天然の理の上からの思案として、天候に譬えてもお諭しくだされます。

長くの道すがらなら、照る日もあれば曇る日もある。雨も降れば風も吹く。どんな日もある。これから聞き分けて、心たっぷり大きく持って治めば治まる。とんと成る日も成らん日もある。よう聞き分け。成るも成らんいんねん聞き分け。（明治二八年一月一四日）

一日の日雨降る、風吹く、春の日はのどか。一年中はどんな日もある。（明治二二年五月七日）

いつまで晴天の日はあるまい。（明治二〇年四月六日）

順序の理

はこびの場面で順序ということ、順序の理に添うて行くことは、まことに大事であります。順序の理には大きくわけて、生成の順序と存在の順序（秩序）とがあります。つまり成って在る事物の成る場面と、在る場面での順序であります。おさしづではいろんな意味で順序を諭されますが、基本的にはこの二つの場面に於てであります。

生成の順序というのは、種・苗代、いんねんの理によって成る、という順序でありまして、

イ、種があって芽生えがある。種から芽生える。

ロ、その種は小さいものであって、小さいものから大きく成る。

ハ、種はまいてもすぐ芽生えるものではない。旬を得て芽生える。芽生え成長には暇がいる。

以上三つの点の思案であります。そして、こうした生成に於ける、順序の理に添ってゆくこと

をお諭しくださるのでありまして、
イ、種があって芽生えがある以上、種まきに精を出し、種を楽しむのが、順序の理に添うことになる。
ロ、小さいものから大きく成る以上、最初掛かりは小さい処から掛かるのが、順序の理に添うことになり、無理をすることは要らんし、仕切る事要らんと仰しゃる。
ハ、種が芽生え大きく成るには、年限がかかるのであって、先案じや、あせることなく、年限を楽しむ心、成るよう行くようの心をお望みくださるのであります。

立毛《りうけい》の育つも、この世始めも同じ事、無い人間を拵《こしら》えて、初めより、ものが言えたやない。一年経てば一つ分かる。又一つ分かれば、又一つ分かるように成って、もの言うように成りたも同じ事。順序事情の道を伝うて、何事も一つ〳〵分かる。（明治二〇年八月二三日）

存在の順序とは、親があって子があるという順序であります。生成ではなくて、実在としてそうだということであります。また、根や元幹《みき》があって枝葉がある、元ありて枝という順序であります。

この順序よりして、枝は枯れても根はそのまま。根が枯れなければまた芽を吹くが、枝が栄えても根が枯れれば立ち枯れになる。この存在の順序の理に添うというのは、親を立て元を立て、根に肥をおく報恩の道であります。

元々だん／＼元々の元、又元がある。この順序諭し置く。（補　明治三二年三月一八日）

世界大恩忘れ小恩送る、というような事ではどうもならん。この順序早く聞き取って、心にさんげ、理のさんげ、心改めて、ほんにそうであったなあ、と順序の道を立ったら、日々理を栄える。（明治三四年二月四日）

成って在るという順序の上から、心次第にかりものという順序、また、いんねんによって成る成らんといういんねん順序ということも仰しゃるのであります。

神というは隔て無い。内々とも人間身の内かしもの順序よう聞き分け。世界の処幾何人、順序の理を見て聞き分け。（明治二〇年三月二五日）

成ろと言うて成るものやない。又成ろまいと言うても成りて来るいんねん順序は世上へ諭す。（明治三二年九月三日）

案じ疑い

「明日日を案じていては、ほしいをしいも取れやせん。」と仰しゃる通りでありまして、先案じの心を戒められるのであります。

案じて案じ、案じには切りが無い。

案じると善い事は思やせん。今日の事を案じれば来年の事も案じにゃならん。

（明治二〇年七月二三日）

案じては案じの理を回る。案じは要らん、と、大きな心を持ちて理を治め。（明治二一年六月）

案じる理は案じの理を拵え、案じるように理を拵え、気がいずむ。一つ大き理を定め。旬来れば花が咲く。

（明治二二年一月二四日）

身上は案じる事要らん。案じると善き事を捨て丶切なみより思わん。

（明治二五年五月一日）

（明治二八年一〇月三一日）

お道の信仰に於ては、先案じもさることながら、案じ疑いの心を特に戒められるのであります。

そこで、神の言うこと疑うな、信じて通れ、神の心に凭《もた》れつかねばならん、と仰しゃるのであります。

先案じということも、そのこと自身がいかんというより、神の道を通りながら、先案じをするのがいかんと仰しゃるのであります。元の神・実の神様であることを教えて頂いているのに、先案じをするのは、教えを信じず、親神様を疑っていることになるのであります。また、先案じの心、案じ疑いの心から、教えの実行ということがおろそかになり、実行力が鈍るのであり、それでは折角の御守護も、頂き損なうようになるからであります。

心に案じ、神の道とは言わん。（明治二四年七月二八日）
神に随《つ》いて心に掛かるような事ではならん。（明治二九年七月二三日）

夜の道と昼の道とを違えてはならんと仰しゃるのであります。
夜の道を昼の道と思い違えて、何も心にかけずして通れば、つまづいたり、掘割に身をはめたりせにゃならんくなる。また逆に、昼の道を夜の道と思い違えて、先案じの心を先立て、恐る〳〵通るようなことではならん。神がちゃんとしてやる道は、昼の道を通るも同じ事。それを夜の道のように思って通るから、先案じをせにゃならんようになる。又世上の道は夜の道だが、それを昼の道のように思って、心許して通るから、つまづいたり、身をはめたりせねばならんくなるのだ。

と仰しゃるのであります。

三才心になれと仰しゃる。

小人三才の心というものは、何にも心に掛けんものや。三才までは何にも分かり難ない。小人一つの心に思うて、すうきり心に思わんよう。

（明治二二年一一月七日）

三才児《みつご》のように案じ心をなくせと仰しゃるのであります。

重荷を持つなと仰しゃるのであります。

さあ〳〵これだけの荷持てば何にも案じる事は無い、と言うて世界の道。さあ〳〵重荷を持てば途中で休まんならん、軽い荷を持てばすうと〳〵出て行ける〳〵。

（明治二一年一〇月一〇日）

一年で行かにゃ二年、二年で行かにゃ三年五年という、将来の心定めてくれ。重荷負うて走らりゃせん。これ持ってはどうもこれ通る事出来ん。

（明治三五年九月二日）

この重荷の一つは先案じの用意心、今一つは仕切る心であります。

不足

不足を言ったり、不足の思いを持つことを戒められるのであります。不平不足と申しますが、不足とは足らんことを悪くとるのが不足であり、隔たりを悪くとるのが不平であります。

親神様のかしもの、お与えは、「結構が天の与え」であり、神の方には不足の身体は貸してない。不足というは、めん／＼の心より。

（補　明治二〇年一一月八日）

と仰しゃるように、物に不足はないけれど、心に不足があるのでありまして、どんなに結構なものでも、受ける心に不足があれば、不足になるのであります。

不足というのはこぼす理であります。器がないからこぼす、こぼれただけが不足する。又、不足するだけこぼすのであります。不足するのは受けているのではなく、受け損なっているのであ

ります。不足を言うのは、丁度天につばするようなもので、つばは皆我が身に返ってくるのであります。これを、

不足は不足の理回る。（明治三一年一月八日）

不足はあちら縮める、こちら狭ばむ。（明治三三年七月一四日）

また、

不足と言うては、どうもならん。不足と言うては与えてないで。（明治二四年五月二〇日）

日々不足事情持たず、十分という心定めてみよ。（明治二三年一二月一八日）

不足の言葉は口臭のようなもので、腐った心から出るにをいでありまして、その言葉を聞くまわりの者の心を腐らせるのであります。当人は気がつかぬが、聞く者の心を腐らせいずませるのは、不足心だということは明らかであります。

たんのうはつなぐ理、不足は切る理と申します。とりわけ人に対する不足は、人を切り、人《にん》の徳を失うのであります。人に対する不足は、ほしい思いが強いからで、ああしてほしいこうしてほしいとの思いは、いつも不足の思いを引き出します。

互い〳〵礼言うように成りてみよ。不足ある。丹精する。不足ありて丹精と言えるか。日々丹精という理に成りてくれ。日々皆礼言わにゃならん。

（明治三一年一〇月一日）

自分たんのうすれば、先はたんのう。銘々不足思えば、先の不足は何ぼとも知れん。

（明治三〇年一二月三〇日）

足らんのはつくし足らんのだということです。与えが足らんのではなくて、働き足らんのであります。目に見えた働きはあっても、蔭の働き、伏せ込みが足らんのだと思案して、不足の思いを湧《わ》かしたり供えたりせず、なおもつくさせて貰うことが肝腎であります。

道につくしても、不足の思いを添えては、折角まいた種も受け取って頂けぬから、芽が出ぬことになるのであります。地中で腐る腐り種をまくことになります。したがって道につくしはこぶ道中に於ては、なおもこの不足をよくよく心に戒めて通らねばなりません。

つくしはこびの効能について、

尽す理にして大難小難としてある。

（補　明治二四年一月）

道のため運ぶ尽す理は日々にある。

（補　明治二八年四月三日）

第三節　誠真実

真実誠

真実誠の心神の望みと仰せられ、誠の人、成程の人になるように、との仰せであります。このことはおかきさげに、篤《とく》とお諭しくだされている点であります。「誠真実火にも焼けない。水にも溺《おぼ》れない。」と聞かせて頂きます。

私達は誠真実となにげなく申しますが、おふでさき、おさしづでは、誠と真実とは多少違うのでありまして、誠にはだん〳〵あり、いわゆる人の善心は皆誠であるのに対し、真実と仰しゃるのは、なんでもどうでもという精神、我が身どうなっても、身を捨てても構わんという精神で貫くことを、真実、真実誠と仰しゃるのであります。

何も分からん時から、何でもと運んだ心の理は真実の理、人ともいう……

（明治二三年一〇月一日）

「闇の夜は声を頼りについて来い、夜が明けたなら成程という道があるほどに。」と仰しゃる、その道すじは、教祖が御自ら、ひながたに実証されているのでありますが、教祖と共に艱難辛苦の道中を通られた方々には、「先はこうなると、ほんの言葉一つを楽しませて連れて通りた」と仰しゃる。ほのか〳〵の中を通られたその心、真実誠の人であります。

皆何でもという心で日々働いてる間の心。将来の理は誠、誠は神が十分付き添うて守りてやろう。

（明治三三年五月七日）

難しいと言えば、どれだけ難しいとも分からん中に、どうなりてもという、真実欲しい。

（明治三三年九月九日）

今までの処何でも〳〵という精神受け取りたるで。何でも〳〵と思えば根が差す。根が差せば、根から芽が出る。……誠が心の錦である。

（補　明治二〇年一一月一八日）

誠は誘うに誘われん。誠は丸ごとやなけにゃならん。また、誠を先にとってはならん、誠は尽きんと仰しゃる。

誠を先に取ってはどんならん。誠は一寸に捜しても無い。誠は尽きん、尽きんが天の理。誠と言うて居れば、これより誠は無いと思う。なれど直《じ》き曇る。今日は晴れたと思えば変な所より雲が出る。
（明治二三年一一月二一日）

したがって、お道を通るには、つくした上にもつくさせて頂いて、底をつくらぬようにすることが肝腎であります。

またお道を通る中に、身上事情のならぬ節を見せられて、これほどつくすのに、と心曇らすようなことがあっては、誠とは言えぬのであります。

これ程尽すのにと、これなあ治り治りたらなあと、これさい治りさいしたなら、これさいなあと曇る心は、誠に言えんと。
（明治二一年八月三日）

これだけ尽し思うのに、何で身が悩むと思う、日々に思う心が身に障《さわ》るのや。誠真実定まれば身は速やかという。
（明治二二年六月一八日）

心の誠真実をわけると、誠の心、真心と、心の誠、心の実、心の真実の二つになります。
真心は低いやさしい素直な心、正直な心、たんのうの心、人をたすける心、育てる心、つとめる心。
心の実はならん中たんのうする、なんでもという精神、思い切ってつくす心、蔭からつくす心であります。

たんのう

おかきさげに仰しゃるように、誠の心はたんのうの心と、人をたすける心が誠と仰しゃる。たんのうには、充分たんのう満足の心と、ならん中たんのう、結構という心の二つがあります。たんのうは真の誠より出る。真の誠はたんのう。たんのうは直ぐに受け取る。

（明治二四年一二月三〇日）

ならん中たんのうするは誠、誠は受け取る。

（明治三〇年一〇月八日）

誠あればこそ、たんのうの心定まる。そこで、たんのうより受け取るものは無い。たんのうは誠。誠は天の理や。

（補　明治二三年五月一三日）

『たんのうは、単なるあきらめでもなければ、又、辛抱でもない。日々、いかなる事が起《おこ》ろうとも、その中に親心を悟って、益々心をひきしめつゝ、喜び勇むことである。』

ならん中たんのうし、心発散させて貰えるのが、道の信仰のお蔭でありますが、その理の悟りには、次のようないろ〳〵の悟り方の場面があります。

イ、親神様の親心を思ってたんのう。自分は神の子である。御心をかけてくださっているのだ。成人させてくださるのだ。将来を思ってお仕込みくださるのだ。大難小難にしてくださるのだ。

ロ、親神様の御守護を思ってたんのう。元の神実の神様なのだ、だから精神次第で必ずお働きくださるのだ、必ずおたすけくださるのだ。又、今現在が大きな御恵みを頂いているのだ。これまでどれほど御恩を下されたか、それを思えばまことに勿体ない。この位のことで不足言うようではまことに申し分けない。

ハ、いんねんの理を思ってたんのう。種があれば、土台が弱ければ、器次第の与えだから仕方がない。根がゆるめば枝が枯れる。根ざしの悪い方へ枝が枯れるのだ。種は旬を得て芽生えるのだ。

ニ、先を楽しんでたんのう。徳をつけてくださるのだ、理づくりをさせてくださるのだ。節から芽が出るのだ。伏せ込みの肥が効くのだ。運命の転換をはかる機会を与えて頂いたのだ。

ホ、教祖を思ってたんのう。教祖はどんな御苦労もくだされたのだ、それを思えば勿体ない。

その教祖が見ておってくださる、連れて通ってくださるのだ。この苦労が親にならせて貰うのだ。教祖が教えてくださったのだから間違いない、そうさせて貰えばよいのだ。

梅谷先生が次女の方を亡くされた時、教祖にその事を申し上げると、「それは結構やなあ」と仰せられた。先生は聞き違いされたのだろうと思って、重ねて申されると、「大きい方でのうてよかったなあ」と仰せられたとのことであります。

飯降おさと様おやしきに入込まれて後、とかく子供をいぢらしく思って、不足の心の湧くこともあった中に、身上障りに付きお願い申すと、「親としては子によいものきせたいと思うやろ。子供があれほしい、これほしいといへば、ふびんに思うやろ。なれどよいものきせたいと思うやないで。よいものいらん。不自由しよう難儀しようと云うたてでけぬ日があるほどに。」と仰せられ、以後心改めて末を楽しんでおくらし遊ばされたという。

（『正文遺韻』）

鴻田先生、教祖のお伴して、奈良監獄に御苦労なさった時、教祖のお言葉に、

「どんな辛い事や嫌な事でも、結構と思うてすれば、天に届く理、神様受け取りて下さる理は、結構に変えて下さる。なれども、えらい仕事、しんどい仕事を何んぼしても、ああ辛い

なあ、ああ嫌やなあ、と、不足々々でしては、天に届く理は不足になるのやで。」と、お諭し下された。

（『稿本天理教教祖伝逸話篇』）

人をたすける心

人をたすける心を誠と仰しゃると共に、誠なければ人をたすけられんと仰しゃるのであります。

たゞたすけ一条の心治め、人を救けるは誠。睦まじが第一。

（補　明治二一年二月五日）

さあ〳〵人間の誠の心の理が人の身を救けるのやで。さあ〳〵人の誠の心が我が身救かるのやで。皆々めん〳〵もこの理を心から聞き取りて、我が身が救かるのやで。

（明治二一年八月九日）

人を救けるという心、救けにゃならんが天の理、救かるも天の理。

（補　明治二四年七月七日）

人を救ける道なら、救かるは天の理である。日々の理である。

（明治三四年一一月四日）

めん〳〵が救けて貰うた理によって、救けにゃならん。……救ける心あれば、救かる理は無くばならん。

（明治三三年一〇月二六日）

おふでさきにも、「はなし一条たすけ一条」という上から次のように諭されます。

たすけでもをかみきとふでいくてなし　うかがいたてヽいくでなけれど　三 45
このところよろつの事をときヽかす　神いちじよでむねのうちより　三 46
わかるよふむねのうちよりしやんせよ　人たすけたらわがみたすかる　三 47

月日の身の内とお聞かせ頂くこの世にあっては、万事が二つ一つ、互い立てあいたすけあいという月日の理に貫かれているのでありまして、このことを厭《いと》えば、月日の身の内において頂くことはできぬのであります。そこで「なにかよろづのたすけあい　むねのうちよりしあんせよ」と仰しゃるのであります。

立て合い、たすけ合いの心のつくし方は、十柱の神様のお働きの理に、わけても、月様日様のぬくみ水気の五分々々の理に拝することができるのであります。また月様日様の御守護は、立つよう足るようの守護であります。人は立たん、足らんを案じ、不足の種にして、我が身が立つ、足る、という、たすかることに腐心するのであります。月様日様の御守護の内にあっては、立つよう、足るようにしてくだされているのであります。だから、その御守護に報いる道を、即ち人が立つよう、人が足るようにさせて頂けばよいのであって、これが人をたすける心と、人たすけの実行であります。おふでさきに、

いまゝでハせかいぢうう八一れつに　めゑ〳〵しやんをしてわいれども　十二　89
なさけないとのよにしやんしたとても　人をたすける心ないので　十二　90
これからハ月日たのみや一れつわ　心しいかりいれかゑてくれ　十二　91

神の望みと仰しゃるお言葉を挙げると、次のようなものがあります。

皆一手を神の望み。（明治三一年七月二五日）
外の錦より心の錦、心の錦は神の望み。飾りは一つも要らん。（明治三五年七月二〇日）
優しい心神の望み。悪気々々どうもならん。（明治三四年三月七日）
一代はどうでも苦しみ通りてくれるは、神の楽しみ。（明治三三年九月一四日）
重荷を人に持たすやない。重荷という、重荷は、めん〳〵が持ってするは、これ神の望みである。（明治三三年一〇月二六日）
不自由の道通るは天然の道という。神の望む処である。（明治三五年七月一三日）

どんな事でも、人の事と思わず、飛び込んで運ぶは神の望み。

（明治三九年五月二六日）

成人の目標

親神様は子供の成人を待ち望まれる。その成人とは、親神様のお望みくださる御心に添うことであります。

成人とは大人になること、一人前の人になること、真実の人になること、でありますが、特に子供が大人になるという上から思案するとき、私達人間は、どこまで成人しても、親神様の子供であることにかわりないのでありますから、大人になるのは、親の代わりするようになる、親の手助けをして弟妹の面倒を見ることであり、また親の思いを聞き分けて、親の思いに添ってゆくことであります。

心の成人という上からは、心が大人になる、即ち小さい心が大きい心に成らせて貰う、心の大きな人に成ることであるとも思案されます。

小さい心はたすかりたい心、大きい心はたすけたい心。一帖間と十帖間、千畳敷との違いであります。

親神様のお望みは一言に申せば、「誠一つが天の理」で、誠の心をお望みです。

この誠についていろ〳〵にお諭しくださり、いろ〳〵に悟らせて頂けますが、結局は私達の為す事を、しっかりやらせて貰うのが誠であります。

その為す事とは、つまるところ二つのこと、即ち受けることとつくすこと、入れることと出すことでありまして、食べることと出すこと、つく息引く息、聞くことと言うこと、皆この二つのどちらかに入ってしまうのであります。

そこでこの二つのことをしっかりやらせて貰う、しっかり受け、しっかりつくす、それが誠であります。

そしてこの受ける方を、たんのうが誠と仰しゃり、つくす方は、人をたすける心が誠と仰しゃり、それをしっかりやれ、真実を出せ、まことをつくせと仰しゃるのであります。

この受けるのに二つあります。即ち理を受けるのと、物事を受けるのとであります。理を受けるのは、知る、分かる、悟る、という方面であり、物事を受けるのは、感謝報恩御礼の心であります。

出しつくす方にも二つあります。即ち目上に向かってつくすのと、目下に向かってつくすのとでありまして目上に向かってつくすのは、親孝心、つとめ一条、目下に向かってつくすのは、親心をつくす子育てと、たすけ一条であります。

そこでこの四つの方面で、しっかりやらせて貰うのが誠であり、しっかりやらせて貰うように成るのが、成人するということであります。誠の人にならせて貰うことであります。そしてこの誠の人となることを、成程の者、成程の人と仰しゃるのであります。

したがって、成人目標としては次の四つが掲げられます。

イ、理を受ける場面では、理の悟りの鮮やかな人に成ることであります。

ロ、物事を受ける場面では、感謝報恩の心の湧いて出る人に成ることであります。

ハ、たすけ一条の場面では、人だすけの心の旺盛《おうせい》な人に成ることであります。

ニ、つとめ一条の場面では、親孝心の強固な人に成ることであります。

第四節　神一条の精神

一すじ心

神一条の信仰における一条、一すじは、心のありようでありまして、一すじ心であります。

この一すじ心こそ、人間の雛型であることを、元初りのお話にお聞かせくださる。即ち夫婦のひながたであるうをとみとについて、このうをは心は真直ぐで正直なもので、脇目もふらず向う へ〳〵と進むものであった、その一すじ心を見澄して貰い受けられたのであります。またみも、素直で正直な心のもので、その身一すじの心なるを見澄して貰い受けられたのであります。このうをとみ、いざなぎのみこと、いざなみのみことを父母として、生れ出た人間であります。このお方を心の魂の雛型と頂いている人間であります。即ち人間の本然の魂は、一すじ心、真なる心は一すじ心、心の実は、一すじ心の一すじなるところに実があるのだということを、このお話で教えて頂いているのであります。

一すじというのは、二すじ、三すじでないのが一すじであります。また一すじは真直ぐで曲折のないこと、更には切れ目断絶のないことであります。一すじ心は二また三またでない。二つ心がない。その意味では素朴で純情純真であり、脇目もふらず、道草くわず、一直線に進んでゆく心であります。

また、「心素直が神が好く」と仰しゃるように、素直正直な心。理屈を言わぬのを素直といい、嘘偽《いつわ》りのないのを正直という。更には飾らず素朴で慎み深く、聞き分けがよく、すぐ実行に移すのを、素直というのであります。

正直は素直なる心、何事につけても、はい〳〵といえば素直な人やという。神様の仰しゃることを疑い心あっては、はい〳〵という理ではない。疑いなくして西を向けといえばはいという。東を向けといえばはいという。はい〳〵という心の理には、はいあがるという理があるでと仰しゃる。素直なる心の理が身に徳のつくもと、身があがる理であるほどに。

（『正文遺韻』）

おふでさきで一条と仰しゃるものを分類すると、次の三つになります。
イ、神一条。
ロ、神の一条（の思い）。たすけ一条、可愛一条、と仰しゃるのはこれに入る。
ハ、つとめ一条。かんろだい一条、肥一条も同じ使い方であり、たすけ一条という神の一条の思いを込めたつとめという意味で、（ロ）のたすけ一条の具体化であります。それと今ひとつには、つとめによる神一条、つとめの徹底勤修の意味で仰しゃる場合もあります。
そして、神一条とは、我々人間の親神様に対する一すじの心であり、神の一条は、親神様の我々人間に対する一すじの御心であります。

教祖は神一条、たすけ一条の道を歩まれた。この神一条とたすけ一条との関わりは、我々に於ては、たすけ一条は神様の一条の思いであり、その思いを受けて働かせて頂く。更にはその神の思いと同じ一つ思いにならせて頂くのが、我々に於けるたすけ一条であります。即ちたすけ一条は、神一条の一面であります。では神一条の、たすけ一条に対するもう一つの面は何かというと、それはつとめ一条、ぢば一条、ひのきしん一条であります。

神一条

お道の信仰のありようを、神一条と仰せられる。神一条とは神一すじ、神様一途、神様目標ということであります。

明治十六年御休息所のふしんの折、梅谷先生に対して、教祖は、

「四郎兵衛さん、人がめどか、神がめどか。神さんめどやで。」（『稿本天理教教祖伝逸話篇』）

と仰せられたのであります。

ひとがなにごといはうとも　かみがみているきをしずめ

神一条とは、人間心の理をまじえぬことであり、人間心の理は、自分や一家の都合であり、また人間同士の義理であります。

人間の義理を病んで、神一条の理を欠いてはどうもならん。（明治二三年四月二七日）

神の道を一つも立てず、あっちの顔を眺め、こっちの顔を眺め、人間の義理を立てる。神の道とは言えようまい。（明治二七年四月三日）

みかぐらうた三下り目の六ッ以降に、神一条でなければ、天に通ずる願いにならぬことを仰しゃっていますが、その中で、

むりなねがひはしてくれな　ひとすぢごゝろになりてこい

無理かどうかの理は、親神様の思召にあるのでありまして、親神様の思召に叶うように願えば、無理な願いでない。この理を立てるお願いの場面での、神一条のありようであります。

なんでもこれからひとすぢに　かみにもたれてゆきまする

これは親神様を心に戴き、親神様とその仰せ、そのお言葉、その教えに絶対の信頼を捧げて、それを身に行ってゆくことであります。

やむほどつらいことハない　わしもこれからひのきしん

これは親神様に対するひのきしんとして、身を捧げるという神一条のありようです。そこに元の神・実の神の証拠たるべき、不思議なたすけをお見せ頂き、神一条の信仰を高揚深化させてくださるのであります。

元の神・実の神の信仰は、神一条の信仰とならざるを得ないのであります。

神一条ということは、おさしづで特にお諭しくださることでありますが、そこで仰しゃる神一条とは、特にさしづ通りということであります。即ち、

神のさしづ通り用いぬから、どうにもならんことになるのだ、さしづを願えば諭しはするが、どうでも用いるという精神がなければならん。さしづを聞いてもその場だけで、勝手のよいさしづは用いるが、都合の悪いさしづは聴き流しにするというようなことではどうもならん。

そのようなことで神一条といえるか。

このさしづ通りということは、更に広げれば、御教理の上から理の思案をさせて頂き、天の理に添うてゆくことであり、親神様の思召をあらゆる判断の基準ものさしとして、事に処してゆくことであります。

諭した通りの道を通るから、神の道。（明治二四年一一月九日）

これから先は人間心すっきり要らん。もうこれから神一条という道を立てにゃならん、立てさゝにゃならん。立てさして見せる。（明治二二年一〇月二三日）

精神次第の道

本教はお道というように道であります。道は通る道、歩く道であります。歩く通るというのは、実践実行ということであります。実行とは行いの実を表わすことであります。そして神の道は細い道だと仰しゃる。その神の道に行いの実を表わすには、精神の力なくしては通れぬのであります。この道は力つくしての道であります。

「守れば守る」と仰しゃるのでありまして、御教理を身に守る、堅き誠の心をもって、実践実行するから守って頂き、結構をお見せ頂くのであります。

神一条の信仰の鍵は精神の力つくして通ることであります。そこで、

何でもという心なら、一条の道という。

(明治三〇年九月八日)

皆銘々心より、胸三寸より千筋道があるのやで。

(補　明治三六年頃)

この道は心次第の道。一条の道を万筋に通るは皆心という一つの理から出る。

(明治三〇年二月一日)

この道はまことに精神次第の道であります。それについての教祖のお話に、大きな河に、橋杭《ぐい》のない橋がある。その橋を渡って行けば、宝の山に上ぼって、結構なものを頂くことが出来る。けれども、途中まで行くと、橋杭がないから揺れる。そのために、中途からかえるから、宝を頂けぬ。けれども、そこを一生懸命で、落ちないように渡って行くと、宝の山がある。山の頂上に上ぼれば、結構なものを頂けるが、途中でけわしい所があると、そこからかえるから、宝が頂けないのやで。

（『稿本天理教教祖伝逸話篇』）

一すじの神の道を、一すじ心で一すじに通るには、定め心が肝腎であります。心というものはコロコロ変わるので心という如く、変わらぬ誠の心で、一すじに通ることはなかなか難しいのでありります。その変わる心に、不動の杭を打ち込むのが、心定めであります。そこで生涯の定めをするように仰しゃるのであります。

一つの理によって、生涯不自由見にゃならん処、芯定めて出るによって、救かる処聞き分け。……心得までに諭し置くによって、日々と定まりたる理が日々という。

（明治二六年四月二九日）

この道は精神次第の道でありまして、親神様のお働きも精神次第であると仰しゃるのでありま
す。

おかきさげにも、

「自由という理は何処にあるとは思うなよ。たゞめん〳〵精神一つの理にある。」と仰しゃる。「出来ん事出来るが神の道。」であり、「西向いている者東向けるも神のまゝ。」と仰しゃる如く、親神様のお働きを頂けば、成らざるはなく、そのお働きは、私共の精神一つにかかっているのであります。

心の精神の理によって働かそう。精神一つの理によって、一人万人に向かう。神は心に乗りて働く。心さえしっかりすれば、神が自由自在に心に乗りて働く程に。

（明治三一年一〇月二日）

我が身捨てゝも構わん。身を捨てゝもという精神持って働くなら、神が働く、という理を、精神一つの理に授けよう。

（明治三二年一一月三日）

もうあかんかいなあ〳〵というは、ふしという。精神定めて、しっかり踏ん張りてくれ。踏ん張りて働くは天の理である、と、これ諭し置こう。

（明治三七年八月二三日）

神の道は細い道

おふでさき第一号の有名なおうたは、神の道を通る者の在り方をおうたいくだされております が、教祖の道すがらは、まさにおうたいくださる通りの道中であられたのであります。けわしく さみしい山坂、茨に袖や袂《たもと》をとられる茨畔《ぐろう》、一歩踏み違えば身をすべらす崖道、白刃を突きつけ られる剣《つるぎ》の中、ねたみそねみの火で焙《あぶ》られる火の中、深く冷たい水中に身を沈め、息をつめてじ っと耐え抜くような獄中の淵中、そのどれ一つをとっても、人間思案や先案じを出して横道へそ れたり、ひき返したりしたのでは、それ仕舞であります。

こうした障碍《しょうがい》に挫折せず、どこどこまでも通り抜け、くぐり抜けてゆくのが一すじなのであり まして、一すじ心の一すじたる所以は、これら障碍を乗り越えるところにあるのであって、「いわ をも貫き通す真実ほしい」と仰せられるのであります。

この道は人間心でいける道やない。天然自然に成り立つ道や。千里つゞいた藪《やぶ》中を、針のと ぐわで道を拓くような心で通れ。この道は山中のはえこもった所に道をつける。踏みしめ、叩きしめして道をつけるから道がひまどる。ごもくかきのけ、柴切り払い、どんな大木でも邪魔になるものは切り払うてしまうで。なんぼひまどっても、つけきらにゃならん。邪魔になるものは、どんな大木でも大石でも取り払ってつけ通すという神の思惑。（『正文遺韻』）

一すじ心は、細道を、難儀不自由艱難辛苦の道を、通るところに発揮されるのであります。また、神の道は細道通っての往還道（大道）なのであります。そこで神の道である細道を、一すじ心で通るところに、神一条の信仰があるのであります。これを「神の道は心の道」、「細い道は心の道」と仰しゃるのであります。即ち、

往還道は世界の道、細い道は心の道、心の道は誠、誠は天の理、天の理であたゑという。細い道を外せばばったりと。（明治二三年四月六日）

そして、この細道を通れということを、おさしづで再三にわたってお諭しくだされているのであります。

真実一つで難儀不自由の道を通りて、今日の日という。（明治二二年九月一六日）

難儀不自由してこそ理の種と言う。（明治三〇年一〇月一二日）

どんな艱難もせにゃならん、苦労もせにゃならん。苦労は楽しみの種、楽しみは苦労の種、

と皆聞いて居るやろう。

（明治三九年一二月六日）

世界の道は千筋、神の道は一条。世界の道は千筋、神の道には先の分からんような事をせいとは言わん。

（明治二二年一一月七日）

神の道は一すじで、先のわからんようなこと、又先で困るようなことはささん。それに対して世上の道は千筋またがりの道であるから、今よいように思うても先で縺《もつ》れる。この一すじ道である神の道を一すじに通るのが、これが神一条であります。

第九章　よふぼく

第一節　思惑の人

よふぼく

『親神は、一れつたすけの切なる思わくから、多くのよふぼくを引き寄せようと急き込まれる。』

たん〳〵と月日にち〳〵をもハくわ　をふくの人をまつばかりやで　十三 84

この人をどふゆう事でまつならば　一れつわがこたすけたいから　十三 85

親神様の日々の思惑、思召はこればかりであります。多くの人を待つばかりであると仰せられます。それというのも、世界一れつたすけたい上からでありまして、世界たすけの人材として使いたい。多くの人材がなければ、親神様の世界一れつたすけは、成就せぬからであります。どこで待っておられるのか、おぢばのおやしきで待っておられる。おやしきへ寄り来るのを、待っておられる。そして直接には、その出張り所である、それぞれの教会に寄り来るのを待っておられるのであります。

親神様の思召は、せかい一れつのたすけであります。したがってその思召を聞かせて頂き、親神様を信仰するお道の信者は、自身がたすかる道を歩むと共に、親神様の思召実現の上に、立ち働かせて頂かずにおれぬのでありまして、お道は、信者悉《ことごと》く布教者であります。

この道に付く者は、いかなる契機にせよ、親神様のおてびきを頂いて、道に付いたのでありまして、親神様がおてびきくださり、お引き寄せくださるのには、深い思惑あってのことであります。それはせかい一れつたすけの御用の上に、働いて貰いたいとの思召からであります。

『親神の望まれる陽気ぐらしへの普請の用材……これをよふぼくと仰せられる。』

せかい一れつのたすけをふしんに譬え、その役に与《あずか》る人々をよふぼくと仰しゃる。よふぼくとはふしんの用材、特に柱になる木という意味であります。

このさきハをふくみへくる人〻を　はやくしらしてをことをもゑど　四 9

だん〳〵とめつらし人がみへてある　たれがめへにもこれがみゑんか　四 10

にち〳〵にみにさハりつくまたきたか　神のまちかねこれをしらすに　四 13

だん〳〵とつとめのにんぢうてがそろい　これをあいつになにもでかける　四14

おふでさきではよふぼくは、つとめ人衆になる人材のことであります。つとめ人衆は、おぢばのかぐら本勤の人衆に限って用いることになっていますが、各教会に於て、つとめをする奉仕の人衆も含めて、更には、取次のかわりとしてその印に、教祖からおさづけを頂戴しているのでありまして、おさづけの取次という、教祖のたすけ一条の御用をさせて頂くさづけ人衆、おたすけ人衆を、よふぼくと申しているのであります。

よふぼくといわれる時は、よふぼくに育てる、ということで、そのために手入れする、仕込みをすると、そういう神の思惑があることを自覚せよとの仰せの時に、よふぼくと仰せられるのであります。

よふぼくは太くて真直ぐで、ふしのないのが一番であります。

よふぼくについて、おさしづ（明治二八年一〇月七日　刻限）では、年限の経った者でなければよふぼくとして使えん。では若い木は使えんかといえば、年限経ったら使える。しかも今間にあうよふぼくでは数が揃わん。そして言葉一つがよふぼくの力であって、それに凭《もた》れて育つのだから、さしづ通り神一条で通ってくれないと、あとに続くよふぼくが育たんことになると仰しゃるのであります。

人足・道具

みかぐらうたでは、よふぼくを、石や立木もないかいなと仰しゃっている。この石や立木もというのは、簡単には女のよふぼく、男のよふぼくということにもなりましょうが、またその資質、神のよふぼくの資質ということを、示唆《しさ》頂いているようにも思われます。

石といえば、これはくにさづちのみことの理で、泥海中のお姿はかめ、踏ん張り強く地に付いて倒《こけ》ぬもの、心倒さず根気強く、ねばりぬく者であります。

又用材という上からは、硬い大きな石、石の硬さは堅き誠の心であります。

立木といえば、これは月よみのみことの理で、泥海中の御姿はしゃち、勢い強く突っ張る者であります。

又用材という上からは、歪《ゆが》まず真直ぐで、太く長いのが用材であります。

このやる気と根気、勇気と辛抱、この二つを兼ね備えた者は人材であります。

みかぐらうたでは、よふぼくを大工とも仰しゃり、更に大工の棟梁に四人いると仰しゃる。これは大工の仕事の場面に、よふぼくの働きの場面を示唆くだされているのであります。

おふでさきでは、神の待ち望まれる人材を、よふぼく以外にも呼ばれ、第一〇号では、つとめの人衆、取次（の人）、人足等呼ばれる。このうち、人足については、「月日にんそくつれてゞるぞや」と仰せられていますが、人足は運搬の事に携《たずさ》わる人夫のことで、月日親神様が、世界へ働きに出られる時に、お伴する者のことでありまして、今日で申せば、たすけ一条の道の路銀であるおさづけの理を戴いて、国々におたすけに出る、よふぼくがこれに相当すると思われます。これらは別の人を云われるのではないのであって、同じ思惑の人を、その役割に於て呼び分けられるのであります。親神様はその役割に応じて何を仕込まれるかといえば、

つとめの人衆にはおつとめ（の手）を。
取次の人には、元の理、こふき即ち教理とご守護話を。
人足には、神の働き、たすけのこうのうであるおさづけの理を。
よふぼくには、神一条の信仰精神を。
これらを仕込まれるのがよふぼくであります。

又、道具、元の道具と仰しゃって、おやしきに魂のいんねんのあることと、使命を自覚するようお促しくだされているのであります。これは元の道具衆の魂のいんねんの方々にのみ当てはまることとすればそれまでだが、もっと広く、道のよふぼくは、皆道具衆としての思惑をこめて引き寄せて頂いたのだとすれば、次のように悟ることもできます。即ち、道具衆という上からは、元初りに於ては、人間創造のための道具として寄せられたのが、このたびはせかい一れつのたすけ、おたすけの道具として寄せられる。その真実の性根を見定めて道具に使われた如く、このたびもその真実の性根を見定めて、おたすけの道具に使ってくださる。元初りにうなぎやかれいがそうであった如く、道具衆の真実誠を見定めて、胃腸や呼吸器系のおたすけの道具に使ってくださるということであります。

使うてみて使い良いは、いつまでも使うで。使うてみて、使い勝手の悪いのは、一度切りやで。

（明治二〇年三月一五日）

勝手の良い者用い易い。勝手の悪い者用い難《に》くい。

（明治三三年一〇月三一日）

道具衆として使い勝手の良い道具にならせて貰わねばなりません。こちらの勝手でなく、お使いになる親神様、教祖の方の勝手に添わせて頂くことであります。

取　次

よふぼくは取次人であります。

おやしきの取次は、最初こかん様が、次いで仲田佐右衛門先生等がなされた。その取次というのは、教祖と参詣の人との取り次ぎであります。教祖の取次でありますと共に、教祖への取次でもあります。

今日で申せば、別席や仮席の取次人は教祖の取次へお聞かせくださるお話の取次であり、一方おさづけや事情のおはこびの際の言上の先生は、教祖への取次であります。即ちおやしきの取次人を申すが、広義には別席をはこんでおさづけを戴き、おたすけの上からお話を取り次ぎ、おさづけを取り次ぐ者は、皆その取次の代わりをするのであって、取次人であると申せます。

教祖御在世当時おさづけを頂かれた先生方は皆取次であり、取次人の印としておさづけを下されたものと思案されます。とすれば、今日皆が頂戴するおさづけもそれと同じで、教祖の取次としての立場資格をお認めくださった印として、下されるものであると申せるのではないでしょうか。

取次という上からは、おふでさきでは、

このよふの元をしいかりしりたもの　どこのものでもさらにあるまい　十 47
しんぢつにこの元さいかしいかりと　しりたるならばどこいいたとて　十 48
このはなしなんとをもふてきいている　これとりつぎにしこみたいのや　十 49
しんぢつのこふきがでけた事ならば　どんな事でも月日ひろめる　十 93
月日よりひろめをするとゆうたとて　みなの心ハしよちでけまい　十 94
それゆへにとりつきよりにしいかりと　たのみをくからしよちしていよ　十 95
このひがらこくけんきたる事ならば　なんどき月日どこい丶くやら　十 96
にち〳〵にとりつぎの人しいかりと　心しづめてはやくか丶れよ　十 97

これよりして、取次が取り次ぐべきお話は、
第一に、この世の元、即ち元の神・実の神であられる親神様のことをお話し申す。
第二に、親神様が元の神・実の神であられる証拠、存命の教祖とぢばの証拠、つまりこの道のおたすけの実話を取り次ぐのであります。

こふき本として残されているものが、明治十五、六年当時の取次の話の台本と申せるのであって、教祖が取次にお聞かせくださるお話を、取次が書きまとめたものであると誌されているのであります。

こふきとは、おふでさきではおたすけのご守護とからんで仰しゃっており、その意味から、ご守護によって、実証された話という意味で、それには、元の理即ち、この世の元初りの話と、立教以来の教祖の道すがら、更には、道の子の信心のこうのう話があります。

理づくり

取次という上からは、器《うつわ》がなければ、取り次げないのでありまして、自分自身が取次の器とな. らせて頂くよう、器をつくらせて頂くことが肝心であります。器という上からは、第一にこぼさぬ器、第二に大きな器、丈夫な器であります。

常々に器づくりを心がける、これを理づくりと申します。いわゆる伏せ込みであります。お言葉にも、「重く徳を積んで理が効く。」と仰せられます。

私共は取次という上から、いろいろ無理なお願いを、親神様、教祖に申さねばならぬのでありますが、無理な願いをお聞き届け頂くには、やはり日頃から、一見無理と思えるようなことも、しっかり聞かせて貰い、受けさせて頂くことが、なければならんわけであります。無理なことを受けねばならん時には、これが将来の伏せ込みになるのだと思えば、嬉しく受けさせて貰えるのであります。

どんな事も伏せ込みを思い念じて、将来大きく御用を果たさせて頂くことを楽しんで通らせて貰うのが、よふぼくたる者の心掛けでありまして、そう心定めたら不足の思いは湧いてきませんし、もし不足したらすぐ気がついて、早速にお詫びさせて頂くようになるのであります。

不足を言ったり、不足の思いが湧くのは、器という上からは、こぼす器、こぼれる器であって、取次の器としては失格であります。そこで、「我が身の不足云うていては人はたすけられません。」と聞かせて頂くのであります。

「取次に理がわかりて十が十ながら、神の心にかなうようになったなら、取次に皆何事もまかせよう。そこで、病でも直る直らん、取次の云う通りに守護する。そこで世界から話医者というようになるで。」と仰せられた。
（『正文遺韻』）

教えの取次には、御教理の取次だけではなくて、それを実地に身に行うて通った上からの話がなければ、生きた取次の話とならぬ場合もあるのでありまして、この実地の話にはいろいろありましょうが、その代表は、さんげ話とご守護話（おたすけ話）であります。

更に加えれば、自身が今道に志して通っている心定めの理の話があります。

にち〳〵によふほくにてわていりする　どこがあしきとさらにをもうな　三 131

親神様は、よふぼくを、神のよふぼくに仕込んでくださるのでありまして、親神様に見込まれた者は、そうでない者より余計にお手入れも頂くのであります。したがって、道を通る中に、厳しくお手入れを頂く者は、親神様がお育てくださっているのだ、大きな御期待をかけてくださっているのだと思って、喜んで通らせて頂くことが肝心であります。

善い者に障り付くはどういうもの。ほこりの者に障り付かんと言う。直ぐに行けば多く日々取次要らんもの。一人のために道を弘めたんやない程に。ようこれを聞き分け。皆世上救けたいため。一人のためやない。世上救けたいために弘めた道。その道うっかり思て居てはならん。この道諭しの中から出けた道。ほこりの中から付けた道やない。

（明治三三年五月一七日）

第二節　おさづけ人衆

別席順序

『かくて、引き寄せられて親里に帰り、別席順序を運ぶ。だんだんの席を重ね、話の理によって、ほこりを払い、行《おこない》を正すうちに、心は澄んで、たすかりたいとの願《ねがい》は、たすかって貰いたいとの念《おもい》となる。そこに、さづけの理が授けられて、心は生れかわる。』

おさづけを戴くには、別席順序を運ばねばなりません。

別席は、だん〳〵の席を重ねて、その話によって、心を洗い、真実の心に生まれ更わらせて貰うために運ぶのであります。

別席について、次のように取り次がれます。

別席と申しますのは、人間世界をおはじめくだされた親神様の思召をお伝えする席であります。……別席には順序というものがあります。

一度お話を聞いただけでは、聞き落としやとり違いがあるかもしれません。又、忘れるということもあるのでありますから、そこで同じ理のお話を九度聞かせて貰い、そのうちにだん〳〵のお話により、すっきり心を洗うて成人させて頂くのであります。只今も申しましたように、別席のお話は、理を味わい、身に行うことが眼目でありますから、又同じお話じゃと思うておろそかに聞いたのでは、せっかく運んでもなんにもならないのであります。このだん〳〵の席を真実の心で運ぶ理によって心が生まれかわり、その生まれかわった心に、結構なるおさづけの理をお渡しくだされるのであります。

順々の理を以て話、月々の席、もう一箇月済んだと思えど、心に理が治まらねば何にもならん。何ぼ席々と言えど、心の理によってこうのうが無い。席をして順序運べば、さづけは渡そう。なれども落す日もあるやろ。これ知れんで。

（明治二二年一一月二五日）

日々別席する。諭しよで間違う。取りよう〳〵で間違う。もう何ぼ切り長い話しても、第一の理を聞き取る事出けん。こゝと〳〵折り目切り目の理を聞かし、十人なら十人、一二三と言うたら、それに違わんように諭して貰いたい。……紋型も無い処からのこの道の結構という、元の理を諭さにゃならん。……長い話した処が、中に飽いて来る者が出ける。そんな席何ぼしたとてどうもならん。そこで九遍という。九遍さえ追うたらよいというだけではならん。同んなじ事九遍聞かしたら、どんな者でも覚えて了う。まち〳〵の理を諭しては何にもならん。

（明治三一年五月一二日）

おぢばへ帰らせて頂いて、別席順序をはこんで、おさづけの理を戴くのは、生きながら魂の生まれかわりをさせて貰うようなものであります。そこで別席順序の理を、産み出しになぞらえて申すこともできるのであります。

九度の席を運んで満席になるのは、教祖の胎内で、即ち教祖の真実の教えの内で、お育て頂くのであって、いよいよ臨月になって産み出して頂くのが、おさづけの理を頂く本席の場である。そこに取次が三名付くのは、をびや三神の理で、そのあと仮席があるが、これは後産《あとざん》の理である。おさしづでそう仰しゃったわけではありませんが、先人達はこのように悟り諭して来たのであります。

おさづけの取次の心

おさづけの理について、
さづけ〳〵と言うたる、さづけというはどの位どれだけのものとも、高さも値打も分からん。さづけ〳〵も一寸に出してある。一手一つにもさづけ出してある、同じ理を出してある、皆一手である。重い軽いありそうな事情は無い。だん〳〵たゞ一つ、さあ受け取れという。それだけどんな値打があるとも分からん。道具でもどんな金高い値打でも、心の理が無くば何にもならん。
（明治二三年七月七日）

物は取りよう、与えは受けよう、道具一つは使いようでありまして、おさづけは、一言、「さあ受け取れ」と仰しゃってくださるものでありますから、我が心の受けよう一つであります。しっかり受け取らせて頂くところに、おたすけのこうのうを見せて頂くのであります。

みかぐらうたに、「二ニ　にっこりさづけもろたら　やれたのもしや」と、ニッコリ頂戴することを仰せ頂くが、これは、おさづけの理を戴く時のみならず、おさづけの取次の度毎に申せることで、ニッコリさづけを取り次がせて頂くよう、これがおさづけ人の方針であります。

おさづけの取次は器《うつわ》がなければ取り次げぬのであります。その器は、めいめいの心の器であって、取次の上からは、常に器づくりを心掛けねばならぬのでありますが、その中にあって、器として大事なのは、こぼさぬ器であります。

このこぼさぬ器というのは、信じるという一点につきます。おさづけを信じ、親神様のお働き、教祖のお働きを信じて取り次ぐということであります。

疑うというのは、器としては、穴があいた漏る器でありまして、信じれぬというのは、底の抜けた器であります。おさづけは、「なぜてでもさすってでも、たすけてやりたいという親の思いを取り次ぐのや。」と聞かせて頂く通り、教祖の御心を取り次がせて頂く。教祖の名代と申すべき役を果させて頂くのであります。それによって、教祖にお喜び頂き、教祖の親のお徳を頂くのであります。

おさづけの取次に於て、「あしきはらいたすけたまへ天理王命」と願うのは誰かというと、これは病人ではなくて、取次人であります。したがって、おさづけに於けるお願いは、取り次ぐ者のお願いであります。人のためにおたすけを願う、これはまさしく誠であります。なんでもたすかって頂きたい、たすけて頂きたいという思いをこめて願うのであります。ということはまた、その願いに実をこめさせて頂くのは、これまた病人ではなくて取次人であります。自分の願いに自分が実をこめるのは当然であります。受け取って頂くかどうかは、取次人の実のこめ方一つにかかっているということがいえるのであります。

おかきさげの諭し

さあ〳〵だん〴〵の席返す〳〵の席をして、さあ（今日の）一日の日というは生涯の心、（治めた）一つの理を以て（十日）一つ席とす。席に順序一つの理は、よく聞き分け。席に順序（重ねて諭す）一つの理は、生涯の理を諭す。生涯の理を諭すには、よく聞き分け。（神は）難しい事は一つも言わん。どうせこうせ（は）これは言わん、これは言えん（めん〳〵の心あるから）。言わん、言えん（そ）の理（めん〳〵の心通りという理）を聞き分けるなら、何かの理も鮮やか（分かる）という（ことだ）。それ人間という身の内というは、神のかしもの・かりもの、心一つが我がの理。（そしてかりもの使う）心の理というは、日々という常という、日々常にどういう事情（に）どういう（心の）理、幾重事情（に）どんな（心の）理、どんな（心の）理でも（善悪共に神は）日々に皆受け取る（そして返す）。（神が）受け取る（返すその）中に、たゞ一つ自由という一つの理。（この）自由という理は何処にあるとは思うなよ。たゞめん〳〵（のなんでもと受け取り返す）精神一つの理にある。日々という常という、日々常に（受け取り返すこの精神）誠一つ（が肝腎）という。誠の心と言えば、一寸には弱いように皆思うなれど、誠より堅き長きものは無い。誠一つが天の理（である）。天の理なれば、（誠あるならどんな心も神は）直ぐと受け取る直ぐと返すが一つの理。（神は自由自在に働くことができる。そこでめん〳〵も身の内自由叶うのだ）よく聞き分け。又一つ、一名一人の心に誠一つの理があれば、（それを台に）内々十分睦まじいという一つの理（一手の姿）が治まるという。それ世界成程という（のだ）、成程の者成程の人というは、常に（この）誠一つの理（があるの）で自由（叶う）という（ことだ）。よく聞き取れ。又一つ、これまで運ぶという、尽すという。運ぶ尽す中に、互い扶け合いという（ことをいうが）、互い扶け合いという（の）は、これは諭す（上からの）理。（自ら実地に）人を救ける（その）心は、（なんでも受け取る）真の誠一つの理で救ける（返し尽くす心をいうのであって、その心の）理が（人が救かり自らも）救かるという（ことだ）。よく聞き取れ。又一つ、これまで運ぶ尽す一つの理（こうのう）は（神が受け取り返してあるから）、内々事情の理、めん〳〵事情の理に（大難小難十分結構とたんのうの心を）治め。又一つ（若い者には）、第一（に受け取るべき処）の理を諭そう。第一には、所々に（あって）手本雛形（と成るよう、そして人に）、諭す事情の理の台には、（何といっても）日々という、日々には家業という（一家のための働き）、これが第一。又一つ、内々互い〳〵（の仲睦まじく）孝心の道、これが第一。（この二つ（を守る誠）一つが天の理と諭し置こう。

さあ、これより先永く（生涯の心定めて）変わらん事情に（重ねて生涯の理を諭しておく）。

さづけ人衆の生涯の心得をお諭しくださるのが、おかきさげであります。したがって、我々は常に反復拝読乃至は暗唱させて貰って、心に治めて通らねばなりません。その大意は、

イ、おさづけを受け取る今日の心を、生涯の心として通るよう。そこで今日の日に生涯の理の諭しをする。

ロ、先ず第一に、どうせこうせ云わん神の思いを汲んで、自らの真実をつくせば、神はそれを受けとる。

ハ、なかでも、身の内かしものかりもの、心一つが我がものという理を心に治めよ。そして、かりもの自由叶う道は、日々常々にどんな事も受けて通る、たんのうの精神一つにある。

ニ、この精神、誠一つが天の理である。
ホ、この誠があれば内々睦まじく治まり、人々も成程と慕い、身内の処も自由叶うようになるのだ。
へ、次に又、はこぶつくす方では、人をたすける心が大切で、そのなんでものたすけ一条の心次第に人も自らもたすかる。
ト、又、つくしはこびのこうのうは、大難小難として皆我が身にかえってきてあることを知れ。
チ、若い者には、第一の理として所々の手本雛型となること。
リ、事情に当っての諭しの台（を拵えるの）は、日々と内々、家業第一、親孝心第一という二つの点である。
ヌ、以上この諭しを心に治めて、生涯をたすけ一条で通るために、神のたすけ一条のこうのうの理を授けるから、しっかり受け取れ。

おさづけの取り次ぎ方

おさづけの取次

二拍手して、言上でお願い申し上げる。
住所、氏名、年齢、願いの筋、
即ち、病名、いつからかその経緯、おわび、心定めを以て、三日の日を切ってのお願いを申すのであります。
次いで、三々九へんの理の取次をして、二拍手して終わる。

取次の仕方
イ、あしきはらい三度唱え、手を振って、「なむたすけたまへ天理王命」と、患部に三度撫ぜて取り次ぎ、それを三度。
ロ、撫ぜ方は上から下、又は中央から脇へ。
ハ、肌直ぐ、肌近くに取り次ぐ。
ニ、目と耳は二つ一つの道具だから、両目、両耳患うているときも、一度に取り次ぐ。
片方の時は患うている片方に取り次ぐ。
ホ、二カ所以上取り次ぐときは、拍手を打って終わらず、引き続き取り次ぐ。
ヘ、順序は上から下へ、前面から背面へ。

上から下は頭、腕、胴、足の順で背面は、肩、背中、臀の順。
顔面の道具は目、耳、鼻、口の順。

取次上の心がけ

イ、取次者は上座に着く。下座に着かぬようにする。
ロ、服装は取次者としてふさわしい身なり。
ハ、手を洗う。
ニ、急の場合は、姿形にこだわらず、その旨お断りやお詫びを申して、勇んで取り次がせて貰う。
ホ、病人は合掌又は手をおろしたままの姿勢。
ヘ、病人や添い願いの者は、取次が二拍手する時は、手を打つなら取次にあわせて二拍手。
ト、身上以外は取り次がない。

話一条たすけ一条

心にはお話を身にはおさづけを取り次ぐのであって、やまいの元は心からであるから、どうでも心に真実の神様のお話を取り次がせて貰わねばなりません。更には、お詫びのすじや、心定めのすじについても御取次させて頂くことになる。

たすけの理話は、かしものかりものの理であるが、より具体的には、おつとめ地歌に聞かせて頂くところであります。

第一は、一寸はなし一条。元の神様・実の神様であること、実の親様であること、親神様のおてびきであること。

第二は、あしきはらいたすけたまへ天理王命一条のこと。

即ち、心のほこり身に障り付くお手入れであること、身の内のご守護のこと。

たすけたまへのお願いと、たすけてくださることとの絶対信仰。

その上からおつとめをしてお願いさせて頂くこと。

話一条とおさづけの理との関係について、渋柿の心に甘柿の芽を継いで、さづけの肉を巻くのだ、とお聞かせくださる。

第三節　布　教

かやしのもようだて

親神様のせかい一れつたすけの思召は、朝夕おつとめで唱えているところでありまして、世界中の人間の胸の掃除をして一れつの心澄み切り、ぢばにかんろだいを建て上げることが究極目的であり、理想であります。そのための道をつけてくだされたのが、この道であります。したがって、一切の布教活動、おたすけ活動は、この目的達成のための努力であり、それ以外のものであってはならないということになります。

自分一人の胸の掃除さえおぼつかないのに、せかい一れつの心澄み切るなど、はたして可能か。それは親神様のお働きによって可能となるのであります。即ち、胸の掃除は、善悪共に心通りが身に現われ出たらできる。そこで心通りを皆現わすと仰しゃるのであります。

このお働きを「かやし」と仰しゃる。かやしを受ける者にとっては「通り返し」であります。しかもこの「かやし」は、あくまでたすけ一条の思召の上からのかやしでありますから、かやしを受けることが、即心澄み切ることにつながる、その段取りができなければ、働きに踏み出せん。それゆえに、これまで控えていたのだとの仰せであります。

そこで世界中の胸の掃除の道は、この「かやし」のもようだて、猶予《ゆうよ》の解除、の段取りをつける道でありまして、現実の布教活動の一切が、このもようだての、一つ〳〵の努力にほかならないのであります。

親神様はおつとめによって、かやしの働きに勇み出られる。と共に、おつとめによってかやしを鎮められる。即ち、つとめをする真実の心次第におたすけくださるとの仰せであります。

取次の話としては、元を教えたい。又、神の働き皆言うておけ。更には、こふきをつくりひろめよとの仰せであります。

今日の時点でのもようだては、何よりも、この取次のよふぼくのもようだてでありまして、親神様のかやしに際して、誰にでも、どこででも取り次げる、よふぼくの体勢を整えることであります。

教祖の立教以来の道すがらは、かやしのもよふだて、即ち、つとめのもよふだての道すがらであったのでありまして、これを、やしきの掃除ということと共になされたのであり、やしきの掃除からせかい中の胸の掃除へという思召であります。教祖のやしきの掃除は、先ず家財、建物、人、人の心と順次進められたのであります。

布教伝道の中心はおぢば、元のやしきでなければならないのであります。真に神一条のやしきは元のぢばやしきであって、その理を世界に映してゆくことによって、世界一れつ澄み切らせ、神一条に立て替えることができるのであります。そこで、元のやしきを澄み切った鏡やしきに仕立てることを仰せられるのであります。

布教とは

神名をひろめるということで布教を申しますが、そもそも神名をひろめるというのは、単に天理教を宣伝することではありません。神名とはなむ天理王命と唱えるための神名であり、おつとめをすることであります。その神名がひろまるというのは、より大勢の人々が、より広範な地域の人々が、なむ天理王命を唱えるようになる。即ち、親神様を敬い拝して、おつとめをするようになるということで、そこに布教の眼目があると思案されるのであります。

また世界のふしん。教祖は、中山家の母屋を取り毀《こぼ》つ時、「これから世界のふしんにかかる」と仰しゃったのであります。母屋の取り毀ちがなぜ世界のふしんのかかりなのか。十年後につとめ場所が建ったのでありまして、中山家の母屋をつとめ場所にたてかえる。それが世界のふしんの出発であり、原型であります。とすれば、個々の家々に親神様をお祀《まつ》り込みして、朝晩おつとめをして通るように、一軒でもと講社祀りを増やしてゆくことが、布教の具体的方針とせねばならぬことになるのであります。

また布教は道をつけると申します。おぢばより国々所々へと道をつけるのでありますが、またその道は、国々からおぢばへの道でもあります。天理王命の神名はぢばに授けられたものでありまして、その神名をひろめるということは、おぢばへの道、おぢば帰りの登参の道をつけることにほかならないのであります。

おふでさきでは布教を、「からをにほんの地にする」ということで仰しゃり、更には、にほんにこふきをつくり、それをひろめることによってすると仰しゃる。

からとにほんは、元初りに於て、人間三尺までは清水の住居であったが、三尺になって慾が付いて、最初大和一国に産みおろされた者は、にほんの地に上ったが、外の国に産みおろされた者は、食物《じきもつ》を食い廻って、からてんじくの地に上っていったと仰せられます。

これを更に申せば、にほんとは日の本《もと》、即ち月日様のお膝元であり、にほんの者とは、月日親神様を拝し敬う者、おつとめをし、ひのきしんをする者のことであります。それに対し、からとは慾の心をたくましくし、我がおれがと我侭勝手をつのらし、月日親神様に背を向ける者、即ち誠真実が空《から》ということであり、とうじんとは、慾高慢で徳を食いつぶして、身を蕩盡《とうじん》する者のことであると思案されます。

したがって、からの地はほこりの地、にほんの地はまことの地、からの地は人間思案の地、にほんの地は神一条の地、ということになり、こうしたからの地をにほんの地にしてゆくこと、とうじんをにほんの者に生れかわらせてゆくこと、それが布教であり、世の立て替えの道であると思案されます。

おふでさきに、からとにほんを分けるのと同様の意味で、善と悪、神と上、しんじつに思う心とめいめいの思案ばかりを思いいるとを、分けると仰しゃっているのであります。

このからの地とにほんの地は、信仰者自身の内面のことでもあるのでありまして、布教は、未信の人々に向かってのものでありますが、他面、心の内面に於ける布教でもありまして、これは、とりもなおさず胸の掃除をして、心澄み切ることであります。

にをいがけおたすけと布教伝道

布教といい伝道と申しますが、言葉の意味は、布教は教えを宣布し、伝道は道を伝えるので、布教は教化の面、伝道は伝達の面を強調した言葉でありますが、その活動自体に於ては変わらぬが、本教では、伝道はタテの伝道という形で、使いならされているのであります。

この布教伝道を簡潔に申せば、「だめの教えに導かれた信仰を伝え広めること」であります。単に教えを広めるのでも、信仰を伝えるのでもないのであります。教えに導かれた信仰とは、具体的には、おつとめをすることであります。教えに裏打ちされた信仰がてをどりの信仰であり、信仰に裏打ちされた教えが、みかぐらうたの教理であります。

にをいがけ、おたすけと、布教伝道とは、同じことのようでありますが、厳密に申せば、にをいがけとは、一寸の話を以て匂わせておくことであり、更には、成程の人という良き匂いをもって、信仰を伝えることであります。即ち、おてびきという、布教に於ける信者の勧誘獲得の場面でのありようをいい、更には、おてびきと同義にも使われるのであります。

おたすけは、布教、その中でも特に、おてびきと密接に関わっているのであります。親神様は、身上事情は神のてびきと申すように、身上事情に障りをつけて、そのおたすけを以ておてびきくださるのだから当然でありますが、その際、おてびきがおたすけとなるように、又、おたすけがおてびきとなるようにさせて頂くことが、大切な角目となるのであります。

教えに導かれた信仰が、おつとめをすることである以上、おてびきはおつとめをすることへのおてびきであり、おつとめがつとめ場所である教会、おぢばへ参ってなす以上、おてびきは、教会、おぢばへのおてびきであります。そして、おつとめが日々親神様につとめ仕えることからは、おてびきは祀り込みをさせることになります。そして、おたすけがおてびきになるようにとは、おたすけをきっかけとして、これらのことを実現することであり、おてびきがおたすけになるようことは、これらのことを心定めて実践させることであります。

布教に於ては、おてびきと共に仕込みも大事な一面であります。仕込みは育てであり、心の修理肥であり、それによって信仰によるたすけがもたらされるのであり、教えに導かれた信仰を確証し、実現することができるのであります。

心の畑の修理肥が、陽気づくめに不可欠の要因である以上、この胸の掃除と伏せ込み徳積みは、布教に於て、特に仕込みに於て、欠かしてはならぬ二点であります。

胸の掃除は思案さんげ、伏せ込みは、火水風の大恩を知り、大恩に報いる、日々のつくしはこび、ひのきしんの実践と、人をたすけて我が身たすかる、たすけ一条の実践によってなされるのであります。そのために、ひのきしん場所を教会名称としてお与えくださり、又、たすけ一条の道の路銀に、おさづけの理を下されているのであります。

おたすけ人への諭し

おたすけを志す者に対するおさしづのお諭しを挙げると、

イ、たすけ一条には、速やか鮮やかな心無くては、たすけ一条と言えんと。

（明治二一年八月二日）

何軒救けても、内々に心を違ては、どんならん。それ内々にあゝたすけに行ておくれたら、結構やなあという心が第一や。

（補　明治二一年）

ロ、人々に諭すには、内に台というもの拵え。睦まじいとの、内々に睦まじいという台を拵えて、それより世界伝え。

（補　明治二〇年一〇月）

内々真に治まりを無けりゃならんと。さものうてはたすけ一条の邪魔になる。

（補　明治二一年一月）

内に一つの台、内々睦まじいという台拵えて、世界伝え、世界成程と言う。この心思やんせねば、難しい。

（補　明治二一年）

ハ、さあ〳〵たすけ一条は天然自然の道、天然自然の道には我が内我が身の事を言うのやないで。天然自然の道は、長らえて長く通る事が、天然自然と言う。天然自然の道通るには、難儀な道を通るので、先の楽しみと言う。今十分の道通るのは先の纏《もつ》れと成るのやで。

（明治二一年八月一七日）

ニ、一寸に行くようでは一寸の道と言う。だん〳〵海も越し山も越し、ろくぢの道を付けるは、一寸には行かん。

（明治二六年一月二一日）

これよりどうなろうという処から、道付いたらこれが道。

（明治三一年二月一八日）

この道人間心で色品変えてやってみようと思たとて、そりゃ行きゃせん。

（明治三三年一〇月一六日）

ホ、何処に居ても月日の身の内や。何処に居るのも同じ事、誠の心一つや。誠が天の理や。天の理にさえ叶えば、何処に居ても道が付くで。実誠無けねば、何処い行たとて、何をしたとて道は狭ばむばかりやで。

（明治二〇年七月）

何ぼ遠い所でも、実という実があれば自由と言う。道という理があれば何にも遠いやないで。

（明治二七年一月一八日）

へ、どんな所にをい掛かるも神が働くから掛かる。なか〳〵の働き言うまでやない。出るや否や危なき怖わき所でも守護するで通れる。何処其処へにをい掛かりたというは皆神の守護、どんな所通りて危なき所怖わき所でもなか〳〵の理無くば通られやせん。遁《のが》れて来た所、一寸遁れる事出来やせん。仇《かたき》の中、敵の中剣の中も連れて通るも同じ事と言う。

（明治二六年七月一二日）

ト、せっかくににをい掛かり、清水なら頂く、濁り頂く事出来ん。

（明治三〇年七月七日）

物が中に入りたる間は蓋を開けたら分かる。中に何も無いようになれば何も分かろうまい。傍の分からぬ者は、世界分からぬは当たり前。
（明治二七年三月四日）

言葉はその場だけのもの。言葉の理を拵えてこそ、八方である。人が知るであろう。
（明治三七年一一月二日）

チ、身上から付いた理もあれば、たゞ言葉で付いた理もある。身上から付いた理は、どんな事も遂げにゃならん、遂げさゝにゃならん。
（明治三五年一〇月一三日）

誠より残る理は無い。残る理は将来末代の種という。種無くして道は付かん。
（明治三一年二月一八日）

リ、何でも彼でも尽した理は立てにゃならん、立たにゃならん。
（明治三一年五月一六日）

根に離れなんだら、どのような細い処からでも、どのように栄えるとも分からん。
（明治三一年一〇月一六日）

第四節　教　会

教会名称の理

教会は、その発端は布教公認を得るという目的の上から、応法の道として願ったものでありますが、親神様、教祖はそれを応法のものとしてでなく、神一条の理のものとしてお許しくだされたのであります。具体的に申せば、教会本部が応法の上から東京に於て最初認可設置されたが、それをぢばへ移転した後、教会本部の部下教会が、ぢばから名称の理として許されるようになったのであります。

その経緯を明確にお示しくださるおさしづに、

一つやしきの理を治めて、それから先には皆それからそれ、だん／＼と治まる。一つ名を下ろすなら、末代の印と成る。この所、名を下ろして一つ定める。これでこそと、世界から成程の者やと言うであろ。そしたら神が持って行くで。それまで皆抑えてある。神が皆抑えてあるのやで。さあ〳〵ぢば一つの理治め。ぢばよりそれ〴〵治め。世界の理を見て神が持ちて行くで。皆理を見て持ちて行くのやで。それまで真実を尽せ。（補　明治二一年八月九日）

かように、教会は、おぢばと一つ理のものであって、それを、さあ〳〵ぢば一つ同じ木や。互い〳〵この理上以て、さあ〳〵早く治めてくれるよう。（明治二一年七月二六日）

本部という理あって他に教会の理同じ息一つのもの。この一つの心治めにゃ天が働き出来ん。（明治三九年一二月一三日）

教会は、元のやしきおぢばの出張り場所であり、おやしきの理をその土地所に許されたものであります。名称の理は土地所の名所であります。

教祖御在世当時よりのお話に、打ち分け場所のことを仰しゃっておられるが、教会名称の理のお許しは、打ち分け場所のことであると思案してよいのではないかと思われます。

打ち分け場所は、内中外に三十一カ所ずつあって、一カ所だけ辺ぴな所にあるが、それを経めぐっておぢばへ帰らせてもらうのであり、辺ぴだからといってはずしてはならん。それを経めぐるうちに目があき、足がたつように御守護頂くが、杖もくるまも途中で置いてきてはならんのであって、それを持っておやしきへ帰らせて頂くのだと仰しゃる。

しかし、その本来の意味は、おぢばから親神様が、国々所々へ打ちまわって、おたすけにお働きくださる上での出張り場所であることは、打ち分け場所という言葉からしても、またおふでさき第二号13～17からしても、容易に思案されるところであり、又、教祖から、末は打ち分け場所を許す、とのお言葉を頂かれたのも、増井りん先生の大縣とか、平野楢蔵先生の郡山だとかになっているのであります。

教会の発生的前身は講であり、この講も、「講を結べ」と仰しゃり、教祖から講名を頂いたところもありますが、この講は信仰者達が、自発的に結講するものであるのに対し、打ち分け場所は、教祖の方から許されるものであります。そして今の教会で申せば、打ち分け場所は教会の場的側面、講は人的、人間構成的側面であるとも考えられます。

やしきの理

教会は打ち分け場所と申すべき、おぢばのおやしきの出張り場所であります。ではその元であるおやしきはいかなる場所であるかと申せば、

つとめ場所であります。
ひのもとしよやしきの　つとめのばしよハよのもとや

たすけ場所であります。
ふしぎなたすけハこのところ　おびやはうそのゆるしだす
なんでもなんぎハさゝぬぞへ　たすけいちじよのこのところ

神の田地。
やしきハかみのでんぢやで　まいたるたねハみなはへる

ひのきしん場所であります。
みれバせかいがだん／＼と　もつこになうてひのきしん

神やしき、四方正面鏡やしきであります。
鏡やしき／＼、何処から眺めても曇り無いのが鏡やしき。

（明治三二年二月二日）

教祖のおやしきであります。

このところつとめばしよハにんけんを　はじめだしたるところなるそや　八 36
にんけんをはじめたしたるこのをやハ　そんめゑでいるこれがまことや　八 37

このおやしきの出張り場所、飛び地ではあるが、その一角《かく》が教会であります。

教会が名称の理を発揚し、たすけ場所となり、神の田地とならせて頂くのは、教会がつとめ場所として、神一条の鏡やしきとなるよう、ぢば一つに心を寄せて通るからであります。つとめ場所、たすけ場所として、おつとめとおたすけに励むところ、教会はひのきしん場所として、理を発揚させて頂くことができるようになるのであります。

今日教会の神殿は、ぢばに正対し、日々ぢばに向かっておつとめをし、礼拝するようになっているが、その心は、ぢば一条こそ教会存立の基盤であると思案するからであります。

教会はやしき、即ち生活の場所であって単なる施設ではありません。この生活場所であるという上からは、いろ〳〵ほこりも立つし、ごみあくたも出るのでありまして、それだけに掃除を怠らずさせて貰うことが肝腎であります。

教会が礼拝施設であればよいと思うかもしれませんが、生活場所なればこそ、陽気ぐらしの手本雛型とならせて頂けるのであって、それなればこそ、世の立て替えの前進基地として、御用の上に役立たせて貰えるのであります。そこで、やしきとしての理を許されているのが教会であります。

そこで教会の在住者は、「神やしき、鏡やしき。」「澄んで〳〵澄ました上で鏡やしきという。」との仰せを奉じて、教会はどこまでも親神様、教祖のおやしきである。その親神様、教祖のおやしきに、共に生活させて頂いているのだとの思いを忘れずに、通ることが肝腎であります。

春風のようなそよ〳〵風の間は何も言う事は無い。神も勇んで守護する。なれど今の事情はどうであるか。黒ほこり、泥ぼこり立ち切ってある。この黒ほこり、泥ぼこりの中で、どうして守護出来るか。又守護した処が、世界へどう見えるか。

(明治三〇年二月一日)

この道むさくろしいと思う。むさくろしい中からどんな綺麗なものも出ける。どんな事聞いても残念と思わんよう。むさくろしい中からどんな理が出るやら分からん。……綺麗なものは、事情によってだん〳〵薄くなる。ほかさにゃならん。どんな事聞きても辛抱。むさくろしい中から綺麗なものは出ける。何か事情身の処から聞き分け。身が不足なればどうもなろうまい。不足思えばどんな事でも出ける。

(明治二三年一〇月二二日)

つとめ場所

教会のお祭りでは、月次祭、大祭が一番大事でありまして、

　年々の処月々という、月の祭祭典大祭という。月々勤める道という処から出たこの道……

（明治三四年九月二七日）

月次祭《つきなみさい》々々々と言うて、皆楽しんで来る。楽しんで参る〳〵と言うて、所々月次祭楽しんで来るは、道の土台である〳〵。

（明治三三年一〇月一六日）

教会の月次祭は、本来は二十六日でありますが、おぢばの二十六日に帰らせて頂く上から、それぞれ別に一日の日を月次祭の日として、お許し頂いているのでありまして、教会の月次祭日はそれぞれに決められているのであります。

月次祭は、坐りづとめ十二下りをつとめることをもってそれとされるのでありまして、おつとめのお願いを奏上申して、おつとめにかからせて頂くのであります。このおつとめをなぜするのかと申せば、このおつとめは、おたすけのお願いづとめであります。月次という上からは、これ

から一ト月のおたすけのお願いをするのでありまして、教会がたすけ場所として働かせて頂く上に、欠くことのできぬものであります。

そして、教会が、名称の理として許される根底には、教会がこうしてぢば一すじにおつとめをする、この理に対して許して頂いているのでありますから、教祖のみ教え通り、月々おつとめをつとめさせて頂くことは、名称の理を発揚していく上で、なによりも優先して、かからせて頂かねばならぬ一点であります。

教会に所属するよふぼくは皆、一人々々がそうした上から、おつとめ奉仕の人数としての役割を、与えて頂いているのであって、もしおつとめのお役を頂いたら、自分一個のお礼づとめではないのであって、教会のおたすけ活動の一端を、擔《にな》っていることを自覚して、心こめてつとめさせて頂くことが大事であります。

教会では朝夕、五人立って、おつとめをさせて頂くことになっているが、この人数を欠かさず、五人揃うてやらせて頂く。日供《にっく》の神饌を五台供えるのを、今日は三台、今日は二台というのでなく、最低五台はお供えさせて頂くのと同じで、そう思ってつとめさせて頂かねばなりません。

教会はたすけ場所、たすけ一条の取次場所でありますが、それは話一条たすけ一条と申されるように、お話をさせて頂く、お話の取次ということが第一であります。神様の話、教祖の話をせぬところは、たすけ場所になり切らぬのであります。

ひのきしんが第一の物種、第一の肥と仰しゃるように、ひのきしんをせねば、理の種と肥、即ちいんねんの納消転換はなかなか図れぬのでありまして、そのために、火水風の大恩に報ずる地場をお定めくだされたが、おぢばに日々寄進させて頂くことは、国々所々におる者としてはできかねるので、国々所々に、ひのきしん場所をお与えくだされたのが教会名称で、それを教祖二十五年のご寿命を代償にして、実現してくだされたのでありまして、教会の名称の理の発揚は、ひのきしん場所という点にあるのであります。おつとめ、お掃除、奉仕を第一にしてひのきしん、身の寄進が大切な活動であります。

祭　儀

月次祭に、又日々に、朝夕おつとめをはじめ、お掃除、神饌等、親神様にお仕え申し上げる。

それにつき、いろいろと行儀、様式が定まっていますが、要は、親神様、教祖を敬い拝するということが肝腎であって、立てる心が祭祀の基本であります。

祭儀式についても、それが格好として、一番敬することになるであろうとの配慮の上から、なるべく形式的にならず、自然態を旨《むね》として、採用されているのでありまして、本部で採用された形に、教会は皆ならわせて頂くということで、祭儀式が定められているのであります。したがって、お道では、祭儀式については、それを間違えばどうこうといったこともありませんし、厳しく、やかましくは申さぬのであります。けれども、それだからといって、軽んじたり、無視してはならぬものであります。

神具、祭具、祭式等は、一部は教祖御在世当時から採用されたものもありましょうが、大概は明治二十一年以降順次採用されたものであります。その中には、さしづを伺ってお許し頂いたものもありますが、さしづを待たず軽い気持ちで採用されたものもあろうかと思われます。けれども皆本部、即ちおぢばで採用されたものであることには違いありません。

こうしたものは、教団の統合、一手一つのシンボルとしての役割を果たしているのでありまして、本部採用のものに、皆ならわせて頂くことが肝心であります。それを自分一個の判断から、好き勝手なことをしたのでは、たとえそれが一見理に叶うようなことであったとしても、一手一つをお望みくださる神意には叶わぬことになるのであります。

善い事も悪い事も、皆寄ってするなら、親が悪い所へ連れて行きそうな事は無い。

（明治三三年九月一七日）

とまで仰しゃっておられるのであります。

したがって、従来のものを変えるには、本部としても、よほど慎重にされるのでありまして、ご供を現在のお洗米に変える時のおさしづに、

皆々話した理は誰に怨《うら》みもあろまい。一つ事情又この理、どちら一つ理合わせようにも、誰に遠慮気兼《きがね》は無い。道何処にも障りは無い。世界応法及んで、あちらへこちらへ、なか〳〵この全国という所へ一つ理映すは、なか〳〵容易の理でない。よう聞き分け。これが一つ証拠。これが頼りに治め。

（明治三七年三月二九日）

一手一つということが神の理に叶う証拠であり、一手一つということを基本方針にして対処せ

よと仰しゃっているのであります。

教祖御在世当時からのものは、変わらさぬがよかろ、と仰せになっているので、出来得る限り存続させられているのであります。その際、鳴物道具のように、外形装飾が変わるということはあっても、その理（種類・様式）は変わらぬよう、一時期変えざるを得ぬようなことがあっても、また時期がくれば元へ戻されるのであります。

祖霊の祭祀は、教理上のことではなく、先祖を敬い、先祖先人の功績をたたえる思いより出るものであります。葬祭も亡くなった方に礼をつくすのであります。霊葬祭については、分相応ということを、おさしづでいつも諭されています。したがって、祖霊殿の霊舎に祖霊がおわすのではもとよりないし、祭文に霊の加護を願うようなことを奏上しても、働く霊の存在を信じているのではなく、先祖先人の遺徳を讃え、遺徳に守られることを報謝祈念する意味であります。

第十章　陽気ぐらし

第一節　陽気ぐらし

明るい心

陽気ぐらしとはいかなるくらしであるか。

『明るく勇んだ心、それは陽気な心である。この陽気な心で日々を送るところに、真の幸福があり、生き甲斐がある。』

明るい心、心の明るさはどこから生まれるか。

明るいというのは向うが開けているのであり、暗いのは向うが閉ざされている。八方閉がりはお先真っ暗ということであります。

そして、この向うが閉ざされているか、開けているかは、心の持ちよう一つであります。

おてふりで、「みれば―すみきり―たすけ」の手は、閉ざされた心の生き方を、開かれた心の生き方に切り替える手であると思案されます。そして、閉ざされた心の生き方は、自分を立てるという生き方、開かれた心の生き方は、人を立てる、向うを立てるという生き方であることを、手ぶりに教えて頂くのであります。

「立てば立つ、こかせばこけるこれ一つ天の理という。」と仰しゃる通りで、向うを立てれば将来が立ちゆくのであり、自分を立てようとして、向うをこかせば、将来は立ちゆかず、自分自らどんなに立てようと努力しても、こけてゆかねばならなくなる。そうした八方閉がりの運命に、身をおくようになるのであります。

先を、将来を楽しんで通るのが、陽気ぐらしの道であり、この将来を楽しむことができるのは、何によるかと申せば、親神様のお働きを信じ、自分の伏せ込みの働きを信じるからであります。具体的には種を蒔くことであり、苗を育てることであります。伏せ込みという働きであります。その伏せ込みが無にならず、必ず結実するのだとの信念があるから、種蒔き伏せ込みを楽しめるのでありますが、その信念は、

にんけんハあざないものであるからに　すゐのみちすじさらにわからん　三　35
にんけんのめゑにハなにもみへねども　神のめゑにハみなみへてある　十六　72

と仰せられる、親神様のご存在とお働き、そして親神様の御教えお言葉を信じるからであります。

かしものかりものの教えで申せば、借物をお貸し与え頂いている限り、自分の自由になるのでありますが、しかし、これからお貸し頂くものは、我々の自由にはならず、親神様の自由でありまます。成って在る借物の在る場面は、私共の自由な働きの領域であり、今現在という時に属するのでありますが、成る場面（無く成るのもその一つ）は、親神様の自由なお働きの領域であり、未来という時に属する。その未来が将に来たるべきものとして、私共の自由な領域となるのは、親神様に直結するからであり、それが自由自在叶うということであります。

勇んだ心

明るく勇んだ心が陽気な心であります。陽気とは勇むことであります。

では心が勇むことはどういうことかと申せば、勇むというのは力の充溢であります。それに対しいずむというのは、お道独特の言葉でありますが、萎縮し、沈み込むこと、なえしぼむことでありますが、それは力が湧いて出てこぬ、枯渇する状態でもあります。そして、陽気と陰気、心が勇むのといずむのと、この元は力であります。陰陽が暗―明と共に静―動で云われるが、力のなくなったフラフラの動は陽気とは云わず、満を持した静は、陰気とは云わぬのであります。

勇む―いずむ元であるこの力は、どうした力かと申せば、心身相即の生命力とでも申すべき力でありますが、この力の源は、自身の内にあるのかどうか。勇もうと思ってもなかなか勇めぬことからすれば、自身の心の内にないのではないか。

この生命力の源は身上借物を通して、その貸主であられる親神様にあるのであって、その源に心が直結する時、力が充溢してくるのではないかと思われます。

おふでさきでは、元を知ると心勇む、てをどりをすると心勇む、証拠を見ると心勇む、と仰せくださっていますが、それは結局、親神様を信じることに帰結するのであり、親神様を信じる心が勇む心であります。

親神様は、陽気ぐらしをするのを見て、共に楽しみたいと思召されて、人間をお造りくださったのでありまして、陽気ぐらしこそ人間生活の目標であります。そしてこの陽気ぐらしを目指すに当り、その陽気ぐらしに三つあると考えたい。即ち（一）今日の日の陽気ぐらし（二）明日《あす》日《にち》の陽気ぐらし（三）世界一れつの陽気ぐらし。この三つであります。

一、一夜の間にも心入れ替え、と仰しゃる如く、理の思案、さんげ、入れ替えにより、心の雲を晴らし、晴天の心で通る、今日の日の陽気ぐらしであります。

二、悪いんねんが納消され、心に十分徳を積んで、自由自在叶う、陽気づくめのくらしであって、心のふしんの努力の向うに到達する、明日日の陽気ぐらしであります。

三、一れつの心澄み切り、百十五才定命かなう、かんろだい世界での陽気ぐらしであります。

教祖の目指されたのは（三）であり、御自身ひながたにお通りくだされたのは（一）と（二）であり、先達の先生方に先ず諭されたのは（一）であります。教典で陽気ぐらしへの道と云われる場合は、（三）か（二）の陽気ぐらしへの道であります。

親神様は日々に御苦労くだされているのでありまして、その御苦労に報いるためにも、我が足もとの、今日の日の陽気ぐらしを、心一つにさせて頂くことを忘れてはなりません。陽気ぐらしは明日のこと、遠い先のことと考えてしまってはならぬのであります。

勝手

又、陽気ぐらしという上からは、

これまで艱難の道、今の道互いの道。辛い者もあれば、陽気な者もある。神が連れて通る陽気と、めん／＼勝手の陽気とある。勝手の陽気は通るに通れん。陽気というは、皆んな勇ましてこそ、真の陽気という。めん／＼楽しんで、後々の者苦しますようでは、ほんとの陽気とは言えん。めん／＼勝手の陽気は、生涯通れると思たら違うで。（明治三〇年一二月一一日）

勝手乃至勝手気侭は、案じ疑い、不足、と共に信心の戒めとして、御指摘頂く角目であります。

「勝手というものは、めん／＼にとってはよいものなれど、皆の中にとっては治まる理にならん。」

と仰しゃるように、自分の勝手が通ることは結構なことのようだが、勝手と勝手がぶつかれば、どちらかが勝手をひっこめねばなりませんし、人皆が勝手を出せば、争わねばならん、治まらんということになるのであります。

勝手は、かりものの理が分からんから出るのであります。我が物と思い違えるから、我侭勝手が出るのであります。かりもの自由叶うのは、私の使い勝手のよいようにと、貸し主である親神様が、つくしてくださっているからで、それを思わず、あまり勝手をつのらせると、我が侭ならんようになるのであります。

身の内の処では勝手という理は出せようまい。
（明治二三年一一月二八日）

つとめるというのは、こちらが合わすのであって、こちらの都合を先立てると、つとめたことにならんのでありまして、これは勝手づとめであります。

おつとめでも、朝づとめの時間を決めるのは我々であっても、一旦決めた以上は、これは神様の時間でありまして、その時間に合わすのでおつとめになるのであります。

時間に遅れてくるのを間に合わんと申しますが、間に合わんのは自分の勝手、自分の都合を出すだけ間に合わんのでありまして、自分の勝手を削《けず》れば間に合うのであります。そして、間に合わんのは、時間に合わんだけではなくて、万事間に合わんのであって、私共は間に合う人間にならせて貰わねばならんのであります。

この道を通る上での戒めとして、次のようにも諭されます。

こら理や、そら理やと、人間勝手の理、神の道に無き理を引き出すから治まらん。

（明治三一年五月一七日）

真実一つで難儀不自由の道を通りて、今日の日という。もうこれ長らえての道を通りて、艱難の道を知らずして、あんな阿呆らしい事は措いたらよいという。こうしたら勝手が良い。こうやれば良いと思えど、天の理でいかん。治まらんで。

（明治二二年九月一六日）

一手一つ

『陽気ぐらしは、他の人々と共に喜び、共に楽しむところに現れる。』

お道の者同士は先ず共に和して、陽気ぐらしをする。その生活の共同体が教会であり、教団であります。

そこで教会は、それぞれ所々の陽気ぐらしの手本雛型としての使命を負うているのであります。

道の兄弟は、

「世界の兄弟は言うまでやない、道により来る真の兄弟、生まれの兄弟も同じ事。」

と仰しゃる通りの間柄であります。

教会生活の中で、一手一つということを第一に仰せられます。一手が神の望みだと仰しゃるのであります。おさしづのお言葉を挙げれば、

一手一つに皆結んでくれるなら、どんな守護もする。（明治三一年一月一九日）

どんな処でもおめ恐れてはならん。そも〳〵ではならん。一手一つの理を寄せるなら、治まらんやない。（明治二六年五月五日）

一手一つ理が治まれば日々理が栄える。（明治二二年一月二七日）

皆一手一つの心なら、一手の守護するわい。成らん処救けてやるは神、をやであるわい。（明治三八年五月一六日）

善い事も悪い事も、皆寄ってするなら、親が悪い所へ連れて行きそうな事は無い。（明治三三年九月一七日）

と、このように仰せられるのであります。

『一つに心合せるのは、一つの道の理に心を合せることで、』
かぐらづとめに、一手一つにならせて頂く理をお示しくだされているのであります。

教団こそ、教祖の教えの結実芽生えであるところの、お道の信仰の根ざす母体であります。この母体がなくなれば、世の立て替えの道は、頓挫してしまうのでありまして、教団価値は最優先されるものであります。そして、教団は信仰者の信仰共同体、布教協働体であります。そこで、その一手一つをすすめることは優先されるし、それをバラバラにする動きは、排除されねばならぬのであります。

明治二十年正月二十六日の急き込みは、教団が形成され、教団の據《よ》って立つ、原母体であるおやしきの、神一条の信仰の確立を迫られたのであり、以後の教団形成は、ここにかかっていたのであります。

それがある程度の形にまで、教団が形成された、明治二十九年四月二十一日の、秘密訓令下の事情に際しては、「落ちて了《しも》てからどうもならん。無くなってからはどうもならん。泥水の中でもあちらへ這い上がり、こちらへ這《は》い上がりすれば、どうなり道が付く。これがいかんと言えば、はいと言え。これより這い上がる道は無い。」と、教団というものが、形の上のものとしては、最優先されるべきものとして提示されたのであります。そして、「皆兄弟集りた今が一つの理の台である程に、……心の散乱思うから、これまでの処皆見許したる。並んで居る顔、実々兄弟治めるなら、明るい道は今にある程に。皆んな一つの心の理を以て、一つの物も分けてやるという心を定めるなら、成程という日はある程に。」と一手一つをお促しくだされているのであります。

第二節　心のふしん

立て替えぶしん

陽気ぐらしの鍵は心一つにあり、この心を、陽気づくめの心に作り上げてゆくことを、ふしんに譬えて、心のふしんと申します。とくにみかぐらうたに於て、陽気づくめに到る、世界一れつの心だすけを、ふしんに譬えておうたいくださっているのであります。

この心のふしんは、親神様の思召にふさわしい心に、仕上げさせて貰うことであり、心の成人と同様の意味でありますが、ふしんという建築に託しての譬えの上では、更にいろいろ悟ることができます。

ふしんは只の建築でなく、普《あま》ねく請《こ》うてする、神社仏閣等の大建築や土木工事をいうのが本来の語源だが、家を建てる建築として思案すると、ふしんは新築、改築、修築、増築などいろいろありますが、心のふしんは改築、いわゆる建てかえぶしんであります。

修築や増築でなくて、建てかえねばならぬのは、どういう場合かと申せば、支え柱を抜いたり、取りかえたりせねばならぬときであります。家が建ってある所以《ゆえん》の支え柱を取りかえるのであって、立てをかえるのであります。

心のふしんに於ける支え柱の入れ替えは、我身勝手の人間思案の元である、自分という人間一条の柱を、親神様という神一条の柱に入れ替える。今まで自分を拝んで通っていたのを、親神様を拝んで通るように切りかえることであります

なぜ神一条に入れかえるのか、それは、この世は親神様のおやしき内であって、そのおやしきの主は親神様であります。そして、我々の身の内は神のかしものであって、身の内の柱、息の根の元締めは親神様であります。そこで、心の柱も親神様を柱に戴いてゆくのであります。

お道のふしんの始まりはつとめ場所のふしんでありましたが、その前に中山家の母屋の取り毀《こぼ》ちがあったのであります。なぜ母屋を取り毀たれたのかというと、十年後につとめ場所が建った

のであり、そのための取り毀ちであったと悟られます。そこで、教祖は、「これから、世界のふしんに掛《かか》る。祝うて下されや。」と仰しゃったのであります。

即ち、中山家の母屋をつとめ場所に建て替える。これがお道のふしんの原型であり、出発であったのであります。人間の母屋を神様の母屋とも申すべきつとめ場所にたてかえる。それが世界のふしんであり、それを心に於てなすのが心の立て替えぶしんであると思案されます。

心の入れ替え、世の立て替えと、入れ替えと立て替えを使いわけるむきもありますが、心の入れ替えというのは、思いの切り替えということもあるが、また心の立て、即ち柱の入れ替えでありまして、柱の入れ替え、立ての入れ替えは、立て替えに外ならぬのでありますから、入れ替えといっても立て替えといっても、ニュアンスこそ違え同じ内容のものであります。

心の内造り

心の入れ替えは胸の掃除と仰しゃるが、八ツのほこりを払う胸の掃除は、心の入れ替えであると共に、心の立て替えぶしんでもあります。そこで、胸の掃除をふしんとの関連で申せば、胸の掃除は、心、即ち身の内という神のかしものの、その内側の掃除であると共に、陽気づくめという建物を建てるための、心の地取りをすることに譬えて思案されます。

をしい心があれば、せっかくの売り物の地所も買いそこなう。
ほしいがあれば、せっかく与わった地所も手放さなければならなくなる。
をしいほしいを払うのは地所を手に入れることになる。

にくいがあれば、隣地を借りることができない。
かわいがあれば、隣地を手に入れ拡張することができない。
にくいかわいを払うのは地所を広げることになる。

うらみがあれば、古井戸をそのまゝにしておくようなもの。
はらだちがあれば、築山《つきやま》だらけの中で吾妻家《あづまや》しか建たぬ。
うらみはらだちを払うのは地所を地均《なら》しすることになる。

よくの心があれば、沼地に建てるようなもので地盤が悪すぎる。

こうまんがあれば、三角山の頂《いただき》に建てるようなもので、水に窮《きゅう》する。

よくこうまんを払うのは地所をかえることである。

以上八ツのほこりを払って、心澄みきるところに、陽気ふしんの地取りが緒《ちょ》に付くのでありま す。

「この世の人間は建て流しのやかたも同じこと、この度内造りに天降った。」と仰しゃったと口伝にあります。このことは、身上は既に五尺の人間になっているのでありまして、その家づくりは一応完了しているが、その内側、即ち心はあら壁のまゝであるということで、その心の内造りということは、真実誠という家《うち》造りをさせて貰うことだと思案できます。

身の内と身の外の世界の身の内は、親神様の十柱十全の御守護によって、建て上げられているのであって、この十柱の神様の御心というか、お働きの理に添う道を通らせて頂くことを、家を建てる場面に当てはめると、次のように思案されます。

くにとこたちのみこと　　設計・スミ出し

をもたりのみこと　　基礎工事

月よみのみこと　　　躯体工事
くにさづちのみこと　屋根工事と壁・床・天井の造作工事
くもよみのみこと　　建具工事と給排水衛生工事
かしこねのみこと　　インテリアと空調工事
たいしよく天のみこと　門塀・外構工事
をふとのべのみこと　造園工事

それぞれのお働きの理に添う心をつくせば、以上の如く、心のふしんのそれ〲をすることができるのであります。

施肥除草

陽気づくめというのは、自由自在が叶うことで、心で思うことが思い通りに、願うことが願い通りに成るその結構さにある。とすると陽気づくめは結構づくめと申してもよいことになります。

そして、この結構というのは、農作に譬えれば結実であり、収穫であります。

この収穫には、有形のものもあれば、無形のもの、心の味わいというものもあります。千金を手にするのは収穫だが、それを手にして嬉しいという味わいも一つの収穫であります。陽気づくめの陽気は、この結構との味わい、即ち陽気づくめの心が第一であり、第二にはその味わいを得させてくれる事物であります。

結実収穫を得るためには、種と畑と世話取りが要るのであります。

親神様は、陽気づくめを見せたい見たい思召であられるから、十分の稔りの種と、それを育てる旬々の御守護は十分にくださるが、それにも拘《かかわ》らず陽気づくめの収穫を得れぬのは、我々の心の畑の如何にかかっている。その第一は畑の地味の豊かさ、今一つは畑の修理であります。地味を豊かにするには肥をおく以外にないし、修理の第一は草取りであります。そこで施肥除草これが陽気づくめの眼目となるのであります。これ即ち、心の徳積みと胸の掃除であります。

陽気ぐらしを志す者は、心の草取りを怠ってはならぬのでありまして、これが陽気づくめの結構をお見せ頂く不可欠の要因であります。

農家の畑と同じで、日々に手入れを心がければこそ、雑草もはびこらぬのでありますが、そうでなければ、草山同然と思わねばなりません。そうした原野に等しい畑から、だん〳〵と収穫を得させて頂くのは、これは全く親神様の御慈悲によると申さねばなりません。

雑草でもたちの悪いのは、地下茎をめぐらす雑草で、これがはびこると、草取りも抜本的に取り組まねばならぬのでありまして、これがいんねんの納消であります。

心の施肥、即ち徳積みの道を通らせて頂くことが、陽気ぐらしを志す者にとって、今一つの不可欠の要因であります。

この施肥は、除草と互いに関連することでありまして、雑草も堆肥にすれば畑の地味を肥やします。また地味の肥えた田畑には、たちの悪い雑草ははびこらぬものであります。

元初りの人の心は、ほこりなく澄んでいたのかもしれませんが、肥もなく、地力もなく、豊かな田地の心ではなかったのでありまして、陽気づくめの稔りを得させてくださるために、親神様が永年にわたって心の田地を開墾してくだされたのが、これまでの年限の道すがらであると思案されます。

陽気づくめの世のさま

陽気づくめの世のさまとしてみかぐらうたには、とりめが定まりた、ところの治まりやと、農作に代表される物の与えが豊かに授かることと、社会の平和の治まりとの二つを仰せられています。

一名一人という上からは、百十五才の定命を全うし、病まず死なず弱りなきようにおいてやろう、またその先は、心次第で、出直したければ出直させてやる、おりたければいつまでもおいてやる、との仰せであります。定命というのは、身上借物の最長の期限で、それを全うすることは、借物をこぼすことなく受け取ることで、その他のものは皆身に添えて貸してあると仰しゃる以上、一切の物の与えも、こぼすことなく、十分にお与え頂くことにほかなりません。

この道は心だすけの道であり、心一つで陽気ぐらしが出来るのでありますが、だからといって、衣食住をはじめとした物の与えが、陽気ぐらしの要因でないわけではないのであります。我々のくらしに於て欠かせぬものは、陽気ぐらしにも欠かせぬものであります。たゞそれらは、貸し主である親神様が心次第に、要るだけは十分に与えてやると確約されているから、そこで物の与えを含めて、陽気ぐらしは、心一つにかかっているのであります。

たとえば、身上は陸上の住居をするようになった時点で、既に陽気ぐらしをするに十分の、五体満足な身体にお育て頂いているのでありますが、それを心一つで、どん〳〵欠くところをこしらえていることを思案すると、借物の物ではなくて、心一つの方に陽気ぐらしの鍵があることがわかるのでありますが、そうした上から、心一つで陽気ぐらしなのであります。

口伝のお話に、陽気づくめのさまをだん〳〵お聞かせくだされる、その幾つかをあげると、

イ、一れつに肥のさづけを出すようになれば、一反で三石五斗、四石というが、なみになるで。よく出来たと言うたら、四石五斗もあったというで。

ロ、月に六斉の雨を降らし、風はそよ〳〵風を吹かすようになり、みのかさいらん時がくるで。

ハ、この道をどこまでもつけ通したら、百姓は箕笠《みのかさ》いらず、雨が多ければ雨を預かってやる、雨がほしければ、一村限り、一軒限り、一人《にん》限り、いつでもやるで、心次第。

ニ、世界は一列兄弟である。この道をつけ通したならば、世界中どこへ行くにも傘も提灯も要

らず、日が暮れたら先に提灯がある。小遣銭もなくて通れる様になる。
ホ、夫婦の中に子供は男一人、女一人だけ授けるで。半日は陽気づとめ、半日は陽気遊び。
ヘ、この道を弘めたら、警察や、裁判所は要らなくなり、国は穏やかに富み且つ栄え、からもにほんの地いにするぞや。
以上のことは、思うことが思い通りに、願うことが願い通りになるようになる、そういう意味で自由自在が叶うという、陽気づくめの世のさまを、当時の人々の願いに合わせて、いろ〳〵の姿を以てお説き聞かせくだされたのだと思案されます。

第三節　日々

朝起き・正直・働き

日々の指針に教祖は、朝起き、正直、働きの三つの角目を諭してくだされているのであります。

ある時、教祖は、飯降伊蔵に向かって、「伊蔵さん、掌《て》を拡げてごらん。」と、仰せられた。教祖は籾《もみ》を三粒持って、「これは朝起き、これは正直、これは働きやで。」「この三つを、しっかり握って、失わんようにせにゃいかんで。」と、仰せられた。

（『稿本天理教教祖伝逸話篇』）

飯降よしゑにお聞かせ下されたお話に、「朝起き、正直、働き。朝、起こされるのと、人を起こすのとでは、大きく徳、不徳に分かれるで。蔭でよく働き、人を褒《ほ》めるは正直。聞いて行わないのは、その身が嘘になるで。もう少し、もう少しと、働いた上に働くのは、欲ではなく、真実の働きやで。」と。

（『稿本天理教教祖伝逸話篇』）

朝づとめを日の差し出、つまり日の出と共にするようにと仰せられているのであります。日の出と共に朝づとめをするには、それよりも早く起きて、お掃除もし、神饌もお供えさせて貰って、日の出というか、朝のおつとめを迎えるのであって、これが即ち、教祖の仰せ頂く朝起きであります。朝早く起きても何もせんというのではなりません。親神様へのつとめから、一日を始めさせて頂くというのが朝起きであります。

「心で思うて口の先へ言い並べること、一つ〱心に守ってくれねばならん。」と仰しゃるのであります。裏表なく、裏と表と違わぬのが正直、口で言うことと行いが違うと正直でない。そして、蔭日向《ひなた》なく働く者のことを正直者と申すのであります。この裏表ないというのは、裏を大事にする、蔭の働きを大切にするからであります。

表で善い事すれば人がほめる。それはその場の楽しみ、蔭でよい事すれば、誰も何ともいわぬ。その場の楽しみとならぬだけ、先の楽しみの種となる。そこで蔭徳と思って、蔭で徳を積むようにといわれるのであります。

教祖は、「人間はこの世へ働きに生まれてくるのや。」また、「働くというのは傍々《はたはた》を楽させるので働くというのや。」と仰しゃった。即ち働くというのは、世のため人のためにつくすことにほかなりません。

私共は、親神様の十柱十全の御守護を頂いて、身上壮健に、結構にくらしているのであります。更には又、両親をはじめ、大勢の人々の御苦労と御心づくしのお蔭によって、今日の自分となり、今日の生命を全うさせて頂いているのでありまして、この御恩に報いるのが働きであります。

以上、朝起き、正直、働きは、月日親神様と人様、即ち天地人への報恩の実行、即ち、報恩の人生の日々の角目を、仰せくだされたものであると思案されます。

言　葉

陽気ぐらしの生活に於て大事なのは、日々と内々でありますが、日々常々、日常の心遣いが身の行いに現われる、最も身近かなものが言葉であります。言葉は人との交わりの、行為のはじまりであります。言葉一つの使い方には、よく心がけねばなりません。

「言葉たんのうは道の肥、満足は道の肥、満足は八方広がる理であるほどに。」と仰しゃいます。一方、不足の言葉は出さんよう、我が身の不足いうていては人はたすけられません。不足の言葉はくさい息のようなもので、腐る心から出て、人の心を腐らせるのであります。同じ口から出るのでも、吹き分け一つで、温かい息にもなり、冷たい風にもなるのであります。親の息で子は育ち、親の風で子が死ぬ、と申します。

切り口上、捨て言葉、あいそつかしはせぬように、と仰しゃった。言うたら言うた者が言うたようになるで、と仰しゃった。

また、人の悪口いわんよう、蔭口つげ口はせぬよう、人を悪くいわんよう、人をくささんよう、そしり笑いはせんようにせにゃなりません。

神に切る神はない、なれど切られる心どうもならん。

声は肥と申して、言葉のかけよう一つで肥にもなるし、害にもなる。

また、せっかくかける以上は肥として効くよう、よい声をかけさせて貰わねばなりません。

口は噛み分けと吹き分けをするが、食物は身の養い、言葉話は心の養いとなると思案して、真実の話はしっかり聞かせて貰い、また話させて貰わねばなりません。人の言うこと聞きよう一つ、人に耳を貸す、よう聞かせてくれた、よう聞いてくれた、これ一つ大事であります。

言葉は息吹き分けと同じ理であるという上から思案すると、息をする私共の吸う息は、まわりの人の口から出た息であり、私共の吐く息は、まわりの人が、いや応なしに吸うのであります。好き嫌いは言っておられぬのでありまして、このように交通するから、息は交い、生きておれる。言葉もそれと同じであるとすれば、我が口から出す言葉は、いい言葉を出すように、人の口から出る言葉は、聞きにくい言葉であっても、吸い込ませて貰わねばならんという思案が成り立ちます。

風は神や。風がかりもの無うては、箱に物を入れて蓋《ふた》を閉め切りた如く、腐ろうより仕様の無いもの。風がそよ〳〵あるので、半日や一日は送れるで。人の言う事を腹を立てる処では、腹の立てるのは心の澄み切りたとは言わん。心澄み切りたらば、人が何事言うても腹が立たぬ。それが心の澄んだんや。

（明治二〇年三月二二日）

物質生活

教祖は、「菜の葉一枚散らしてくれな、人一人無にしてくれな。」「すたりもの身につくで。いやしいのと違う。」と仰しゃった。

たゞ倹約せよといわれるのではない。倹約の美徳を説かれたのではなく、菜の葉一枚にも、親神様の御守護と御心が、込められていることを仰しゃったのであり、その御恩に、報謝の思いを捧げることを仰しゃったのであります。そのことが、消費の喜びであります。それを報謝の心なく、粗末にしてかえりみぬと、物の与えを頂く徳を失うことを、案じられたのであります。この肝腎なことを抜きにすると、倹約が吝嗇《りんしょく》になる。

物を生かす、物の値打ちを引き出す。それは物にこもる親神様の思召に、こたえることであります。すたるものをすたらさず、引き上げる人は、また物から引き上げられる。物の恵みを生かす人は、物から恵まれることになる。人だすけも同じ事で、そこで教祖は、「人間の反故《ほうぐ》を、作らんようにしておくれ。」とも、「人一人無にしてくれな。」とも仰せられるのであります。

「身上があるで食う物はじめ万事いりようである。身上があるで田地、田畑、金銭をもほしいというのやろう。そこで万物は身上につきそへて貸したもの。」と仰しゃる。

与えについてのお諭しに、

さあ〳〵天のあたゑというは、薄きものである。……めん〳〵年々のあたゑ、薄きは天のあたゑなれど、いつまでも続くは天のあたゑという。（明治二一年九月一八日）

あたゑと言えば、要るだけで十分であろ。（明治二四年一二月七日）

めん〳〵これだけなら十分々々。あたゑの理は生まれるより定まってある。（補　明治二三年八月一七日）

何人子供というてある。あたゑ持って生まれたる。あたゑという理聞き分け。（明治二五年八月一五日）

『逸話篇』にある次のお諭しは、物質生活上の価値観、又、自身の生きざまにも、その基本方針を与えて頂くように思われます。

麻はなあ、夏に着たら風通しがようて、肌につかんし、これ程涼しゅうてええものはないやろ。が、冬は寒うて着られん。夏だけのものや。三年も着ると色が来る。色が来てしもたら、値打ちはそれまでや。濃い色に染め直しても、色むらが出る。そうなったら、反故と一しょや。

絹は、羽織にしても着物にしても、上品でええなあ。買う時は高いけど、誰でも皆、ほしいもんや。でも、絹のような人になったら、あかんで。新しい間はええけど、一寸古うなったら、どうにもならん。

そこへいくと、木綿《もめん》は、どんな人でも使うている、ありきたりのものやが、これ程重宝で、使い道の広いものはない。冬は暖かいし、夏は、汗をかいても、よう吸い取る。よごれたら、何遍でも洗濯が出来る。色があせたり、古うなって着られんようになったら、おしめにでも、雑巾にでも、わらじにでもなる。形がのうなるところまで使えるのが、木綿や。木綿のような心の人を、神様は、お望みになっているのやで。

木綿のような心の人は又、木綿を一番にする価値観の人であります。

人生の時

順調に事が進んでいる時はよいが、事情に遭遇した時が、信仰の真価を発揮するのでありまして、お道ではこれを節と申すのであります。木は皆節から芽が出て、枝が栄えるのであります。折れ易いのも節であるが、節で折れてしまってはならんのであります。

即ち、事情があれば、これは節だと思案して、この節を、どうでも生き節にしてゆくのだと思案定めて、心倒さず、芽の出ることを楽しみに、通り抜くことで、通り抜けたらお言葉通り、「節から芽が出る」ことになります。

教祖のお通りくださった道すがらは、節の連続でありましたが、教祖は「節から芽が出る。」と常々お諭しくだされ、御自ら明るい心で、いそ〳〵と節の中をお通りくだされ、節から芽の出ることを、如実にお示しくだされたのであります。

大きふしなら、大きな心据える。（明治二〇年六月二四日）

もうあかんかいなあ〳〵というは、ふしという。精神定めて、しっかり踏ん張りてくれ。踏ん張りて働くは天の理である、と、これ諭し置こう。
（明治三七年八月二三日）

種を蒔くにも、花が咲き実がのるにも旬があります。

旬より一つの理は治まりゃせん。旬が来ねば種は生えん。
（明治二三年六月二〇日）

案じる理は案じの理を拵え、案じるように理を拵え、気がいずむ。一つ大き理を定め。旬来れば花が咲く。
（明治二五年五月一日）

旬々が来る。旬と見たら運ばねばならんで。
（明治二三年七月二二日）

種は選んでまくように、旬は待ち兼ねてするようにとの仰せであります。

私達は日柄の良し悪しを申すが、教祖は一日として悪い日はないでと仰しゃった。又、不足に思う日はない。皆、吉《よ》い日やで。世界では、縁談や棟上げなどには日を選ぶが、皆の心の勇む日が、一番吉い日やで。
（『稿本天理教教祖伝逸話篇』）

我々は生涯という時、末代という時の中にくらしているのであります。

「一日一年という理によって一生とも言う。」と仰しゃるように、今日の一日は、一生に連なる一日の日であります。今日の日なくしては明日日はないのであり、これから先、生涯に向かう一日の日なのであり、そうした重みを持つ一日の日であります。その重みを自覚しての生きざまを、一日生涯と申し、又、そうした上から、「一日の日に生涯の心を定め。」と仰せられます。「人間一代と思うたら頼りない、末代の道やもの。」と仰しゃるように、身は一代であるが、心は末代生き通りなのでありまして、心の道を思案し、心だすけに取り組むときは、末代という思案に立ってゆかねばなりません。

心定めは生涯の定め、そうして、つくした理は末代、と仰せられるのであります。

第四節　内　々

親

親と子の間柄は、「親が子となり子が親となって恩の報じ合いをするのや。」と仰しゃいます。
又、「親となり子となるは前生のいんねんから。」と仰しゃるのであります。したがって、子供の選り好みはできぬのでありまして、

親子の理、いんねん理聞き分け、善い子持つも悪い子持つもいんねん。
（明治三四年三月一一日）

我が子の示し出けんのは、親の力の無いのや。
（明治三〇年一二月一一日）

真実の理を見た限り、親のあと子が伝う。
（明治二六年六月二二日）

親の通る姿通り、子に映るのであります。そのことからすれば、親が子につくせば、子は親に

つくすかというとそうでなく、親がその親に孝をつくせば、親のあと子が伝うで、子も親に孝をつくすようになるのであります。

　このよふのしんぢつのをや月日なり　なにかよろづのしゆこするぞや　六　102

親神様こそ、この世人間の真実の親であられる。真に親心つくしてくださるのは親神様で、その角目を申せば、どこ〳〵までもかわいい、いつ〳〵までもかわいい、との思召であり、皆んなかわいい、不愍《ふびん》な子ほどなおかわいい、親の手助けする者を待ち望む、子供の成人待ち兼ねる、といった思召であります。

私共も人の子の親であるが、我が子に対する思いようもつくしようも、なか〳〵親神様のようなわけにいかぬのでありまして、真実の親は親神様以外におられません。と共に、親神様の御心にまなばせて頂く中に、少しでも真実の親にならせて頂く道を歩めるのであります。

私共は、我が子の幸せを念じるのでありまして、その不幸を念じる者は誰もおらぬのでありますが、子供のことを念じつゝ、それが子供のためにならぬことをしている場合も、いくらもあるのであります。それを親神様の御心を聞かせて頂く中に、その正しい道がわかるのであります。

元初りに於て、八寸まで成長した時、泥海中に高低が出来かけたとお聞かせ頂くが、これは、人間自身が子を産むようになったということでありまして、人間お互いは同じ親神様の子供で、丈けく〱の人間であるその中に、高低ができかけるのは、子を産み、親となって子を育てるということによってであることを、示唆くださっているのであります。

子供の与えについては、子がないのも、沢山できるのも、皆いんねんからであると仰せられます。

それ夫婦の中も、子無いというも、よう聞き分け。いんいんねんと。（明治二一年二月一五日）

十五才までの子供の身上は親々のさんげ、とお聞かせ頂くが、特に幼い子に厳しい身上を見せられるのは、親にとってはつらいものであります。その如く、親神様は痛切な思いでいる、その親の思いになって、他の人々に親心つくすように、とのご意見であります。道の先達の場合は大概そうであります。

親に対する子

「親への孝心は月日への孝心と受け取る。」と、かくまで仰しゃって、親孝心をお促しくださるのであります。親の恩は否定しようのない事実であります。人間十五才までは親がかりなのであって、親がかりの十五年のその間には、どれほどの大恩を受けているか知れない、その親の御恩が分かるようになるのが、一人立ちということであって、以後の人生は、報恩の人生ということになるのであります。その報恩の第一が親への報恩であって、それをせねば恩が重なるのでありまして、身が沈まざるを得なくなるのであります。

「立てば立つ、こかせばこける」のが天の理であって、立てる第一は親である。その親をこかせば、我と我が身がこけてゆかねばならぬ。天理としてこけてしまう。それが不愍だから、親への孝心を称揚くだされているのであります。

親は根であり、元である。その親を立てず、つぶしてゆけば、根を切ってまわるようなもので、ついには枝が枯れる。また倒れる日も出てくるのであります。

親孝行せぬと出世せぬ。

自分が親を立てぬと、自分が立たん。出世せんのみならず、子供が自分を立てなくなる。子供で末永く楽しみ喜ぶ人生を、逆に子供で泣いて通らねばならなくなる。又、枝が枯れる。つまり子孫が育たんということにもなる。

むほんというのは、子が親に刃を突きつける、親をくつがえすのがむほんであります。自分がそうしたむほんにあわねばならぬのは、通り返しの道であると思案せねばなりません。

五ッ　いづれもつきくるならば　　六ッ　むほんのねえをきらふ

親神様へのつとめの道につきくるならばであります。

親に小遣いを差し上げるのも、小遣いをやるような思いではなりません。

親の御苦労あっての今日の自分であることからすれば、自分の働き、自分のかせぎには、親の働きがこめられているのであります。それをみな自分のものとしてしまうのでは、取り込みであります。そこで御礼心を添えて親に差し上げる。親に使って頂く。それでこそ親孝行の一端となるのであります。

親々の徳に守られる。

人は皆一名一人で、「親子でも夫婦の中も兄弟もみなめい〳〵に心違うで」と仰しゃるが、その中にも、親の徳を頂いたり、親々の徳に守られることは大いにあるのであります。その例として、一代つくした理は末代の理に受け取るという。親がつくしておいて、その子に悪いんねん深き理が現われてくるようでは、神の道も教祖の教えもありゃしようまい。そのような道は必ずないほどに。親がつくした理は、子供まで孫までも皆うけていく、親がつくしておいたなら、子の出てくるのを神が待っている。親が道にそむいたら、子が出てきても横向いていると仰しゃる。

（『正文遺韻』）

夫婦

夫婦はその縁を結ぶ上から申せば、

縁談一つ、心と〳〵縁繋ぐ事情、心と心繋いだら生涯と言う。

（明治二八年六月二四日）

縁談というは、……夫婦二人は言うまでもない。親々言うまで。夫婦一代一つ心、その心理に、どうでもこうでも二人、二人の理に心が治めるなら、何時なりと許し置くで。

夫婦となるのは、心と心とつなぎ合うからであって、つなぎ心が双方にあれば、生涯夫婦で通る縁があるということであります。（補　明治三三年九月二六日）

夫婦となるには、寄り合ういんねん、互いにいんねん見てくらすいんねんがあるのであって、このいんねんの自覚がつけば、生涯治まる。とにかく、夫婦は心をつなぎ合うから、夫婦としてあるのであって、つなぐ心をなくし、切ってかかれば、双方が切り合えば、切れてしまうのが夫婦の縁であります。

夫婦いんねん見て暮らす、見て通るいんねん、よう聞き取れ〳〵。（明治二四年三月二二日）

夫婦皆いんねんを以て夫婦という。（明治二四年一一月二一日）

夫婦には、前生のいんねんがあると共に、均り合いがとれたという上でも、寄り合ういんねんがあるのであります。

夫婦は「兄弟の中の兄弟」（明治二八年七月二三日）と仰しゃるのであります。

手を合わせて拝むことは、これまでにも教えてあるが、手を合わせる理を説いて聞かせるのは、今始めてや。五本の指と指とを立て合せる如く、夫婦の仲も立て合うという理や。この理治まらねば、手を合せて拝んでも、手を合わせるまでのもの、神の受け取りはないで。

（『正文遺韻』）

ちよとはなしに、地と天とをかたどりて夫婦をこしらへ、と仰せ頂く如く、元初りがかくなる以上、今日の夫婦も、この理を受けているのであって、天は月様、地は日様、水火、夜昼、つく息引く息、潮と風、こうした理を治めさせて頂かねばなりません。そこで、「火がつのれば焼けるやろう。水がつのれば腐るよりしょうのないもの。五分と五分とで日々という。この理十分治まれば、内々睦まじうなるで。」とお聞かせくださるのであります。

天地抱き合せの地上に、私共人間が神の子として、懐住居をさせて頂いている如くに、夫婦の懐内に、子供達は住居しているのであって、家庭は夫婦の心の庭であると申せる。その夫婦が仲悪く、相和さぬのでは、丁度天地が和合せぬのと同じ理で、地震、大風、大雨、大火事で子供達は、逃げまわったり、飛び出したり、怖くてもぐり込んだり、怪我したり、死んだりせざるを得なくなるのであります。

「夫婦内々治まらぬのは、たすけ一条の邪魔になる。夫婦睦まじいのが台やで。」と仰しゃる。お道の者はたすけ一条の使命の上からも、なおも夫婦睦まじうしてゆかねばなりません。

兄弟

兄弟は、お互い同士の間柄であるが、元来兄弟は、親を同じくするもの同士の間柄であり、親を介しての間柄であると申せるのであります。

同じ五本指の如く、兄弟の中なら、どの指噛んでも身に応えるやろ。あちら起こしてこちらを倒そうという理あろまい。

（明治三二年一二月二七日）

身に応えるのは、親の身に応えるのであって、その親のもと、皆五本の指の如くにならにゃならん。

（明治三二年一〇月二日）

のであります。

おさしづでは、特に、道に寄り来る兄弟の、互い〳〵の道についてお諭しくださるのであります。

兄弟なら兄弟の心無くば兄弟とは言わん。
（明治三五年七月二〇日）

何とも無くば放って置くようでは、互い〳〵扶け合いという理は、失《うしの》うて了《しも》たも同じ事。人の事やない、皆めん〳〵の事やで。めん〳〵が痛み悩みと思えば、放って置く事は出来ようまい。
（明治二九年五月二一日）

兄弟の粗相したら、兄弟の皆んなの粗相になる。
（明治二三年七月七日）

俺さえせにゃよいではならんで。兄弟という理は切っても切れん道がある。兄弟に掛かれば、心を澄ます道が無い。心に悟り無くばならん。悪い者ばかりでは、この道というは無きものである。
（明治三〇年二月一九日）

心に合わん気に合わんという事は、いつも心に合わん気に合わんと言うて居た分にゃ、いつも心にも合わにゃ気にも合わん。その気にも心にも合わん処だけ除《と》りたなら、心にも合や気にも合う。さあこゝをよう思やんして、人の悪き処だけ除りて我が心包み、善き処だけ出して、何事も事治めるよう。
（補　明治二〇年一二月一日）

さあ〳〵扶《たす》け合い〳〵と言うてある。扶け合いにもだん〳〵ある。話して事情も扶け合い、よう聞かしてくれた。この扶け合いどうでもこうでも、成らん事情の扶け合い、何程救けようと思うても、理が無くば救ける事出けん。又一つ何程あっても、救けるという心が無くば、救けられはせん。どんな中からでも理が無くては、救けられはせん。互い〳〵は言うまでの理。どちらにも日々不自由無くば、心という理いつになりても変わらんが扶け合い。

（明治三〇年九月二五日）

付録

身上伺いのさしづ

さあ〳〵身上一条理を尋ねるから、一つのさしづしよ。人間というものは、皆かりもの。この理を分からんや、何にもならん。……身のかりもの何を悪いとさしづすれば、分かるで。成ろとなれども、人間というものは心というものある。そこでどうせえとも言えんで。身上ありて心あるもの。身上無うては心に思う事も出けよまい。先ず〳〵誠日々の処第一。内々の処、誠という理を治まれば、自由自在と。成程の内や、成程の人やなあと言う。めん〳〵誠の理を映るからや。どうせこうせと言うわん。たゞ心次第とのさしづと。

（補　明治二一年七月二四日）

銘々身の内かりもの八つの道、世界の処へ皆映してある。皆いんねん。いんねんなら世界の鏡に映しある。どんな難儀な〳〵者も皆映してある。これを見て、めん〳〵も一つあんな身ならと思うて一つのたんのうという処、たんのうが誠。心に誠さい定めば、自由自在と言うて置こう。

（補　明治二一年五月）

さあ〳〵一つ〳〵尋ねる。身の不足思うて尋ねる処、諭し置こう。身はかしもの、心一つ我がものと。神は不足な身上は貸したやない。身上に不足あると思うは違う。皆心の不足を身に現われるのや。心さい速やかならば、身に不足は何も無きものやで。早く聞き取りて一つの思やん。何を悪い彼を悪いと言わん。心通りを皆身の内映る処を思やんせねばならん。

（補　明治二一年九月頃）

さあ〳〵尋ねるからしっかり聞き分け。今一時でない。前一つの処よく思やんせよ。身上どうなるこうなる。皆前々のいんねんである。これだけ信心すれども、未だ良うならん、と思う心は違う。早く心を取り直せ。一夜の間にも心入れ替え。誠真実という心定めて、三日の日を切りて試せ。しっかり定めば、しっかり見える。早く聞いて踏み留め、とのさしづ。

（補　明治二一年九月頃）

さあ〳〵三十日と日を決めて、さあ〳〵一時なるとは思うなよ〳〵。さあ〳〵一つの理を委《まか》そ〳〵〳〵。人間は皆々神の子供、皆かしもの。不足なるものは貸してないで。さあ〳〵人間にも皆々親がある。何名幾人あるといえども、皆可愛子供、えらい隔てられるのである。日を切って願えば理が見える。理が無けねば、先の楽しみが無い。さあ〳〵しっかりと日を切って願うよう。

（補　明治二二年）

尋ねる処聞き分けが第一。真実の心次第いつになりてもこうと、前生のいんねん。実と思えば実になる。嘘と思えば何でもない。身の内一つ神よりのかりもの。何ぼ聞いても聞く処の誠一つの処、言うて置く。一つ身の処一つ利益あれば、これを証《しょ》としてたんのうせ。たんのうという心、神が受け取るで。たんのうが誠やで。誠が天の理や。これが第一。

（補　明治二三年）

いか程年長けたるとても、どんな話も聞かさにゃならん。心にかりもの・かしものの理も伝え、生れ更わり出更わりの理も、さあ〳〵長き〳〵道すがらの理も、聞かさにゃならん。心に治めさゝねばならん。

（明治二二年七月二九日）

誠真実についてのお言葉

誠真実について、これと思われるおさしづのお言葉を列挙すると、

自由自在何処にもあらせん、誠の心にあるのや。身は神のかしもの、心は我がもの、心次第にかしものの理を聞き分け。（明治二一年二月一五日）

天理王命というは、誠の心無くばならん。ほんに誠という心、さあ／＼直ぐに受け取る返やす。（補　明治二一年七月四日）

誠の容れ物拵え。十分の容れ物拵え。容れ物無しにはいかん。誠積み重ね、十分一つの容れ物。（補　明治二〇年）

あたゑ／＼、皆誠々の理を積んだ一つの理（明治二六年一一月二八日）

悪心の理で無くなる者あれど、善の理で無くした者はあるか。よう聞き分け。誠一つの理で無くした理は、世上に一つの理が有る程に。（明治三二年二月八日）

真実誠の心、一粒万倍の善き理を渡す。悪しきは神は利を付けはせんで。（補　明治二一年）

残る理はたゞ誠真の理より無い。続く理は真の理より残らせん。（明治三一年三月三日）

誠より残る理は無い。残る理は将来末代の種という。種無くして道は付かん。

（明治三二年二月一八日）

石の上に種を置く、風が吹けば飛んで了う、鳥が来て拾うて了う。生えやせん。心から真実蒔いた種は埋《おぼ》ってある。鍬で掘り返やしても、そこで生えんや外で生える。どんな事も濃い、浅い、甘い、これをよう聞き分けてくれ。

（明治二三年九月三〇日）

あら〳〵の理は分かりあれど、深い処は分かりあろうまい。誠一つの理を運べば、先々心に浮かぶと言う。

（明治二六年一〇月一三日）

神の道には論は要らん。誠一つなら天の理。実で行くがよい。

（明治二二年七月二六日）

誠の心は誰に相談は要らん。誘う誘われん

（明治二三年四月一六日）

話、あの諭《さとし》の理がよい、こら、理が分からんと言うは、この心がいかんで。諭する理は話の理。救かる理いというのは、めん〳〵の真の誠という。心の悟り一つの心が第一である。

（補　二二年五月二七日）

真の兄弟は、誠一つの心が兄弟。又、誠一つ理が天の理、常に誠一つの心が天の理。真の心の理が兄弟。

（明治二〇年）

諸井慶一郎（もろい・けいいちろう）
昭和19年（1944年）生まれ。42年、東京大学文学部一類宗教学宗教史専修課程卒業。52年、天理教山名大教会６代会長。62年、本部員。平成４年（1992年）、天理教校校長。13年、天理図書館館長。

天《てん》理《り》教《きょう》教《きょう》理《り》大《たい》要《よう》

立教176年（2013年）３月26日　初版第１刷発行
立教186年（2023年）８月26日　初版第２刷発行

編著者　諸井慶一郎

発行所　天理教道友社
〒632-8686　奈良県天理市三島町１番地１
電話　0743(62)5388
振替　00900-7-10367

TENRIKYO DOYUSHA

印刷所　株式会社天理時報社
〒632-0083　奈良県天理市稲葉町80

ISBN978-4-8073-0574-2
定価はカバーに表示